Pierre Jose Proudhon

DU PRINCIPE FÉDÉRATIF

et de la nécessité de reconstituer le parti de la révolution

Elibron Classics
www .elibron.com

Elibron Classics series.

ISBN 1-4212-2051-2 (paperback)
ISBN 1-4212-2050-4 (hardcover)

This Elibron Classics Replica Edition is an unabridged facsimile of the edition published in 1833 by E. Dentu, Paris .

DU

PRINCIPE FÉDÉRATIF

ET

DE LA NÉCESSITÉ DE RECONSTITUER

LE PARTI DE LA RÉVOLUTION

PARIS

IMPRIMERIE DE L. TINTERLIN ET Cᵉ

rue Neuve-des-Bons-Enfants, 3.

DU

PRINCIPE FÉDÉRATIF

ET

DE LA NÉCESSITÉ DE RECONSTITUER

LE PARTI DE LA RÉVOLUTION

PAR

P.-J. PROUDHON

PARIS

E. DENTU, LIBRAIRE-EDITEUR

GALERIE D'ORLÉANS, 13 ET 17, PALAIS-ROYAL

1863

AVANT-PROPOS

Quand, il y a quelques mois, à propos d'un article sur l'Italie dans lequel je défendais la fédération contre l'unité, les journaux belges m'accusèrent de prêcher l'annexion de leur pays à la France, ma surprise ne fut pas médiocre. Je ne savais auquel croire, d'une hallucination du public ou d'un guet-apens de la police, et mon premier mot fut de demander à mes dénonciateurs s'ils m'avaient lu ; dans ce cas, si c'était sérieusement qu'ils me faisaient un pareil reproche. On sait comment se termina pour moi cette incroyable querelle. Je ne m'étais pas pressé, après un exil de plus de quatre ans, de profiter de l'amnistie qui m'autorisait à rentrer en France ; je déménageai brusquement.

Mais lorsque, de retour au pays, j'ai vu, et sur le même prétexte, la presse démocratique m'accuser d'abandonner la cause de la Révolution, crier contre moi, non plus à l'annexionniste, mais à l'apostat, j'avoue que ma stupéfaction a été au comble. Je me suis demandé si j'étais un Épiménide sorti de sa caverne après un siècle de sommeil, ou si par hasard ce n'était pas la démocratie française elle-même qui, emboîtant le pas du libéralisme belge, avait subi un mouvement rétrograde. Il me semblait bien que fédération et contre-révolution ou annexion étaient termes incompatibles; mais il me répugnait de croire à la défection en masse du parti auquel je m'étais jusqu'alors rattaché, et qui, non content de renier ses principes, allait, dans sa fièvre d'unification, jusqu'à trahir son pays. Devenais-je fou, ou le monde s'était-il à mon insu mis à tourner en sens contraire?

Comme le rat de Lafontaine,

> Soupçonnant là-dessous encor quelque machine,

je pensai que le parti le plus sage était d'ajourner ma réponse et d'observer, pendant quelque temps, l'état des esprits. Je sentais que j'allais avoir à prendre une résolution énergique, et j'avais besoin, avant d'agir, de m'orienter sur un terrain qui, depuis ma sortie de France, me semblait avoir été bouleversé, et où les hommes que j'avais connus m'apparaissaient avec des figures étranges.

Où en est aujourd'hui le peuple français, me demandais-je ? Que se passe-t-il dans les différentes classes de la Société ? Quelle idée a germé dans l'opinion, et de quoi rêve la masse? Où va la nation ? où est l'avenir? Qui suivons-nous, et par quoi jurons-nous ?...

J'allais ainsi, interrogeant hommes et choses, cherchant dans l'angoisse et ne recueillant que des réponses désolées. Que le lecteur me permette de lui faire part de mes observations : elles serviront d'excuse à une publication dont j'avoue que l'objet est fort au-dessus de mes forces.

J'ai d'abord considéré la classe moyenne, ce qu'on appelait autrefois *bourgeoisie*, et qui ne peut plus désormais porter ce nom. Je l'ai trouvée fidèle à ses traditions, à ses tendances, à ses maximes, bien que s'avançant d'un pas accéléré vers le prolétariat. Que la classe moyenne redevienne maîtresse d'elle-même et du Pouvoir; qu'elle soit appelée à se refaire une Constitution selon ses idées et une politique selon son cœur, et l'on peut prédire à coup sûr ce qui arrivera. Abstraction faite de toute préférence dynastique, la classe moyenne reviendra au système de 1814 et de 1830, sauf peut-être une légère modification concernant la prérogative royale, analogue à l'amendement fait à l'article 14 de la Charte, après la révolution de juillet. La monarchie constitutionnelle, en un mot, voilà quelle est encore la foi politique et le vœu secret de la majorité bourgeoise. Voilà la mesure de la confiance qu'elle a en elle-même ; ni sa pensée ni son énergie ne vont au delà. Mais, justement à cause de cette prédilection monarchiste, la classe moyenne, bien qu'elle ait de nombreuses et fortes racines dans l'actualité, bien que, par l'intelligence, la richesse, le nombre, elle forme la partie la plus considérable de la nation, ne peut être considérée comme l'expression de l'avenir ; elle se révèle comme le parti par excellence du *statu quo*, elle est le *statu quo* en personne.

J'ai jeté ensuite les yeux sur le gouvernement, sur le parti dont il est plus spécialement l'organe, et, je dois le dire, je les ai trouvés l'un et l'autre au fond toujours les mêmes, fidèles à l'idée napoléonienne, malgré les concessions que leur arrachent, d'un côté l'esprit du siècle, de l'autre l'influence de cette classe moyenne, en dehors de laquelle et contre laquelle aucun gouvernement n'est possible. Que l'Empire soit rendu à toute la franchise de sa tradition, que sa puissance soit égale à sa volonté, et demain nous r'aurons avec les splendeurs de 1804 et 1809 les frontières de

1812; nous reverrons le troisième Empire d'Occident avec ses tendances à l'universalité et son autocratie inflexible. Or, précisément à cause de cette fidélité à son idée, l'Empire, bien qu'il soit l'actualité même, ne peut pas se dire l'expression de l'avenir, puisqu'en s'affirmant comme conquérant et autocratique, il nierait la liberté, puisque lui-même, en promettant un *couronnement à l'édifice,* s'est posé comme gouvernement de transition. *L'Empire, c'est la paix,* a dit Napoléon III. Soit ; mais alors comment l'Empire n'étant plus la guerre, ne serait-il pas le *statu quo?*

J'ai vu l'Église, et je lui rends volontiers cette justice : elle est immuable. Fidèle à son dogme, à sa morale, à sa discipline, comme à son Dieu, elle ne fait de concession au siècle que sur la forme ; elle n'en adopte pas l'esprit, elle ne marche point avec lui. L'Église sera l'éternité, si vous voulez, la plus haute formule du *statu quo :* elle n'est pas le progrès ; elle ne saurait être l'expression de l'avenir.

De même que la classe moyenne et les partis dynastiques, de même que l'Empire et l'Église, la Démocratie est aussi du présent ; elle en sera tant qu'il existera des classes supérieures à elle, une royauté et des aspirations nobiliaires, une Église et un sacerdoce ; tant que le nivellement politique, économique et social ne sera pas accompli. Depuis la Révolution française, la Démocratie a pris pour devise : *Liberté, Égalité.* Comme, par sa nature et sa fonction, elle est le mouvement, la vie, son mot d'ordre était : *En avant!* La Démocratie pouvait donc se dire, et seule elle peut être l'expression de l'avenir; c'est, en effet, après la chute du premier Empire et lors de l'avénement de la classe moyenne, ce que le monde a cru. Mais pour exprimer l'avenir, pour réaliser les promesses, il faut des principes, un droit, une science, une politique, toutes choses dont la Révolution semblait avoir posé les bases. Or, voici que, chose inouïe, la Démocratie se montre infidèle à elle-même; elle a rompu avec ses origines, elle tourne le dos à ses destinées. Sa conduite depuis trois ans a été une abdication, un suicide. Sans doute elle n'a pas cessé d'être du présent : comme parti d'avenir, elle n'existe plus. La conscience démocratique est vide : c'est un ballon dégonflé, que quelques coteries, quelques intrigants politiques se renvoient, mais que personne n'a le secret de retendre. Plus d'idées : à leur place, des fantaisies romanesques, des mythes, des idoles. 89 est au rancart, 1848 aux gémonies. Du reste, ni sens politique, ni sens moral, ni sens commun; l'ignorance au comble, l'inspiration des grands jours totalement perdue. Ce que la postérité ne pourra croire, c'est que parmi la multitude de lecteurs que défraie une presse favorisée, il en est à peine un sur mille qui se doute, même d'instinct, de ce que signifie le mot de *fédération.* Sans doute, les annales de la Révolution ne pouvaient ici nous apprendre grand'chose ; mais enfin l'on n'est pas le parti de l'avenir pour s'immobiliser dans les passions d'un autre âge, et c'est le devoir de la Démocratie de produire ses idées, de modifier en conséquence son mot d'ordre. La Fédération est le nom nouveau sous lequel la Liberté, l'Égalité, la Révolution avec toutes ses conséquences, ont apparu, en l'année 1859, à la Démocratie. Libéraux et démocrates n'y ont vu qu'un complot réactionnaire !...

Depuis l'institution du suffrage universel, la Démocratie, considérant que son règne était venu, que son gouvernement avait fait ses preuves, qu'il n'y avait plus à discuter que le choix des hommes, qu'elle était la formule suprême de l'ordre, a voulu se constituer à son tour en parti de *statu quo.* Elle n'est pas, tant s'en faut, maîtresse des affaires, que déjà elle s'arrange pour l'immobilisme. Mais que faire quand on s'appelle la Démocratie, qu'on représente la Révolution et qu'on est arrivé à l'immobilisme ? La Démocratie a pensé que sa mission était de réparer les antiques injustices, de ressusciter les nations meurtries, en un mot, de refaire l'histoire ! C'est ce qu'elle exprime par le mot NATIONALITÉ écrit en tête de son nouveau programme. Non contente de se faire parti de *statu quo*, elle s'est faite parti rétrograde. Et comme la Nationalité, telle que la comprend et l'interprète la Démocratie, a pour corollaire l'*Unité*, elle a mis le sceau à son abjuration, en se déclarant définitivement pouvoir absolu, indivisible et immuable.

La Nationalité et l'Unité, voilà donc quelle est aujourd'hui la foi, la loi, la raison d'État, voilà quels sont les dieux de la Démocratie. Mais la Nationalité pour elle n'est qu'un mot, puisque dans la pensée des démocrates elle ne représente que des ombres. Quant à l'Unité, nous verrons, dans le cours de cet écrit, ce qu'il faut penser du régime unitaire. Mais je puis dire en attendant, à propos de l'Italie et des remaniements dont la carte politique de ce pays a été l'objet, que cette unité pour laquelle se sont pris d'un si vif enthousiasme tant de soi-disant amis du peuple et du progrès, n'est autre chose, dans la pensée des habiles, qu'une *affaire*, une grosse affaire, moitié dynastique et moitié bancocratique, vernissée de libéralisme, couperosée de conspiration, et à laquelle d'honnêtes républicains, mal renseignés ou pris pour dupes, servent de chaperons.

Telle démocratie, tel journalisme. Depuis l'époque où je

flétrissais, dans le *Manuel du spéculateur à la Bourse*, le rôle mercenaire de la presse, ce rôle n'a pas changé; elle n'a fait qu'étendre le cercle de ses opérations. Tout ce qu'elle possédait autrefois de raison, d'esprit, de critique, de savoir, d'éloquence, s'est résumé, sauf de rares exceptions, dans ces deux mots que j'emprunte au vocabulaire du métier : ÉREINTEMENT et *Réclame*. L'affaire italienne ayant été commise aux journaux, ni plus ni moins que s'il se fût agi d'une société en commandite, ces estimables carrés de papier, comme une claque qui obéit au signal du chef, commencèrent par me traiter de *mystificateur*, de *jongleur*, de *bourbonnien*, de *papalin*, d'*Érostrate*, de *renégat*, de *vendu* : j'abrége la kyrielle. Puis, prenant un ton plus calme, ils se mirent à rappeler que j'étais l'irréconciliable ennemi de l'Empire et de tout gouvernement, de l'Église et de toute religion, comme aussi de toute morale; un matérialiste, un anarchiste, un athée, une sorte de Catilina littéraire sacrifiant tout, pudeur et bon sens, à la rage de faire parler de lui, et dont la tactique désormais éventée était, en associant sournoisement la cause de l'Empereur à celle du Pape, les poussant tous deux contre la démocratie, de perdre les uns par les autres tous les partis et toutes les opinions, et d'élever un monument à mon orgueil sur les ruines de l'ordre social. Tel a été le fond des critiques du *Siècle*, de *l'Opinion nationale*, de *la Presse*, de *l'Écho de la Presse*, de *la Patrie*, du *Pays*, des *Débats :* j'en omets, car je n'ai pas tout lu. On a rappelé, à cette occasion, que j'avais été la principale cause de la chute de la République ; et il s'est trouvé des démocrates assez ramollis du cerveau pour me dire à l'oreille que pareil scandale ne se renouvellerait pas, que la démocratie était revenue des folies de 1848, et que le premier à qui elle destinait ses balles conservatrices, c'était moi.

Je ne voudrais point paraître attribuer à des violences ridicules, dignes des feuilles qui les inspirent, plus d'importance qu'elles n'en méritent; je les cite comme influence du journalisme contemporain et témoignage de l'état des esprits. Mais si mon amour-propre d'individu, si ma conscience de citoyen est au-dessus de pareilles attaques, il n'en est pas de même de ma dignité d'écrivain interprète de la Révolution. J'ai assez des outrages d'une démocratie décrépite et des avanies de ses journaux. Après le 10 décembre 1848, voyant la masse du pays et toute la puissance de l'État tournées contre ce qui me semblait être la Révolution, j'essayai de me rapprocher d'un parti qui, s'il était dépourvu d'idées, valait encore par le nombre. Ce fut une faute, que j'ai amèrement regrettée, mais dont il est encore temps de revenir. Soyons nous-mêmes, si nous voulons être quelque chose; formons, s'il y a lieu, avec nos adversaires et nos rivaux, des fédérations, jamais de fusions. Ce qui m'arrive depuis trois mois m'a décidé, et sans retour. Entre un parti tombé en romantisme, qui dans une philosophie du droit a su découvrir un système de tyrannie, et dans les manœuvres de l'agiotage un progrès; pour qui les mœurs de l'absolutisme sont vertu républicaine, et les prérogatives de la liberté une révolte; entre ce parti-là, dis-je, et l'homme qui cherche la vérité de la Révolution et sa justice, il ne peut y avoir rien de commun. La séparation est nécessaire, et, sans haine comme sans crainte, je l'accomplis.

Pendant la première révolution, les Jacobins, éprouvant de temps à autre le besoin de retremper leur société, exécutaient sur eux-mêmes ce qu'on appelait alors une *épuration*. C'est à une manifestation de ce genre que je convie ce qui reste d'amis sincères et éclairés des idées de 89. Assuré du concours d'une élite, comptant sur le bon sens des masses, je romps, pour ma part, avec une faction qui ne représente plus rien. Dussions-nous n'être jamais qu'une centaine, c'est assez pour ce que j'ose entreprendre. De tout temps la vérité a servi ses persécuteurs; quand je devrais tomber victime de ceux que je suis décidé à combattre, j'aurai du moins la consolation de penser qu'une fois ma voix étouffée ma pensée obtiendra justice, et que tôt ou tard mes propres ennemis seront mes apologistes.

Mais que dis-je? Il n'y aura ni bataille ni exécution : le jugement du public m'a d'avance justifié. Le bruit n'a-t-il pas couru, répété par plusieurs journaux, que la réponse que je publie en ce moment aurait pour titre : *Les Iscariotes*?... Il n'est telle justice que celle de l'opinion. Hélas! ce serait à tort que je donnerais à ma brochure ce titre sanglant, pour quelques-uns trop mérité. Depuis deux mois que j'étudie l'état des âmes, j'ai pu m'apercevoir que si la démocratie fourmille de Judas, il s'y trouve bien davantage encore de saints Pierre, et j'écris pour ceux-ci autant au moins que pour ceux-là. J'ai donc renoncé à la joie d'une *vendetta;* je me tiendrai pour très-heureux si, comme le coq de la Passion, je puis faire rentrer en eux-mêmes tant de faibles courages, et leur restituer avec la conscience l'entendement.

Puisque, dans une publication dont la forme était plutôt littéraire que didactique, on a affecté de ne pas saisir la pensée qui en était l'âme, je suis forcé de revenir aux procédés de l'école et d'argumenter dans les règles. Je divise donc ce travail, beaucoup plus long que je n'eusse voulu, en trois parties : la première, la plus importante pour mes ex-coreligionnaires politiques, dont la raison est en souffrance, aura pour objet de poser les principes de la matière ; — dans la seconde, je ferai l'application de ces principes à la question italienne et à l'état général des affaires, je montrerai la folie et l'immoralité de la politique unitaire ; — dans la troisième, je répondrai aux objections de ceux de Messieurs les journalistes, bienveillants ou hostiles, qui ont cru devoir s'occuper de mon dernier travail, et je ferai voir par leur exemple le danger que court la raison des masses, sous l'influence d'une théorie destructive de toute individualité.

Je prie les personnes, de quelque opinion qu'elles soient, qui, tout en rejetant plus ou moins le fond de mes idées, ont accueilli mes premières observations sur l'Italie avec quelque égard, de me continuer leur sympathie. Il ne tiendra pas à moi, dans le chaos intellectuel et moral où nous sommes plongés, à cette heure où les partis ne se distinguent, comme les chevaliers qui combattaient dans les tournois, que par la couleur de leurs rubans, que les hommes de bonne volonté, venus de tous les points de l'horizon, ne trouvent enfin une terre sacrée sur laquelle ils puissent au moins se tendre une main loyale et parler une langue commune. Cette terre est celle du Droit, de la Morale, de la Liberté, du respect de l'Humanité en un mot, dans toutes ses manifestations, Individu, Famille, Association, Cité; terre de la pure et franche Justice, où fraternisent, sans distinction de partis, d'écoles ni de cultes, de regrets ni d'espérance, toutes les âmes généreuses. Quant à cette fraction délabrée de la démocratie, qui a cru me faire honte de ce qu'elle appelle les *applaudissements* de la presse légitimiste, cléricale et impériale, je ne lui dirai pour le moment qu'un mot, c'est que la honte, si honte il y a, est toute pour elle. C'était à elle de m'applaudir : le plus grand service que je puisse lui rendre sera de le lui avoir prouvé.

DU

PRINCIPE FÉDÉRATIF

ET

DE LA NÉCESSITÉ DE RECONSTITUER

LE PARTI DE LA RÉVOLUTION

PREMIÈRE PARTIE

DU PRINCIPE DE FÉDÉRATION

CHAPITRE PREMIER.

DUALISME POLITIQUE. — AUTORITÉ ET LIBERTÉ : OPPOSITION ET CONNEXITÉ DE CES DEUX NOTIONS.

Avant de dire ce que l'on entend par *fédération*, il convient de rappeler en quelques pages l'origine et la filiation de l'idée. La théorie du système fédératif est toute nouvelle : je crois même pouvoir dire qu'elle n'a encore été présentée par personne. Mais elle est intimement liée à la théorie générale des gouvernements, parlons plus juste, elle en est la conclusion nécessaire.

Parmi tant de constitutions que la philosophie propose et que l'histoire montre à l'essai, une seule réunit les conditions de justice, d'ordre, de liberté et de durée hors desquelles la société et l'individu ne peuvent vivre. La vérité est une comme la nature : il serait étrange qu'il en fût autrement pour l'esprit et pour son œuvre la plus grandiose, la société. Tous les publicistes ont admis cette unité de la législation humaine, et, sans nier la variété des applications que la différence des temps et des lieux et le génie propre à chaque nation réclament ; sans méconnaître la part à faire, en tout système politique, à la liberté, tous se sont efforcés d'y conformer leurs doctrines. J'entreprends de faire voir que cette constitution unique, que le plus grand effort de la raison des peuples sera d'avoir enfin reconnue, n'est autre que le système fédératif. Toute forme de gouvernement qui s'en éloigne doit être considérée comme une création empirique, ébauche provisoire, plus ou moins commode, sous laquelle la société vient s'abriter un instant, et que, pareille à la tente de l'Arabe, on enlève le matin après l'avoir dressée le soir. Une analyse sévère est donc ici indispensable, et la première vérité dont il importe que le lecteur emporte de cette lecture la conviction, c'est que la politique, variable à l'infini comme art d'application, est, quant aux principes qui la régissent, une science de démonstration exacte, ni plus ni moins que la géométrie et l'algèbre.

L'ordre politique repose fondamentalement sur deux principes contraires, l'AUTORITÉ et la *Liberté :* le premier initiateur, le second déterminateur; celui-ci ayant pour corollaire la raison libre, celui-là la foi qui obéit.

Contre cette première proposition, je ne pense pas qu'il s'élève une seule voix. L'Autorité et la Liberté sont aussi anciennes dans le monde que la race humaine : elles naissent avec nous, et se perpétuent en chacun de nous. Remarquons seulement une chose, à laquelle peu de lecteurs feraient d'eux-mêmes attention : ces deux principes forment, pour ainsi dire, un couple, dont les deux termes, indissolublement liés l'un à l'autre, sont néanmoins irréductibles l'un dans l'autre, et restent, quoi que nous fassions, en lutte perpétuelle. L'Autorité suppose invinciblement une Liberté qui la reconnaît ou la nie ; la Liberté à son tour, dans le sens politique du mot, suppose également une Autorité qui traite avec elle, la refrène ou la tolère. Supprimez l'une des deux, l'autre n'a plus de sens : l'Autorité, sans une Liberté qui discute, résiste ou se soumet, est un vain mot; la Liberté, sans une Autorité qui lui fasse contre-poids, est un non-sens.

Le principe d'Autorité, principe familial, patriarcal, magistral, monarchique, théocratique, tendant à la hiérarchie, à la centralisation, à l'absorption, est donné par la Nature, donc essentiellement fatal ou divin, comme l'on voudra. Son action, combattue, entravée par le principe contraire, peut indéfiniment s'étendre ou se restreindre, mais sans pouvoir s'annihiler jamais.

Le principe de Liberté, personnel, individualiste, critique; agent de division, d'élection, de transaction, est donné par l'Esprit. Principe essentiellement arbitral par conséquent, supérieur à la Nature dont il se sert, à la fatalité qu'il domine ; illimité dans ses aspirations ; susceptible, comme son contraire, d'extension et de restriction, mais tout aussi incapable que celui-ci de s'épuiser par le développement, comme de s'anéantir par la contrainte.

Il suit de là qu'en toute société, même la plus autoritaire, une part est nécessairement laissée à la Liberté ; pareillement en toute société, même la plus libérale, une part est réservée à l'Autorité. Cette condition est absolue; aucune combinaison politique ne peut s'y soustraire. En dépit de l'entendement dont l'effort tend incessamment à résoudre la diversité dans l'unité, les deux principes restent en présence et toujours en opposition. Le mouvement politique résulte de leur tendance inéluctable et de leur réaction mutuelle.

Tout cela, je l'avoue, n'a peut-être rien de bien neuf, et plus d'un lecteur va me demander si c'est tout ce que j'ai à lui apprendre. Personne ne nie ni la Nature ni l'Esprit, quelque obscurité qui les enveloppe ; pas un publiciste qui songe à s'inscrire en faux contre l'Autorité ou la Liberté, bien que leur conciliation, leur séparation et leur élimination semblent également impossibles. Où donc me proposé-je d'en venir, en rebattant ce lieu commun ?

Je vais le dire : c'est que toutes les constitutions politiques, tous les systèmes de gouvernement, la fédération y comprise, peuvent se ramener à cette formule, le *Balancement de l'Autorité par la Liberté*, et *vice versâ;* c'est en conséquence que les catégories adoptées depuis Aristote par la multitude des auteurs et à l'aide desquelles les gouvernements se classent, les États se différencient, les nations se distinguent, *monarchie*, *aristocratie*, *démocratie*, etc., ici la fédération exceptée, se réduisent à des constructions hypothétiques, empiriques, dans lesquelles la raison et la justice n'obtiennent qu'une satisfaction imparfaite; c'est que tous ces établissements, fondés sur les mêmes données incomplètes, différents seulement par les intérêts, les préjugés, la routine, au fond se ressemblent et se valent; qu'ainsi, n'était le mal-être causé par l'application de ces faux systèmes, et dont les passions irritées, les intérêts en souffrance, les amours-propres déçus s'accusent les uns les autres, nous serions, quant au fond des choses, très-près de nous entendre; c'est enfin que toutes ces divisions de partis entre lesquels notre imagination creuse des abîmes, toutes ces contrariétés d'opinions qui nous paraissent insolubles, tous ces antagonismes de fortunes qui nous semblent sans remède, trouveront tout à l'heure leur équation définitive dans la théorie du gouvernement fédératif.

Que de choses, direz-vous, dans une opposition grammaticale : AUTORITÉ-*Liberté!*... — Eh bien! oui. J'ai remarqué que les intelligences ordinaires, que les enfants saisissent mieux la vérité ramenée à une formule abstraite que grossie d'un volume de dissertations et de faits. J'ai voulu tout à la fois abréger cette étude pour ceux qui ne peuvent lire des livres, et la rendre plus péremptoire en opérant sur de simples notions. AUTORITÉ, *Liberté*, deux idées opposées l'une à l'autre, condamnées à vivre en lutte ou à périr ensemble : voilà, certes, qui n'est pas bien difficile. Ayez seulement la patience de me lire, ami lecteur, et si vous avez compris ce premier et très-court chapitre, vous m'en direz après votre sentiment.

CHAPITRE II.

CONCEPTION *à priori* DE L'ORDRE POLITIQUE : RÉGIME D'AUTORITÉ, RÉGIME DE LIBERTÉ.

Nous connaissons les deux principes fondamentaux et antithétiques de tout gouvernement : Autorité, Liberté.

En vertu de la tendance de l'esprit humain à ramener toutes ses idées à un principe unique, partant à éliminer celles qui lui paraissent inconciliables avec ce principe, deux régimes différents se déduisent, *à priori*, de ces deux notions primordiales, selon la préférence ou prédilection accordée à l'une ou à l'autre : le *Régime d'autorité* et le *Régime de liberté*.

En outre, la société étant composée d'individus, et le rapport de l'individu au groupe pouvant se concevoir, au point de vue politique, de quatre manières différentes, il en résulte quatre formes gouvernementales, deux pour chaque régime :

I. *Régime d'Autorité.*

A) Gouvernement de tous par un seul; — MONARCHIE ou PATRIARCAT;

a) Gouvernement de tous par tous; — *Panarchie* ou *Communisme.*

Le caractère essentiel de ce régime, dans ses deux espèces, est l'INDIVISION du pouvoir.

II. *Régime de Liberté.*

B) Gouvernement de tous par chacun; — DÉMOCRATIE;

b) Gouvernement de chacun par chacun; — *An-archie* ou *Self-government.*

Le caractère essentiel de ce régime, dans ses deux espèces, est la *division* du pouvoir.

Rien de plus, rien de moins. Cette classification donnée *à priori* par la nature des choses et la déduction de l'esprit, est mathématique. En tant que la politique est censée résulter d'une construction syllogistique, comme le supposèrent naturellement tous les anciens législateurs, elle ne peut rester en deçà, ni aller au delà. Ce simplisme est remarquable : il nous montre dès l'origine, et sous tous les régimes, le chef d'État s'efforçant de déduire ses constitutions d'un seul élément. La logique et la bonne foi sont primordiales en politique : or, là est précisément le piége.

Observations. — I. Nous savons comment se pose le gouvernement monarchique, expression primitive du principe d'autorité. M. de Bonald nous l'a dit : c'est par l'autorité paternelle. La famille est l'embryon de la monarchie. Les premiers États furent généralement des familles ou tribus gouvernées par leur chef naturel, mari, père, patriarche, à la fin roi.

Sous ce régime, le développement de l'État s'effectue de deux manières : 1° par la génération ou multiplication naturelle de la famille, tribu ou race ; 2° par l'adoption, c'est-à-dire par l'incorporation volontaire ou forcée des familles et tribus circonvoisines, mais de telle sorte que les tribus réunies ne fassent avec la tribu mère qu'une seule famille, une même domesticité. Ce développement de l'état monarchique peut atteindre des proportions immenses, allant jusqu'à des centaines de millions d'hommes, répandus sur des centaines de mille lieues carrées.

La panarchie, pantocratie ou communauté, se produit naturellement par la mort du monarque ou chef de famille, et la déclaration des sujets, frères, enfants ou associés, de rester dans l'indivision, sans faire élection d'un nouveau chef. Cette forme politique est rare, si tant est même qu'il y en ait des exemples, l'autorité y étant plus lourde et l'individualité plus accablée que sous aucune autre. Elle n'a guère été adoptée que par les associations religieuses, qui, dans tous les pays et sous tous les cultes, ont tendu à l'anéantissement de la liberté. Mais l'idée n'en est pas moins donnée *à priori*, comme l'idée monarchique; elle trouvera son application dans les gouvernements de fait, et nous devions la mentionner à tout le moins pour mémoire.

Ainsi la monarchie, fondée en nature, justifiée par conséquent dans son idée, a sa légitimité et sa moralité : et il en est de même du communisme. Mais nous verrons tout à l'heure que ces deux variétés du même régime ne peuvent, malgré leur donnée concrète et leur déduction rationnelle, se maintenir dans la rigueur de leur principe et la pureté de leur essence, qu'elles sont condamnées par conséquent à rester toujours à l'état d'hypothèse. De fait, malgré leur origine patriarcale, leur tempérament débonnaire, leur affectation d'absolutisme et de droit divin, la monarchie et la communauté, conservant dans leur développement la sincérité de leur type, ne se rencontrent nulle part.

II. Comment se pose à son tour le gouvernement démocratique, expression spontanée du principe de liberté? Jean-Jacques Rousseau et la Révolution nous l'ont appris : Par la convention. Ici la physiologie n'est plus de rien : l'État apparaît comme le produit, non plus de la nature organique, de la chair, mais de la nature intelligible, qui est esprit.

Sous cet autre régime, le développement de l'État a lieu par accession ou adhésion libre. De même que les citoyens sont censés avoir tous signé le contrat, l'étranger qui entre dans la cité est censé y adhérer à son tour : c'est à cette condition qu'il obtient les droits et prérogatives de citoyen. Si l'État a une guerre à soutenir et devient conquérant, son principe le porte à accorder aux populations conquises les mêmes droits que ceux dont jouissent ses propres nationaux : ce que l'on nomme *isonomie.* Telle était chez les Romains la concession du droit de cité. Les enfants eux-mêmes sont censés, à leur majorité, avoir juré le pacte; ce n'est pas en réalité parce qu'ils sont fils de citoyens qu'ils deviennent citoyens à leur tour, comme dans la monarchie les enfants du sujet sont sujets de naissance, ou comme dans les communautés de Lycurgue et de Platon ils appartenaient à l'État : pour être membre d'une démocratie, il faut, en droit, indépendamment de la qualité d'*ingénu,* avoir fait élection du système libéral.

La même chose aura lieu pour l'accession d'une famille, d'une cité, d'une province : c'est toujours la liberté qui en est le principe et qui en fournit les motifs.

Ainsi, au développement de l'état autoritaire, patriarcal, monarchique ou communiste, s'oppose le développement de l'état libéral, contractuel et démocratique. Et comme il n'y a pas de limite naturelle à l'extension de la monarchie, ce qui dans tous les temps et chez tous les peuples a suggéré l'idée d'une monarchie universelle ou messianique, il n'y a pas non plus de limite naturelle à l'extension de l'état démocratique, ce qui suggère également l'idée d'une démocratie ou république universelle.

Comme variété du régime libéral, j'ai signalé l'ANARCHIE ou gouvernement de chacun par soi-même, en anglais, *self-government*. L'expression de gouvernement anarchique impliquant une sorte de contradiction, la chose semble impossible et l'idée absurde. Il n'y a pourtant à reprendre ici que la langue : la notion d'*anarchie*, en politique, est tout aussi rationnelle et positive qu'aucune autre. Elle consiste en ce que, les fonctions politiques étant ramenées aux fonctions industrielles, l'ordre social résulterait du seul fait des transactions et des échanges. Chacun alors pourrait se dire autocrate de lui-même, ce qui est l'extrême inverse de l'absolutisme monarchique.

De même, au surplus, que la monarchie et le communisme, fondés en nature et en raison, ont leur légitimité et leur moralité, sans que jamais ils puissent se réaliser dans la rigueur et la pureté de leur notion ; de même la démocratie et l'anarchie, fondées en liberté et en droit, poursuivant un idéal en rapport avec leur principe, ont leur légitimité et leur moralité. Mais nous verrons aussi qu'en dépit de leur origine juridique et rationaliste, elles ne peuvent pas davantage, en prenant de l'accroissement et se développant en population et territoire, se maintenir dans la rigueur et la pureté de leur notion, et qu'elles sont condamnées à rester à l'état de *desiderata* perpétuels. Malgré l'attrait puissant de la liberté, ni la démocratie ni l'anarchie, dans la plénitude et l'intégrité de leur idée, ne se sont constituées nulle part.

CHAPITRE III.

FORMES DU GOUVERNEMENT.

C'est pourtant à l'aide de ces bilboquets métaphysiques qu'ont été établis dès le commencement du monde tous les gouvernements de la terre, et c'est avec cela que nous parviendrons à débrouiller l'énigme politique, pour peu que nous veuillions nous en donner la peine. Que l'on me pardonne donc d'y insister, comme on fait avec les enfants à qui l'on enseigne les éléments de la grammaire.

Dans ce qui précède, on ne trouvera pas un mot qui ne soit de la plus parfaite exactitude. On ne raisonne pas autrement dans les mathématiques pures. Ce n'est pas dans l'usage des notions qu'est le principe de nos erreurs; c'est dans les exclusions que, sous prétexte de logique, nous nous permettons d'y faire dans l'application.

a) *Autorité — Liberté :* voilà bien les deux pôles de la politique. Leur opposition antithétique, diamétrale, contradictoire, nous est un sûr garant qu'un troisième terme est impossible, qu'il n'existe pas. Entre le oui et le non, de même qu'entre l'être et le non-être, la logique n'admet rien (1).

b) La connexité de ces mêmes notions, leur irréductibilité, leur mouvement, sont également démontrés. Elles ne vont pas l'une sans l'autre ; on ne peut ni supprimer celle-ci ou celle-là, ni les résoudre en une expression commune. Quant à leur mouvement, il suffit de les mettre en présence, pour que, tendant mutuellement à s'absorber, à se développer aux dépens l'une de l'autre, elles entrent aussitôt en action.

c) De ces deux notions résultent pour la société deux régimes différents, que nous avons nommés *régime d'autorité* et *régime de liberté;* chacun desquels peut revêtir ensuite deux formes différentes, ni moins ni plus. L'autorité n'apparaît dans toute sa grandeur que dans la collectivité sociale : par conséquent elle ne peut s'exprimer, agir, que par la collectivité même ou par un sujet qui la personnifie; semblablement, la liberté n'est parfaite que lorsqu'elle est garantie à tous, soit que tous aient part au gouvernement, soit que la charge n'en ait été dévolue à personne. Impossible d'échapper à ces alternatives : *Gouvernement de tous par tous* ou *gouvernement de tous par un seul,* voilà pour le régime d'autorité ; *gouvernement en participation de tous par chacun* ou *gouvernement de*

(1) Le *devenir* n'est pas, quoi qu'en aient dit certains philosophes plus mystiques que profonds, un moyen terme entre l'être et le non-être; le *devenir* est le mouvement de l'être; c'est l'être dans sa vie et ses manifestations.

chacun par soi-même, voilà pour le régime de liberté. Tout cela est fatal comme l'unité et la pluralité, le chaud et le froid, la lumière et les ténèbres. — Mais, me dira-t-on, n'a-t-on jamais vu le gouvernement être l'apanage d'une partie plus ou moins considérable de la nation, à l'exclusion du reste : *aristocratie*, gouvernement des classes élevées; *ochlocratie*, gouvernement de la plèbe ; *oligarchie*, gouvernement d'une faction ?... L'observation est juste, cela s'est vu : mais ces gouvernements sont des gouvernements de *fait*, œuvres d'usurpation, de violence, de réaction, de transition, d'empirisme, où tous les principes sont simultanément adoptés, puis également violés, méconnus et confondus; et nous en sommes présentement aux gouvernements *à priori*, conçus d'après la logique, et sur un seul principe.

Rien d'arbitraire, encore une fois, dans la politique rationnelle, qui tôt ou tard ne se doit pas distinguer de la politique pratique. L'arbitraire n'est le fait ni de la nature ni de l'esprit : ce n'est ni la nécessité des choses ni la dialectique infaillible des notions qui l'engendrent. L'Arbitraire est fils, savez-vous de qui? Son nom vous le dit : du libre Arbitre, de la Liberté. Chose admirable ! Le seul ennemi contre lequel la Liberté ait à se tenir en garde, ce n'est pas au fond l'Autorité, que tous les hommes adorent comme si elle était la Justice ; c'est la Liberté elle-même, liberté du prince, liberté des grands, liberté des multitudes, déguisée sous le masque de l'Autorité.

De la définition *à priori* des diverses espèces de gouvernements, passons maintenant à leurs *formes*.

On appelle *formes* du gouvernement, la manière dont se distribue et s'exerce le Pouvoir. Naturellement et logiquement ces formes sont en rapport avec le principe, la formation et la loi de chaque régime.

De même que le père dans la famille primitive, le patriarche dans la tribu, est à la fois maître de la maison, du chariot ou de la tente, *herus*, *dominus*, propriétaire du sol, des troupeaux et de leur croît, cultivateur, industriel, régisseur, commerçant, sacrificateur, guerrier; de même, dans la monarchie, le Prince est à la fois législateur, administrateur, juge, général, pontife. Il a le domaine éminent de la terre et de la rente; il est chef des arts et métiers, du commerce, de l'agriculture, de la marine, de l'instruction publique, investi de tout droit et de toute autorité. En deux mots, le roi est le représentant de la société, son incarnation; l'État, c'est lui. La *réunion* ou *indivision des pouvoirs* est le caractère de la royauté. Au principe d'autorité qui distingue le père de famille et le monarque, vient se joindre comme corollaire le principe d'universalité d'attributions. Un chef de guerre, comme Josué; un juge, comme Samuel; un prêtre, comme Aaron; un roi, comme David; un législateur, comme Moïse, Solon, Lycurgue, Numa, tous ces titres réunis dans la même personne : tel est l'esprit de la monarchie, telles sont ses formes.

Bientôt, par l'extension donnée à l'État, l'exercice de l'autorité dépasse les forces d'un homme. Le prince alors se fait assister par des conseillers, officiers ou ministres, choisis par lui, et qui agissent en son lieu et place, comme ses mandataires et fondés de pouvoir vis-à-vis du peuple. De même que le prince qu'ils représentent, ces envoyés, satrapes, proconsuls ou préfets, cumulent dans leur mandat tous les attributs de l'autorité. Mais il est entendu qu'ils doivent compte de leur gestion au monarque leur maître, dans l'intérêt et au nom duquel ils gouvernent, dont ils reçoivent la direction, et qui les fait surveiller eux-mêmes de manière à s'assurer toujours la haute possession de l'autorité, l'honneur du commandement, les bénéfices de l'État, et à se préserver de toute usurpation et de toute sédition. Quant à la nation, elle n'a pas droit de demander des comptes, et les agents du prince n'en ont point à lui rendre. Dans ce système, la seule garantie des sujets est dans l'intérêt du souverain, qui, du reste, ne reconnaît de loi que son *bon plaisir*.

Dans le régime communiste, les formes du gouvernement sont les mêmes, c'est-à-dire que le Pouvoir est exercé indivisément par la collectivité sociale de même qu'il l'était auparavant par le roi seul. C'est ainsi que dans les champs de mai des Germains le peuple entier, sans distinction d'âge ni de sexe, délibérait, jugeait; c'est ainsi que les Cimbres et les Teutons, accompagnés de leurs femmes, combattaient contre Marius : ne connaissant rien à la stratégie et à la tactique, qu'avaient-ils à faire de généraux? C'est par un reste de ce communisme qu'à Athènes les jugements au criminel étaient rendus par la masse entière des citoyens; c'est par une inspiration du même genre que la République de 1848 se donna neuf cents législateurs, regrettant de ne pouvoir réunir dans la même assemblée les dix millions d'électeurs, qu'il fallut se contenter de convoquer au scrutin. Les projets de *législation directe*, par *oui* et par *non*, proposés de nos jours, sont sortis de là.

Les formes de l'état libéral ou démocratique correspondent également au principe de formation et à la loi de développement de cet état ; en conséquence, elles diffèrent radicalement de celles de la monarchie. Elles consistent en ce que le Pouvoir, au lieu d'être collectivement et indivisément exercé comme dans la communauté primitive, est réparti entre les citoyens, ce qui se fait de deux manières. S'il s'agit d'un service susceptible d'être matériellement partagé, comme la construction d'une route, le commandement d'une flotte, la police d'une ville, l'instruction de la jeunesse, on partage le travail par sections, la flotte par escadres ou même par navires, la ville par quartiers, l'enseignement par classes, sur chacun desquels on établit un entrepreneur, commissaire, amiral, capitaine ou maître. Les Athéniens avaient l'habitude, dans leurs guerres, de nommer dix ou douze généraux, dont chacun commandait pendant un jour à tour de rôle : usage qui paraîtrait aujourd'hui fort étrange ; mais la démocratie athénienne ne supportait rien de plus. Si la fonction est indivisible, on la laisse entière, et, ou bien l'on nomme plusieurs titulaires, malgré le précepte d'Homère qui dit que la pluralité des commandants est une mauvaise chose : c'est ainsi que là où nous n'envoyons qu'un ambassadeur, les anciens en expédiaient une compagnie; — ou bien l'on se contente pour chaque fonction d'un seul fonctionnaire qui s'y attache et en fait peu à peu sa profession, sa spécialité : ce qui tend à introduire dans le corps politique une classe particulière de citoyens, à savoir les fonctionnaires publics. A partir de ce moment la Démocratie est en danger : l'État se distingue de la nation; son personnel redevient à peu près tel que sous la monarchie, plus dévoué au prince qu'à la nation et à l'État. En revanche, une grande idée a surgi, l'une des plus grandes de la science, l'idée de la *Division* ou *Séparation des Pouvoirs.* Grâce à cette idée, la Société prend une forme décidément organique; les révolutions peuvent se succéder comme les saisons, il y a en elle quelque chose qui ne périra plus, c'est cette belle constitution de la puissance publique par catégories, Justice, Administration, Guerre, Finances, Culte, Instruction publique, Commerce, etc.

L'organisation du gouvernement libéral ou démocratique est plus compliquée, plus savante, d'une pratique plus laborieuse et moins fulgurante que celle du gouvernement monarchique : elle est en conséquence moins populaire. Presque toujours les formes du gouvernement libre ont été traitées d'aristocratie par les masses, qui lui ont préféré l'absolutisme monarchique. De là, l'espèce de cercle vicieux dans lequel tournent et tourneront longtemps encore les hommes de progrès. Naturellement c'est en vue de l'amélioration du sort des masses que les républicains réclament des libertés et des garanties; c'est donc sur le peuple qu'ils doivent chercher à s'appuyer. Or, c'est toujours le peuple qui, par méfiance ou indifférence des formes démocratiques, fait obstacle à la liberté (1).

Les formes de l'anarchie sont indifféremment, à la volonté de chaque individu, et dans la limite de ses droits, celles de la monarchie ou de la démocratie.

Tels sont, dans leurs principes et dans leurs formes, les quatre gouvernements élémentaires, donnés *à priori* dans l'entendement humain, pour servir de matériaux à toutes les constructions politiques de l'avenir. Mais, je le répète, ces quatre types, bien que suggérés par la nature des choses en même temps que par le sentiment de la liberté et du droit, ne sont point en eux-mêmes et selon la rigueur de leurs lois appelés à réalisation. Ce sont des conceptions

(1) Ce qu'il importe de bien retenir, c'est que les gouvernements se distinguent par leur ESSENCE, non par le titre donné au magistrat. Ainsi l'essence de la monarchie est dans l'*indivision* gouvernementale et administrative, dans l'*absolutisme* du prince, un ou collectif, et dans son *irresponsabilité*. L'essence de la démocratie, au contraire, est dans la *séparation des pouvoirs*, dans la *distribution* des emplois, le *contrôle* et la *responsabilité*. La couronne et l'hérédité elle-même ne sont ici que des accessoires symboliques. Sans doute c'est par le père-roi, par l'hérédité et par le sacre, que la monarchie se rend visible aux yeux : ce qui a fait croire au vulgaire que le signe manquant, la chose n'existait plus. Les fondateurs de la démocratie, en 93, crurent avoir fait merveille de couper la tête au roi, pendant qu'ils décrétaient la centralisation. Mais c'est une erreur qui ne doit plus tromper personne. Le conseil des DIX, à Venise, était un vrai tyran, et la république un despotisme atroce. Au contraire, donnez un prince, avec titre de roi, à une république comme la Suisse : si la constitution ne change pas, ce sera comme si vous aviez mis un chapeau de feutre sur la statue de Henri IV.

idéales, des formules abstraites, d'après lesquelles vont se constituer empiriquement et d'intuition tous les gouvernements de fait, mais qui elles-mêmes ne sauraient passer à l'état de faits. La réalité est complexe de sa nature ; le simple ne sort pas de l'idéal, n'arrive pas au concret. Nous possédons dans ces formules antithétiques les données d'une constitution régulière, de la future constitution de l'humanité ; mais il faut que des siècles se passent, qu'une série de révolutions se déroule, avant que la formule définitive se dégage du cerveau qui la doit concevoir, et qui est le cerveau de l'humanité.

CHAPITRE IV.

Transaction entre les principes : origine des contradictions de la politique.

Puisque les deux principes sur lesquels repose tout ordre social, l'Autorité et la Liberté, d'un côté sont contraires l'un à l'autre et toujours en lutte, et que d'autre part ils ne peuvent ni s'exclure ni se résoudre, une transaction entre eux est inévitable. Quel que soit le système préféré, monarchique ou démocratique, communiste ou anarchique, l'institution ne se soutiendra quelque temps, qu'autant qu'elle aura su s'appuyer, dans une proportion plus ou moins considérable, sur les données de son antagoniste.

Par exemple, on se tromperait étrangement si l'on s'imaginait que le régime d'autorité, avec son caractère paternel, ses mœurs de famille, son initiative absolue, puisse subvenir, par sa seule énergie, à ses propres besoins. Pour peu que l'État prenne d'extension, cette paternité vénérable dégénère rapidement en impuissance, confusion, déraison et tyrannie. Le prince est incapable de pourvoir à tout; il doit s'en rapporter à des agents qui le trompent, le volent, le discréditent, le perdent dans l'opinion, le supplantent, et à la fin le détrônent. Ce désordre inhérent au pouvoir absolu, la démoralisation qui s'ensuit, les catastrophes qui le menacent sans cesse, sont la peste des sociétés et des États. Aussi peut-on poser comme règle que le gouvernement monarchique est d'autant plus bénin, moral, juste, supportable et partant durable, je fais abstraction en ce moment des relations extérieures, que ses dimensions sont plus modestes et se rapprochent davantage de la famille; et *vice versâ*, que ce même gouvernement sera d'autant plus insuffisant, oppressif, odieux à ses sujets et conséquemment instable, que l'État sera devenu plus vaste. L'histoire a conservé le souvenir, et les siècles modernes ont fourni des exemples de ces effrayantes monarchies, monstres informes, véritables mastodontes politiques, qu'une civilisation meilleure doit progressivement faire disparaître. Dans tous ces États, l'absolutisme est en raison directe de la masse, il subsiste de son propre prestige; dans un petit État, au contraire, la tyrannie ne peut se soutenir un moment qu'au moyen de troupes mercenaires; vue de près, elle s'évanouit.

Pour obvier à ce vice de leur nature, les gouvernements monarchiques ont été conduits à s'appliquer, dans une mesure plus ou moins large, les formes de la liberté, notamment la séparation des pouvoirs ou le partage de la souveraineté.

La raison de cette modification est facile à saisir. Si un homme seul a peine à suffire à l'exploitation d'un domaine de cent hectares, d'une manufacture occupant quelques centaines d'ouvriers, à l'administration d'une commune de cinq à six mille habitants, comment porterait-il le fardeau d'un empire de quarante millions d'hommes? Ici donc la monarchie a dû s'incliner devant ce double principe, emprunté à l'économie politique : 1° que la plus grande somme de travail est fournie et la plus grande valeur produite, quand le travailleur est libre et qu'il agit pour son compte comme entrepreneur et propriétaire ; 2° que la qualité du produit ou service est d'autant meilleure, que le producteur connaît mieux sa partie et s'y consacre exclusivement. Il y a encore une autre raison de cet emprunt fait par la monarchie à la démocratie, c'est que la richesse sociale s'augmente proportionnellement à la division et à l'engrenage des industries, ce qui signifie, en politique, que le gouvernement sera d'autant meilleur et offrira moins de danger pour le prince, que les fonctions seront mieux distinguées et équilibrées : chose impossible dans le régime absolutiste. Voilà comment les princes ont été conduits à se *républicaniser*, pour ainsi dire, eux-mêmes, afin d'échapper à une ruine inévitable : les dernières années en ont offert d'éclatants exemples, en Piémont, en Autriche et en Russie.

clatants exemples, en Piémont, en Autriche et en Russie. Dans la situation déplorable où le czar Nicolas avait laissé son empire, l'introduction de la distinction des pouvoirs dans le gouvernement russe n'est pas la moindre des réformes entreprises par son fils Alexandre (1).

Des faits analogues, mais inverses, s'observent dans le gouvernement démocratique.

On a beau déterminer, avec toute la sagacité et la précision possibles, les droits et obligations des citoyens, les attributions des fonctionnaires, prévoir les incidents, les exceptions et les anomalies : la fécondité de l'imprévu dépasse de beaucoup la prudence de l'homme d'État, et plus on légifère plus il surgit de litiges. Tout cela exige de la part des agents du pouvoir une initiative et un arbitrage qui, pour se faire écouter, n'ont qu'un moyen, qui est d'être constitués en autorité. Otez au principe démocratique, ôtez à la Liberté cette sanction suprême, l'Autorité, l'État périt à l'instant. Il est clair cependant que nous ne sommes plus alors dans le libre contrat, à moins que l'on ne soutienne que les citoyens sont précisément convenus, en cas de litige, de se rendre à la décision de l'un d'eux, magistrat désigné d'avance : ce qui est exactement renoncer au principe démocratique et faire acte de monarchie.

(1) C'est de la nécessité de séparer les pouvoirs et de distribuer l'autorité que naquit, en partie, après Charlemagne, la féodalité. De là aussi ce faux air de fédéralisme qu'elle revêtit, pour le malheur des peuples et de l'Empire. L'Allemagne, retenue dans le *statu quo* d'une constitution absurde, se ressent encore de ces longs déchirements. L'Empire s'est émietté, et la nationalité a été compromise.

Que la démocratie multiplie tant qu'elle voudra, avec les fonctionnaires, les garanties légales et les moyens de contrôle, qu'elle entoure ses agents de formalités, appelle sans cesse les citoyens à l'élection, à la discussion, au vote : bon gré mal gré ses fonctionnaires sont des hommes d'*autorité*, le mot est reçu ; et si parmi ce personnel de fonctionnaires publics il s'en trouve un ou quelques-uns chargés de la direction générale des affaires, ce chef, individuel ou collectif, du gouvernement, est ce que Rousseau a lui-même appelé *prince ;* pour un rien ce sera un roi.

On peut faire des observations analogues sur le communisme et sur l'anarchie. Il n'y eut jamais d'exemple d'une communauté parfaite ; et il est peu probable, quelque haut degré de civilisation, de moralité et de sagesse qu'atteigne le genre humain, que tout vestige de gouvernement et d'autorité y disparaisse. Mais, tandis que la communauté reste le rêve de la plupart des socialistes, l'anarchie est l'idéal de l'école économique, qui tend hautement à supprimer tout établissement gouvernemental et à constituer la société sur les seules bases de la propriété et du travail libre.

Je ne multiplierai pas davantage les exemples. Ce que je viens de dire suffit pour démontrer la vérité de ma proposition, savoir : que la Monarchie et la Démocratie, la Communauté et l'Anarchie, ne pouvant se réaliser ni l'une ni l'autre dans la pureté de leur idéal, sont réduites à se compléter l'une l'autre au moyen d'emprunts réciproques.

Certes, il y a là de quoi humilier l'intolérance des fanatiques qui ne peuvent entendre parler d'une opinion contraire à la leur sans éprouver une sorte d'horripilation. Qu'ils apprennent donc, les malheureux, qu'ils sont eux-mêmes et nécessairement infidèles à leur principe, que leur foi politique est tissue d'inconséquences, et puisse le Pouvoir à son tour ne plus voir, dans la discussion des différents systèmes de gouvernement, aucune pensée factieuse! En se convainquant une bonne fois que ces termes de monarchie, démocratie, etc., n'expriment que des conceptions théoriques, fort éloignées des institutions qui semblent les traduire, le royaliste, aux mots de *contrat social*, de *souveraincté du peuple*, de *suffrage universel*, etc., restera calme; le démocrate, en entendant parler de dynastie, de pouvoir absolu, de droit divin, gardera en souriant son sang-froid. Il n'y a point de vraie monarchie; il n'y a point de vraie démocratie. La monarchie est la forme primitive, physiologique et pour ainsi dire patronymique de l'État; elle vit au cœur des masses, et s'atteste sous nos yeux avec force par la tendance générale à l'unité. La démocratie à son tour bouillonne de tous côtés; elle fascine les âmes généreuses, et s'empare en tous lieux de l'élite de la société. Mais il est de la dignité de notre époque de renoncer enfin à ces illusions, qui trop souvent dégénèrent en mensonges. La contradiction est au fond de tous les programmes. Les tribuns populaires jurent, sans qu'ils s'en doutent, par la monarchie; les rois, par la démocratie et l'anarchie. Après le couronnement de Napoléon Ier, les mots *République française* se lurent pendant longtemps sur l'une des faces des pièces de monnaie, qui portaient de l'autre, avec l'effigie de Napoléon, le titre *Empereur des Français.* En 1830, Louis-Philippe fut désigné par Lafayette comme *la meilleure des républiques*; n'a-t-il pas été surnommé aussi *le roi des propriétaires?* Garibaldi a rendu à Victor-Emmanuel le même service que Lafayette à Louis-Philippe. Plus tard, il est vrai, Lafayette et Garibaldi ont paru se repentir; mais leur aveu doit être recueilli, d'autant mieux que toute rétractation serait illusoire. Nul démocrate ne peut se dire pur de tout monarchisme; nul partisan de la monarchie se flatter d'être exempt de tout républicanisme. Il reste acquis que la démocratie n'ayant pas paru répugner à l'idée dynastique non plus qu'à l'idée unitaire, les partisans des deux systèmes n'ont pas le droit de s'excommunier, et que la tolérance leur incombe mutuellement.

Qu'est-ce maintenant que la Politique, s'il est impossible à une société de se constituer exclusivement sur le principe qu'elle préfère; si, quoi que fasse le législateur, le gouvernement, réputé ici monarchique, là démocratique, reste à tout jamais un composé sans franchise, où les éléments opposés se mêlent en proportions arbitraires au gré du caprice et des intérêts; où les définitions les plus exactes conduisent fatalement à la confusion et à la promiscuité; où, par conséquent, toutes les conversions, toutes les défections peuvent se faire admettre, et la versatilité passer pour honorable? Quel champ ouvert au charlatanisme, à l'intrigue, à la trahison! Quel État pourrait subsister dans des conditions aussi dissolvantes? L'État n'est pas constitué, que déjà il porte dans la contradiction de son idée son principe de mort. Étrange création, où la logique reste impuissante, tandis que l'inconséquence paraît seule pratique et rationnelle (1) !

CHAPITRE V.

GOUVERNEMENTS DE FAIT : DISSOLUTION SOCIALE.

La monarchie et la démocratie, pour ne m'occuper désormais que d'elles seules, étant donc deux idéalités fournies par la théorie, mais irréalisables dans la rigueur de leurs termes, force a été, comme je viens de le dire, de se résigner dans la pratique à des transactions de toutes sortes : de ces transactions obligées sont sortis tous les gouvernements de fait. Ces gouvernements, œuvres de l'empirisme, variables à l'infini, sont donc essentiellement et sans exception des gouvernements composites ou mixtes.

(1) Il y aurait un intéressant ouvrage à écrire sur les *Contradictions politiques*, pour faire pendant aux *Contradictions économiques*. J'y ai pensé plus d'une fois ; mais, découragé par le mauvais accueil de la critique, distrait par d'autres travaux, j'y ai renoncé. L'impertinence des faiseurs de compte-rendu se serait encore égayée sur l'*antinomie*, la *thèse* et l'*antithèse*; l'esprit français, parfois si pénétrant et si juste, se serait montré, en la personne de messieurs les journalistes, bien fat, bien ridicule et bien sot ; la badauderie welche aurait compté un nouveau triomphe, et tout aurait été dit. J'aurai épargné une mystification à mes compatriotes, en leur donnant d'emblée la solution que je leur aurais toujours due, si j'avais étalé devant eux toutes les difficultés du problème.

J'observerai à ce propos que les publicistes se sont trompés et qu'ils ont introduit dans la politique une donnée aussi fausse que dangereuse, lorsque, ne distinguant pas la pratique de la théorie, la réalité de l'idéal, ils ont mis sur la même ligne les gouvernements de pure conception, non réalisables dans leur simplisme, comme la monarchie et la démocratie pures, et les gouvernements de fait ou mixtes. La vérité, je le répète, est qu'il n'existe ni ne peut exister de gouvernements de la première espèce qu'en théorie : tout gouvernement de fait est nécessairement mixte, qu'on l'appelle monarchie ou démocratie, n'importe. Cette observation est importante ; elle seule permet de ramener à une erreur de dialectique les innombrables déceptions, corruptions et révolutions de la politique.

Toutes les variétés de gouvernements de fait, en autres termes, toutes les transactions gouvernementales essayées ou proposées depuis les temps les plus anciens jusqu'à nos jours, se réduisent à deux espèces principales, que j'appellerai, de leurs désignations actuelles, *Empire* et *Monarchie constitutionnelle*. Ceci demande explication.

La guerre et l'inégalité des fortunes ayant été dès l'origine la condition des peuples, la Société se divise naturellement en un certain nombre de classes : Guerriers ou Nobles, Prêtres, Propriétaires, Marchands, Navigateurs, Industrieux, Paysans. — Là où la royauté existe, elle forme caste à elle seule, la première de toutes : c'est la dynastie.

La lutte des classes entre elles, l'antagonisme de leurs

intérêts, la manière dont ces intérêts se coalisent, déterminent le régime politique, conséquemment le choix du gouvernement, ses innombrables variétés, et ses variations plus innombrables encore. Peu à peu toutes ces classes se réduisent à deux : une supérieure, Aristocratie, Bourgeoisie ou Patriciat ; et une inférieure, Plèbe ou Prolétariat, entre lesquelles flotte la Royauté, organe du Pouvoir, expression de l'Autorité. Si l'aristocratie s'unit à la royauté, le gouvernement qui en résultera sera une monarchie tempérée, actuellement dite constitutionnelle ; — si c'est le peuple qui se coalise avec l'autorité, le gouvernement sera un Empire, ou démocratie autocratique. La théocratie du moyen âge était un pacte entre le sacerdoce et l'empereur ; le Califat, une monarchie religieuse et militaire. A Tyr, Sidon, Carthage, la royauté s'appuya sur la caste marchande, jusqu'au moment où celle-ci s'empara du pouvoir. Il paraît qu'à Rome la royauté tint d'abord en respect patriciens et plébéïens ; puis, les deux classes s'étant coalisées contre la couronne, la royauté fut abolie et l'État prit le nom de république. Toutefois la prépondérance resta au patriciat. Mais cette constitution aristocratique fut aussi orageuse que la démocratie athénienne ; le gouvernement vécut d'expédients, et, tandis que la démocratie athénienne succomba au premier choc, à la guerre du Péloponèse, la conquête du monde fut le résultat de la nécessité où se trouva le Sénat romain d'occuper le peuple. La paix donnée au monde, la guerre civile sévit à outrance ; pour en finir la plèbe se donna un chef, détruisit patriciat et république, et créa l'empire.

On s'étonne que le gouvernement fondé sous les auspices d'une bourgeoisie ou d'un patriciat, d'accord avec une dynastie, soit généralement plus libéral que celui fondé par la multitude sous le patronat d'un dictateur ou d'un tribun. La chose, en effet, doit sembler d'autant plus surprenante, qu'au fond la plèbe est plus intéressée et qu'elle a réellement plus de penchant à la liberté que la bourgeoisie. Mais cette contradiction, pierre d'achoppement de la politique, s'explique par la situation des partis, situation qui, dans le cas d'une victoire populaire, fait raisonner et agir la plèbe en autocrate, et, dans le cas d'une prépondérance de la bourgeoisie, fait raisonner et agir celle-ci en républicaine. Revenons au dualisme fondamental, Autorité et Liberté, et nous allons le comprendre.

De la divergence de ces deux principes naissent primordialement, sous l'influence des passions et des intérêts contraires, deux tendances inverses, deux courants d'opinions opposés : les partisans de l'autorité tendant à faire la part de la liberté, soit individuelle, soit corporative ou locale, la moindre possible, et à exploiter sur cette donnée, à leur profit personnel et au détriment de la multitude, le pouvoir dont ils forment l'escorte ; les partisans du régime libéral, au contraire, tendant à restreindre indéfiniment l'autorité et à vaincre l'aristocratie par la détermination incessante des fonctions publiques, des actes du Pouvoir et de ses formes. Par l'effet de sa position, par l'humilité de sa fortune, le peuple cherche dans le gouvernement l'égalité et la liberté ; par une raison contraire, le patriciat propriétaire, capitaliste et entrepreneur, incline davantage vers une monarchie protectrice des grandes existences, capable d'assurer l'ordre à son profit, qui, par conséquent, fasse la part plus grande à l'autorité, moindre à la liberté.

Tous les gouvernements de fait, quels que soient leurs motifs ou réserves, se ramènent ainsi à l'une ou à l'autre de ces deux formules : *Subordination de l'Autorité à la Liberté,* ou *Subordination de la Liberté à l'Autorité.*

Mais la même cause qui soulève l'une contre l'autre la bourgeoisie et la plèbe, leur fait faire bientôt à toutes deux volte-face. La démocratie, pour assurer son triomphe, ignorante d'ailleurs des conditions du pouvoir, incapable de l'exercer, se donne un chef absolu, devant l'autorité duquel tout privilége de caste disparaisse ; la bourgeoisie, qui redoute le despotisme à l'égal de l'anarchie, préfère consolider sa position par l'établissement d'une royauté constitutionnelle. Si bien qu'en fin de compte c'est le parti qui a le plus besoin de liberté et d'ordre légal qui crée l'absolutisme ; et c'est le parti du privilége qui institue le gouvernement libéral, en lui donnant pour sanction la restriction du droit politique.

On voit par là qu'abstraction faite des considérations économiques qui planent sur le débat, bourgeoisie et démocratie, impérialisme et constitutionnalisme, ou quelque nom que vous donniez à ces gouvernements d'antagonisme, se valent, et que des questions comme les suivantes : Si le régime de 1814 ne valait pas mieux que celui de 1804 ; s'il ne serait pas avantageux pour le pays de revenir de la constitution de 1852 à celle de 1830 ; si le parti républicain se fondra dans le parti orléaniste ou s'il se rattachera à l'empire, de pareilles questions, dis-je, au point de vue du droit et des principes, sont puériles : un gouvernement, dans les données que nous connaissons, ne valant que par les faits qui l'ont amené et les hommes qui le représentent, et toute dispute de théorie à ce sujet étant vaine et ne pouvant conduire qu'à des aberrations.

Les contradictions de la politique, les revirements des partis, l'interversion perpétuelle des rôles, sont si fréquents dans l'histoire, ils tiennent une si grande place dans les affaires humaines, que je ne puis m'empêcher d'y insister. Le dualisme de l'Autorité et de la Liberté donne la clé de toutes ces énigmes : sans cette explication primordiale, l'histoire des États serait le désespoir des consciences et le scandale de la philosophie.

L'aristocratie anglaise a fait la grande Charte; les Puritains ont produit Cromwell. En France, c'est la bourgeoisie qui pose les bases impérissables de toutes nos Constitutions libérales. A Rome, le patriarcat avait organisé la république; la plèbe enfanta les Césars et les prétoriens. Au seizième siècle, la Réforme est d'abord aristocratique; la masse reste catholique ou se fait des messies de la façon de Jean de Leyde : c'était l'inverse de ce que l'on avait vu quatre cents ans auparavant, quand les nobles brûlaient les Albigeois. Que de fois, cette observation est de Ferrari, le moyen âge n'a-t-il pas vu les Gibelins se faire Guelfes, et les Guelfes se changer en Gibelins! En 1813, la France combat pour le despotisme, la coalition pour la liberté, justement le contraire de ce qui s'était passé en 1792. Aujourd'hui les légitimistes et les cléricaux soutiennent la fédération, les démocrates sont unitaires. On ne finirait pas à citer de tels exemples ; ce qui n'empêche pas que les idées, les hommes et les choses ne doivent être toujours distingués par leurs tendances naturelles et leurs origines, que *les bleus ne soient les bleus, et les blancs toujours les blancs.*

Le peuple, par le fait même de son infériorité et de sa détresse, formera toujours l'armée de la liberté et du progrès; le travail est républicain par nature : le contraire impliquerait contradiction. Mais, en raison de son ignorance, de la primitivité de ses instincts, de la violence de ses besoins, de l'impatience de ses désirs, le peuple incline aux formes sommaires de l'autorité. Ce qu'il cherche, ce ne sont point des garanties légales, dont il n'a aucune idée et ne conçoit pas la puissance; ce n'est point une combinaison de rouages, une pondération de forces, dont pour lui-même il n'a que faire : c'est un chef à la parole duquel il se fie, dont les intentions lui soient connues, et qui se dévoue à ses intérêts. A ce chef il donne une autorité sans limites, un pouvoir irrésistible. Le peuple, regardant comme juste tout ce qu'il juge lui être utile, attendu qu'il est le peuple, se moque des formalités, ne fait aucun cas des conditions imposées aux dépositaires du pouvoir. Prompt au soupçon et à la calomnie, mais incapable d'une discussion méthodique, il ne croit en définitive qu'à la volonté humaine, il n'espère qu'en l'homme, il n'a confiance qu'en ses créatures, *in principibus, in filiis hominum;* il n'attend rien des principes, qui seuls peuvent le sauver ; il n'a pas la religion des idées.

C'est ainsi que la plèbe romaine, après sept cents ans d'un régime progressivement libéral et une suite de victoires remportées par elle sur le patriciat, crut couper court à toutes les difficultés en anéantissant le parti de l'autorité, et qu'en exagérant la puissance tribunitienne elle donna à César la dictature perpétuelle, fit taire le Sénat, fermer les comices, et, pour un boisseau de blé, *annona*, fonda l'autocratie impériale. Ce qu'il y a de curieux, c'est que cette démocratie était sincèrement convaincue de son libéralisme, et qu'elle se flattait de représenter le droit, l'égalité et le progrès. Les soldats de César, idolâtres de leur empereur, étaient pleins de haine et de mépris pour les rois : si les meurtriers du tyran ne furent pas immolés sur place, c'est que César avait été vu la veille essayant sur son front chauve le bandeau royal. Ainsi les compagnons de Napoléon Ier, sortis du club des jacobins, ennemis des nobles, des prêtres et des rois, trouvaient tout simple de s'affubler des titres de barons, de ducs, de princes et de faire leur cour à l'Empereur ; ils ne lui pardonnèrent pas d'avoir pris pour femme une princesse de Habsbourg.

Livrée à elle-même ou menée par ses tribuns, la multitude ne fonda jamais rien. Elle a la face tournée en arrière : aucune tradition ne se forme chez elle ; pas d'esprit de suite, nulle idée qui acquière force de loi. De la politique elle ne comprend que l'intrigue, du gouvernement que les profusions et la force, de la justice que la vindicte, de la liberté que la faculté de s'ériger des idoles qu'elle démolit le lendemain. L'avénement de la démocratie ouvre une ère de rétrogradation qui conduirait la nation et l'État à la mort, s'ils ne se dérobaient à la fatalité qui les menace par une révolution en sens inverse, qu'il s'agit maintenant d'apprécier.

Autant la plèbe, vivant au jour le jour, sans propriété, sans entreprise, hors des emplois publics, est à l'abri des risques de tyrannie et s'en inquiète peu, autant la bourgeoisie, qui possède, trafique et fabrique, avide de la terre et des traitements, est intéressée à prévenir les catastrophes et à s'assurer la dévotion du pouvoir. Le besoin d'ordre la ramène aux idées libérales : de là les constitutions qu'elle impose à ses rois. En même temps qu'elle entoure le gouvernement de son choix de formes légales et l'assujettit au vote d'un parlement, elle restreint le droit politique à une catégorie de censitaires et abolit le suffrage universel; mais elle se garde de toucher à la centralisation administrative, contre-fort de la féodalité industrielle. Si la séparation des pouvoirs lui est utile pour balancer l'influence de la couronne et déjouer la politique personnelle du prince; si d'autre part le privilége électoral la sert également bien contre les aspirations populaires, la centralisation ne lui est pas moins précieuse, d'abord, par les emplois qu'elle nécessite et qui mettent la bourgeoisie en part du pouvoir et de l'impôt, puis par les facilités qu'elle donne à l'exploitation paisible des masses. Sous un régime de centralisation administrative et de suffrage restreint, où, tandis que la bourgeoisie par ses majorités reste maîtresse du gouvernement, toute vie locale est refoulée, toute agitation facilement comprimée, sous un tel régime, dis-je, la classe travailleuse, parquée dans ses ateliers, est naturellement vouée au salariat. La liberté existe, mais dans la sphère de la société bourgeoise, cosmopolite comme ses capitaux : quant à la multitude elle a donné sa démission, non-seulement politique, mais économique.

Ajouterai-je que la suppression ou le maintien d'une dynastie ne changerait rien au système? Une république unitaire et une monarchie constitutionnelle sont une seule et même chose : il n'y a qu'un mot de changé et un fonctionnaire de moins.

Mais si l'absolutisme démocratique est instable, le constitutionnalisme bourgeois ne l'est pas moins. Le premier était rétrograde, sans frein, sans principes, contempteur du droit, hostile à la liberté, destructif de toute sécurité et confiance. Le système constitutionnel, avec ses formes légales, son esprit juridique, son tempérament contenu, ses solennités parlementaires, s'accuse nettement, en fin de compte, comme un vaste système d'exploitation et d'intrigue, où la politique fait pendant à l'agiotage, où l'impôt n'est que la liste civile d'une caste, et le pouvoir monopolisé l'auxiliaire du monopole. Le peuple a le sentiment vague de cette immense spoliation : les *garanties constitutionnelles* le touchent peu, et on l'a vu, notamment en 1815, préférer son empereur, malgré ses infidélités, à ses rois légitimes, malgré leur libéralisme.

L'insuccès alternatif, répété, de la démocratie impériale et de la constitutionnalité bourgeoise, a pour résultat de créer un troisième parti qui, arborant le drapeau du scepticisme, ne jurant par aucun principe, foncièrement et systématiquement immoral, tend à régner, comme on l'a dit, par la *bascule,* c'est-à-dire par la ruine de toute autorité et de toute liberté, en un mot par la corruption. C'est ce qu'on a appelé système *doctrinaire*. Accueilli d'abord par la haine et l'exécration des anciens partis, ce système n'en fait pas moins rapidement fortune, soutenu par le découragement croissant, et justifié en quelque sorte par le spectacle de la contradiction universelle. En peu de temps il devient la foi secrète du Pouvoir, à qui la pudeur et la bienséance défendront toujours de faire profession publique de scepticisme; mais il est la foi avouée de la bourgeoisie et du peuple qui, n'étant plus retenus par aucune considération, laissent éclater leur indifférence et en tirent vanité. Alors l'autorité et la liberté perdues dans les âmes, la justice et la raison considérées comme de vains mots, la société est dissoute, la nation déchue. Ce qui subsiste n'est plus que matière et force brutale; une révolution devient, à peine de mort morale, imminente. Qu'en sortira-t-il? L'histoire est là pour répondre; les exemples se comptent par milliers. Au système condamné succédera, grâce au mouvement des générations oublieuses mais sans cesse rajeunies, une transaction nouvelle, qui fournira la même carrière, et qui, usée à son tour et déshonorée par la contradiction de son idée, aura la même fin. Et cela continuera jusqu'à ce que la raison générale ait découvert le moyen de maîtriser les deux principes et d'équilibrer la société par la régularisation même de ses antagonismes.

CHAPITRE VI.

Position du problème politique. — Principe de solution.

Si le lecteur a suivi avec quelque diligence l'exposition qui précède, la société humaine doit lui apparaître comme une création fantastique, pleine d'étonnements et de mystères. Rappelons-en brièvement les différents termes :

a) L'ordre politique repose sur deux principes connexes, opposés et irréductibles : l'Autorité et la Liberté.

b) De ces deux principes se déduisent parallèlement deux régimes contraires : le régime absolutiste ou autoritaire, et le régime libéral.

c) Les formes de ces deux régimes sont aussi différentes entre elles, incompatibles et inconciliables que leurs natures ; nous les avons définies en deux mots : Indivision et Séparation.

d) Or, la raison indique que toute théorie doit se dérouler suivant son principe, toute existence se produire selon sa loi : la logique est la condition de la vie comme de la pensée. Mais c'est justement le contraire qui se manifeste en politique : ni l'Autorité ni la Liberté ne peuvent se constituer à part, donner lieu à un système qui soit exclusivement propre à chacune ; loin de là, elles sont condamnées, dans leurs établissements respectifs, à se faire de perpétuels et mutuels emprunts.

e) La conséquence est que la fidélité aux principes n'existant en politique que dans l'idéal, la pratique devant subir des transactions de toutes sortes, le gouvernement se réduit, en dernière analyse, malgré la meilleure volonté et toute la vertu du monde, à une création hybride, équivoque, à une promiscuité de régimes que la logique sévère répudie, et devant laquelle recule la bonne foi. Aucun gouvernement n'échappe à cette contradiction.

f) Conclusion : l'arbitraire entrant fatalement dans la politique, la corruption devient bientôt l'âme du pouvoir, et la société est entraînée, sans repos ni merci, sur la pente sans fin des révolutions.

Le monde en est là. Ce n'est l'effet ni d'une malice satanique, ni d'une infirmité de notre nature, ni d'une condamnation providentielle, ni d'un caprice de la fortune ou d'un arrêt du Destin : les choses sont ainsi, voilà tout. A nous de tirer le meilleur parti de cette situation singulière.

Considérons que depuis plus de huit mille ans, — les souvenirs de l'histoire ne remontent pas au delà, — toutes les variétés de gouvernement, toutes les combinaisons politiques et sociales ont été successivement essayées, abandonnées, reprises, modifiées, travesties, épuisées, et que l'insuccès a constamment récompensé le zèle des réformateurs et trompé l'espérance des peuples. Toujours le drapeau de la liberté a servi à abriter le despotisme ; toujours les classes privilégiées se sont entourées, dans l'intérêt même de leurs priviléges, d'institutions libérales et égalitaires ; toujours les partis ont menti à leur programme, et toujours l'indifférence succédant à la foi, la corruption à l'esprit civique, les États ont péri par le développement des notions sur lesquelles ils s'étaient fondés. Les races les plus vigoureuses et les plus intelligentes se sont usées à ce travail : l'histoire est pleine du récit de leurs luttes. Quelquefois une suite de triomphes faisant illusion sur la force de l'État, on a pu croire à une excellence de constitution, à une sagesse de gouvernement qui n'existaient pas. Mais, la paix survenant, les vices du système éclataient aux yeux, et les peuples se reposaient dans la guerre civile des fatigues de la guerre du dehors. L'humanité est allée ainsi de révolution en révolution : les nations les plus célèbres, celles qui ont fourni la plus longue carrière, ne se sont soutenues que par là. Parmi tous les gouvernements connus et pratiqués jusqu'à ce jour, il n'en est pas un qui, s'il était condamné à subsister par sa vertu propre, vivrait âge d'homme. Chose étrange, les chefs d'États et leurs ministres sont de tous les hommes ceux qui croient le moins à la durée du système qu'ils représentent ; jusqu'à ce que vienne la science, c'est la foi des masses qui soutient les gouvernements. Les Grecs et les Romains, qui nous ont légué leurs institutions avec leurs exemples, parvenus au moment le plus intéressant de leur évolution, s'ensevelissent dans leur désespoir; et la société moderne semble arrivée à son tour à l'heure d'angoisse. Ne vous fiez pas à la parole de ces agitateurs qui crient, *Liberté, Égalité, Nationalité :* ils ne savent rien ; ce sont des morts qui ont la prétention de ressusciter des morts. Le public un instant les écoute, comme il fait les bouffons et les charlatans; puis il passe, la raison vide et la conscience désolée.

Signe certain que notre dissolution est proche et qu'une nouvelle ère va s'ouvrir, la confusion du langage et des idées est arrivée au point que le premier venu peut se dire à volonté républicain, monarchiste, démocrate, bourgeois, conservateur, partageux, libéral, et tout cela à la fois, sans craindre que personne le convainque de mensonge ni d'erreur. Les princes et les barons du premier Empire avaient fait leurs preuves de sans-culottisme. La bourgeoisie de 1814, gorgée de biens nationaux, la seule chose qu'elle eût comprise des institutions de 89, était libérale, révolutionnaire même; 1830 la refit conservatrice; 1848 l'a rendue réactionnaire, catholique, et plus que jamais monarchique. Actuellement ce sont les républicains de février qui servent la royauté de Victor-Emmanuel, pendant que les socialistes de juin se déclarent unitaires. D'anciens amis de Ledru-Rollin se rallient à l'Empire comme à la véritable expression *révolutionnaire* et à la forme la plus *paternelle* de gouvernement; d'autres il est vrai les traitent de *vendus*, mais se déchaînent avec fureur contre le fédéralisme. C'est le gâchis systématique, la confusion organisée, l'apostasie en permanence, la trahison universelle.

Il s'agit de savoir si la société peut arriver à quelque chose de régulier, d'équitable et de fixe, qui satisfasse la raison et la conscience, ou si nous sommes condamnés pour l'éternité à cette roue d'Ixion. Le problème est-il insoluble?... Encore un peu de patience, lecteur; et si je ne vous fais tout à l'heure sortir de l'imbroglio, vous aurez le droit de dire que la logique est fausse, le progrès un leurre, et la liberté une utopie. Daignez seulement raisonner avec moi encore quelques minutes, bien qu'en pareille affaire raisonner soit s'exposer à se duper soi-même et à perdre sa peine avec sa raison.

1. Vous remarquerez d'abord que les deux principes, l'Autorité et la Liberté, de qui vient tout le mal, se montrent dans l'histoire en succession logique et chronologique. L'Autorité, comme la famille, comme le père, *genitor*, paraît la première : elle a l'initiative, c'est l'affirmation. La Liberté raisonneuse vient après : c'est la critique, la protestation, la détermination. Le fait de cette succession résulte de la définition même des idées et de

la nature des choses, et toute l'histoire en rend témoignage. Là, pas d'inversion possible, pas le moindre vestige d'arbitraire.

2. Une autre observation non moins importante, c'est que le régime autoritaire, paternel et monarchique, s'éloigne d'autant plus de son idéal, que la famille, tribu ou cité devient plus nombreuse et que l'État grandit en population et en territoire : en sorte que plus l'autorité prend d'extension, plus elle devient intolérable. De là les concessions qu'elle est obligée de faire à la liberté. — Inversement, le régime de liberté s'approche d'autant plus de son idéal et multiplie ses chances de succès, que l'État augmente en population et en étendue, que les rapports se multiplient et que la science gagne du terrain. D'abord c'est une *constitution* qui de toutes parts est réclamée ; plus tard ce sera la décentralisation. Attendez encore, et vous verrez surgir l'idée de fédération. En sorte que l'on peut dire de la Liberté et de l'Autorité ce que Jean le Baptiseur disait de lui et de Jésus : *Illam oportet crescere, hanc autem minui.*

Ce double mouvement, l'un de rétrogradation, l'autre de progrès, et qui se résout en un phénomène unique, résulte également de la définition des principes, de leur position relative et de leurs rôles : ici encore nulle équivoque n'est possible, pas la moindre place à l'arbitraire. Le fait est d'évidence objective et de certitude mathématique ; c'est ce que nous appellerons une LOI.

3. La conséquence de cette loi, que l'on peut dire néces-

saire, est elle-même nécessaire : c'est que le principe d'autorité paraissant le premier, servant de matière ou de sujet d'élaboration à la Liberté, à la raison et au droit, est peu à peu subordonné par le principe juridique, rationaliste et libéral ; le chef d'État, d'abord inviolable, irresponsable, absolu, comme le père dans la famille, devient justiciable de la raison, premier sujet de la loi, finalement simple agent, instrument ou serviteur de la Liberté elle-même.

Cette troisième proposition est aussi certaine que les deux premières, à l'abri de toute équivoque et contradiction, et hautement attestée par l'histoire. Dans la lutte éternelle des deux principes, la Révolution française, de même que la Réforme, apparaît comme une ère diacritique. Elle marque le moment où, dans l'ordre politique, la Liberté a pris officiellement le pas sur l'Autorité, de même que la Réforme avait marqué l'instant où, dans l'ordre religieux, le libre examen a pris l'emport sur la foi. Depuis Luther la croyance est devenue partout raisonneuse ; l'orthodoxie aussi bien que l'hérésie a prétendu conduire par la raison l'homme à la foi ; le précepte de saint Paul, *rationabile sit obsequium vestrum*, que votre obéissance soit raisonnable, a été largement commenté et mis en pratique ; Rome s'est mise à discuter comme Genève ; la religion a tendu à se faire science ; la soumission à l'Église s'est entourée de tant de conditions et de réserves que, sauf la différence des articles de foi, il n'y a plus eu de différence entre le chrétien et l'incrédule. Ils ne sont pas de même opinion, voilà tout : du reste, pensée, raison, conscience chez tous deux se comportent de même. Pareillement, depuis la Révolution française, le respect de l'autorité a faibli ; la déférence aux ordres du prince est devenue conditionnelle; on a exigé du souverain des réciprocités, des garanties ; le tempérament politique a changé ; les royalistes les plus fervents, comme les barons de Jean-Sans-Terre, ont voulu avoir des chartes, et MM. Berryer, de Falloux, de Montalembert, etc., peuvent se dire aussi libéraux que nos démocrates. Chateaubriand, le barde de la Restauration, se vantait d'être philosophe et républicain; c'était par un acte pur de son libre arbitre qu'il s'était constitué le défenseur de l'autel et du trône. On sait ce qu'il advint du catholicisme violent de Lamennais.

Ainsi, tandis que l'autorité périclite, de jour en jour plus précaire, le droit se précise, et la liberté, toujours suspecte, devient néanmoins plus réelle et plus forte. L'absolutisme résiste de son mieux, mais s'en va ; il semble que la RÉPUBLIQUE, toujours combattue, honnie, trahie, bannie, s'approche tous les jours. Quel parti allons-nous tirer de ce fait capital pour la constitution du gouvernement?

CHAPITRE VII.

DÉGAGEMENT DE L'IDÉE DE FÉDÉRATION.

Puisque, dans la théorie et dans l'histoire, l'Autorité et la Liberté se succèdent comme par une sorte de polarisation ;

Que la première baisse insensiblement et se retire, tandis que la seconde grandit et se montre ;

Qu'il résulte de cette double marche une sorte de subalternisation en vertu de laquelle l'Autorité se met de plus en plus au droit de la Liberté ;

Puisqu'en autres termes le régime libéral ou contractuel l'emporte de jour en jour sur le régime autoritaire, c'est à l'idée de contrat que nous devons nous attacher comme à l'idée dominante de la politique.

Qu'entend-on d'abord par *contrat?*

Le contrat, dit le Code civil, art. 1101, est une convention par laquelle une ou plusieurs personnes s'obligent, envers une ou plusieurs autres, à faire ou à ne pas faire quelque chose.

Art. 1102. — Il est *synallagmatique* ou *bilatéral*, lorsque les contractants s'obligent réciproquement les uns envers les autres.

Art. 1103. — Il est *unilatéral*, lorsqu'une ou plusieurs personnes sont obligées envers une ou plusieurs autres, sans que de la part de ces dernières il y ait d'engagement.

Art. 1104. — Il est *commutatif* lorsque chacune des parties s'engage à donner ou à faire une chose qui est regardée comme l'équivalent de ce qu'on lui donne ou de ce qu'on fait pour elle. — Lorsque l'équivalent consiste dans la chance de gain ou de perte pour chacune des parties, d'après un événement incertain, le contrat est *aléatoire*.

Art. 1105. — Le contrat de *bienfaisance* est celui dans lequel l'une des parties procure à l'autre un avantage purement gratuit.

Art. 1106. — Le contrat à titre *onéreux* est celui qui assujettit chacune des parties à donner ou à faire quelque chose.

Art. 1371. — On appelle *quasi-contrats* les faits volontaires de l'homme, dont il résulte un engagement quelconque envers un tiers, et quelquefois un engagement réciproque des deux parties.

A ces distinctions et définitions du Code, relatives à la forme et aux conditions des contrats, j'en ajouterai une dernière, concernant leur objet :

Selon la nature des choses pour lesquelles on traite ou l'objet qu'on se propose, les contrats sont *domestiques*, *civils*, *commerciaux* ou *politiques*.

C'est de cette dernière espèce de contrat, le contrat politique, que nous allons nous occuper.

La notion de contrat n'est pas entièrement étrangère au régime monarchique, pas plus qu'elle ne l'est à la paternité et à la famille. Mais, d'après ce que nous avons dit des principes d'autorité et de liberté et de leur rôle dans la formation des gouvernements, on comprend que ces principes n'interviennent pas de la même manière dans la formation du contrat politique ; qu'ainsi l'obligation qui unit le monarque à ses sujets, obligation spontanée, non écrite, résultant de l'esprit de famille et de la qualité des personnes, est une obligation *unilatérale*, puisqu'en vertu du principe d'obéissance le sujet est obligé à plus envers le prince que celui-ci envers le sujet. La théorie du droit divin dit expressément que le monarque n'est responsable qu'envers Dieu. Il peut arriver même que le contrat de prince à sujet dégénère en un contrat de pure *bienfaisance*, lorsque, par l'ineptie ou l'idolâtrie des citoyens, le prince est sollicité à s'emparer de l'autorité et à se charger de ses sujets, inhabiles à se gouverner et à se défendre, comme un berger de son troupeau. C'est bien pis là où le principe d'hérédité est admis. Un conspirateur comme le duc d'Orléans, plus tard Louis XII, un parricide comme Louis XI, une adultère comme Marie-Stuart, conservent, malgré leurs crimes, leur droit éventuel à la couronne. La naissance les rendant inviolables, on peut dire qu'il existe entre eux et les sujets fidèles du prince auquel ils doivent succéder, un *quasi-contrat*. En deux mots, par cela même que l'autorité est prépondérante, dans le système monarchique, le contrat n'est pas égal.

Le contrat politique n'acquiert toute sa dignité et sa moralité qu'à la condition 1° d'être *synallagmatique* et *commutatif;* 2° d'être renfermé, quant à son objet, dans certaines limites : deux conditions qui sont censées exister sous le régime démocratique, mais qui, là encore, ne sont le plus souvent qu'une fiction. Peut-on dire que dans une démocratie représentative et centralisatrice, dans une monarchie constitutionnelle et censitaire, à plus forte raison dans une république communiste, à la manière de Platon, le contrat politique qui lie le citoyen à l'État soit égal et réciproque? Peut-on dire que ce contrat, qui enlève aux citoyens la moitié ou les deux tiers de leur souveraineté et le quart de leur produit, soit renfermé dans de justes bornes? Il serait plus vrai de dire, ce que l'expérience confirme trop souvent, que le contrat, dans tous ces systèmes, est exorbitant, *onéreux*, puisqu'il est, pour une partie plus ou moins cansidérable, sans compensation; et *aléatoire*, puisque l'avantage promis, déjà insuffisant, n'est pas même assuré.

Pour que le contrat politique remplisse la condition synallagmatique et commutative que suggère l'idée de démocratie; pour que, se renfermant dans de sages limites, il reste avantageux et commode à tous, il faut que le citoyen en entrant dans l'association, 1° ait autant à recevoir de l'État qu'il lui sacrifie; 2° qu'il conserve toute sa liberté, sa souveraineté et son initiative, moins ce qui est relatif à l'objet spécial pour lequel le contrat est formé et dont on demande la garantie à l'État. Ainsi réglé et compris, le contrat politique est ce que j'appelle une *fédération*.

FÉDÉRATION, du latin *fœdus*, génitif *fœderis*, c'est-à-dire pacte, contrat, traité, convention, alliance, etc., est une convention par laquelle un ou plusieurs chefs de famille, une ou plusieurs communes, un ou plusieurs groupes de communes ou États, s'obligent réciproquement et également les uns envers les autres pour un ou plusieurs objets particuliers, dont la charge incombe spécialement alors et exclusivement aux délégués de la fédération (1).

(1) Dans la théorie de J.-J. Rousseau, qui est celle de Robespierre et des Jacobins, le Contrat social est une *fiction* de légiste, imaginée pour rendre raison, autrement que par le droit divin, l'autorité paternelle ou la nécessité sociale, de la formation de l'État et des rapports entre le gouvernement et les individus. Cette théorie, empruntée aux calvinistes, était en 1764 un progrès, puisqu'elle avait pour but de ramener à une loi de raison ce qui jusque-là avait été considéré comme une appartenance de la loi de na-

Revenons sur cette définition.

Ce qui fait l'essence et le caractère du contrat fédératif, et sur quoi j'appelle l'attention du lecteur, c'est que dans ce système les contractants, chefs de famille, communes, cantons, provinces ou États, non-seulement s'obligent synallagmatiquement et commutativement les uns envers les autres, ils se réservent individuellement, en formant le pacte, plus de droits, de liberté, d'autorité, de propriété, qu'ils n'en abandonnent.

Il n'en est pas ainsi, par exemple, dans la société universelle de biens et des gains, autorisée par le Code civil, autrement dite communauté, image en miniature de tous les États absolus. Celui qui s'engage dans une association de cette espèce, surtout si elle est perpétuelle, est entouré de plus d'entraves, soumis à plus de charges qu'il ne conserve d'initiative. Mais c'est aussi ce qui fait la rareté de ce contrat, et ce qui dans tous les temps a rendu la vie cénobitique insupportable. Tout engagement, même synallagmatique et commutatif, qui, exigeant des associés la totalité de leurs efforts, ne laisse rien à leur indépendance et les dévoue tout entiers à l'association, est un engagement excessif, qui répugne également au citoyen et à l'homme.

ture et de la religion. Dans le système fédératif, le contrat social est plus qu'une fiction; c'est un pacte positif, effectif, qui a été réellement proposé, discuté, voté, adopté, et qui se modifie régulièrement à la volonté des contractants. Entre le contrat fédératif et celui de Rousseau et de 93, il y toute la distance de la réalité à l'hypothèse.

D'après ces principes, le contrat de fédération ayant pour objet, en termes généraux, de garantir aux États confédérés leur souveraineté, leur territoire, la liberté de leurs citoyens; de régler leurs différends; de pourvoir, par des mesures générales, à tout ce qui intéresse la sécurité et la prospérité commune, ce contrat, dis-je, malgré la grandeur des intérêts engagés, est essentiellement restreint. L'Autorité chargée de son exécution ne peut jamais l'emporter sur ses constituantes, je veux dire que les attributions fédérales ne peuvent jamais excéder en nombre et en réalité celles des autorités communales ou provinciales, de même que celles-ci ne peuvent excéder les droits et prérogatives de l'homme et du citoyen. S'il en était autrement, la commune serait une communauté; la fédération redeviendrait une centralisation monarchique; l'autorité fédérale, de simple mandataire et fonction subordonnée qu'elle doit être, serait regardée comme prépondérante; au lieu d'être limitée à un service spécial, elle tendrait à embrasser toute activité et toute initiative; les États confédérés seraient convertis en préfectures, intendances, succursales ou régies. Le corps politique, ainsi transformé, pourrait s'appeler république, démocratie ou tout ce qu'il vous plaira : ce ne serait plus un État constitué dans la plénitude de ses autonomies, ce ne serait plus une confédération. La même chose aurait lieu, à plus forte raison, si, par une fausse raison d'économie, par déférence ou par toute autre cause, les communes, cantons ou États confédérés chargeaient l'un d'eux de l'administration et du gouvernement des autres. La république de fédérative deviendrait unitaire; elle serait sur la route du despotisme (1).

En résumé, le système fédératif est l'opposé de la hiérarchie ou centralisation administrative et gouvernementale par laquelle se distinguent, *ex æquo*, les démocraties impériales, les monarchies constitutionnelles et les républiques unitaires. Sa loi fondamentale, caractéristique, est celle-ci : Dans la fédération, les attributs de l'autorité centrale se spécialisent et se restreignent, diminuent de nombre, d'immédiateté, et si j'ose ainsi dire d'intensité, à mesure que la Confédération se développe par l'accession de nou-

(1) La Confédération helvétique se compose de vingt-cinq États souverains (dix-neuf cantons et six demi-cantons), pour une population de deux millions quatre cent mille habitants. Elle est donc régie par vingt-cinq constitutions, analogues à nos chartes ou constitutions de 1791, 1793, 1795, 1799, 1814, 1830, 1848, 1852, plus une constitution fédérale, dont naturellement nous ne possédons pas, en France, l'équivalent. L'esprit de cette constitution, conforme aux principes posés ci-dessus, résulte des articles suivants :

« Art. 2. La confédération a pour but d'assurer l'indépendance de la pa-
« trie contre l'étranger, de maintenir la tranquillité et l'ordre à l'intérieur,
« de protéger la liberté et les droits des confédérés, et d'accroître leur pro-
« spérité commune.

« Art. 3. Les cantons sont souverains en tant que leur souveraineté n'est
« pas limitée par la souveraineté fédérale, et comme tels, ils exercent tous
« les droits qui ne sont pas délégués au pouvoir fédéral.

« Art. 5. La confédération garantit aux cantons leur territoire, leur sou-
« veraineté dans les limites fixées par l'art. 3, leurs constitutions, la liberté
« et les droits du peuple, les droits constitutionnels des citoyens, ainsi que
« les droits et les attributions que le peuple a conférés aux autorités. »

Ainsi une confédération n'est pas précisément un État : c'est un groupe d'États souverains et indépendants, ligués par un pacte de garantie mutuelle. Une constitution fédérale n'est pas non plus ce que l'on entend en France par charte ou constitution, et qui est l'abrégé du droit public du

veaux États. Dans les gouvernements centralisés au contraire, les attributs du pouvoir suprême se multiplient, s'étendent et s'immédiatisent, attirent dans la compétence du prince les affaires des provinces, communes, corporations et particuliers, en raison directe de la superficie territoriale et du chiffre de population. De là cet écrasement sous lequel disparaît toute liberté, non-seulement communale et provinciale, mais même individuelle et nationale.

Une conséquence de ce fait, par laquelle je terminerai ce chapitre, c'est que, le système unitaire étant l'inverse du système fédératif, une confédération entre grandes monarchies, à plus forte raison entre démocraties impériales, est chose impossible. Des États comme la France, l'Autriche, l'Angleterre, la Russie, la Prusse, peuvent faire entre eux des traités d'alliance ou de commerce ; il répugne qu'ils se fédéralisent, d'abord, parce que leur principe y est con-

pays ; c'est le pacte qui contient les conditions de la ligue, c'est-à-dire les droits et obligations réciproques des États. Ce que l'on appelle Autorité fédérale, enfin, n'est pas davantage un gouvernement ; c'est une agence créée par les États, pour l'exécution en commun de certains services dont chaque État se dessaisit, et qui deviennent ainsi attributions fédérales.

En Suisse, l'Autorité fédérale se compose d'une Assemblée délibérante, élue par le peuple des vingt-deux cantons, et d'un Conseil exécutif composé de sept membres nommés par l'Assemblée. Les membres de l'Assemblée et du Conseil fédéral sont nommés pour trois ans ; la constitution fédérale pouvant être révisée en tout temps, leurs attributions sont, comme leurs personnes, révocables. En sorte que le Pouvoir fédéral est, dans toute la force du mot, un mandataire placé sous la main de ses commettants, et dont le pouvoir varie à leur gré.

traire, qu'il les mettrait en opposition avec le pacte fédéral ; qu'en conséquence il leur faudrait abandonner quelque chose de leur souveraineté, et reconnaître au-dessus d'eux, au moins pour certains cas, un arbitre. Leur nature est de commander, non de transiger ni d'obéir. Les princes qui, en 1813, soutenus par l'insurrection des masses, combattaient pour les libertés de l'Europe contre Napoléon, qui plus tard formèrent la Sainte-Alliance, n'étaient pas des confédérés : l'absolutisme de leur pouvoir leur défendait d'en prendre le titre. Cétaient, comme en 92, des *coalisés;* l'histoire ne leur donnera pas d'autre nom. Il n'en est pas de même de la Confédération germanique, présentement en travail de réforme, et dont le caractère de liberté et de nationalité menace de faire disparaître un jour les dynasties qui lui font obstacle (1).

(1) Le droit public fédératif soulève plusieurs questions difficiles. Par exemple, un État à esclaves peut-il faire partie d'une confédération ? Il semble que non, pas plus qu'un État absolutiste : l'esclavage d'une partie de la nation étant la négation même du principe fédératif. Sous ce rapport, les États-Unis du Sud seraient d'autant mieux fondés à demander la séparation qu'il n'entre pas dans l'intention de ceux du Nord d'accorder, au moins de sitôt, aux Noirs émancipés, la jouissance des droits politiques. Cependant nous voyons que Washington, Madison et les autres fondateurs de l'*Union* n'ont pas été de cet avis ; ils ont admis au pacte fédéral les États à esclaves. Il est vrai aussi que nous voyons en ce moment ce pacte contre nature se déchirer, et les États du Sud, pour conserver leur exploitation, tendre à une constitution unitaire, pendant que ceux du Nord, pour maintenir l'union, décrètent la déportation des esclaves.

La constitution fédérale Suisse, réformée en 1848, a décidé la question dans le sens de l'égalité ; son article 4 porte : « Tous les Suisses sont égaux « devant la loi. Il n'y a en Suisse ni sujets, ni priviléges de lieux, de nais- « sance, de personnes ou de familles. » De la promulgation de cet article,

CHAPITRE VIII.

CONSTITUTION PROGRESSIVE.

L'histoire et l'analyse, la théorie et l'empirisme, nous ont conduits, à travers les agitations de la Liberté et du Pouvoir, à l'idée d'un contrat politique.

Appliquant aussitôt cette idée et cherchant à nous en rendre compte, nous avons reconnu que le contrat social par excellence était un contrat de fédération, que nous avons défini en ces termes : *Un contrat synallagmatique et*

qui a purgé la Suisse de tout élément aristocratique, date la vraie constitution fédérale helvétique.

En cas d'opposition entre les intérêts, la majorité confédérée peut-elle opposer à la minorité séparatiste l'indissolubilité du pacte ? La négative a été soutenue en 1846 par le *Sunderbund* contre la majorité helvétique ; elle l'est aujourd'hui par les confédérés du Sud de l'Union américaine contre les fédéraux du Nord. Pour moi, je crois que la séparation est de plein droit, s'il s'agit d'une question de souveraineté cantonale laissée en dehors du pacte fédéral. Ainsi il ne m'est pas démontré que la majorité suisse ait puisé son droit contre le *Sunderbund* dans le pacte : la preuve, c'est qu'en 1848 la constitution fédérale a été réformée, précisément en vue du litige qui avait amené la formation du *Sunderbund*. Mais il peut arriver, par des considérations *de commodo et incommodo*, que les prétentions de la minorité soient incompatibles avec les besoins de la majorité, que de plus la scission compromette la liberté des États : dans ce cas la question se résout par le droit de la guerre, ce qui veut dire que la partie la plus considérable, celle dont la ruine entraînerait le plus grand dommage, doit l'emporter sur

commutatif, pour un ou plusieurs objets déterminés, mais dont la condition essentielle est que les contractants se réservent toujours une part de souveraineté et d'action plus grande que celle qu'ils abandonnent.

Juste le contraire de ce qui a lieu dans les anciens systèmes, monarchiques, démocratiques et constitutionnels, où, par la force des situations et l'entraînement des principes, les particuliers et les groupes sont censés abdiquer entre les mains d'une autorité imposée ou élue leur souveraineté tout entière, et obtiennent moins de droits, conservent moins de garanties et d'initiative, qu'il ne leur incombe de charges et de devoirs.

Cette définition du contrat de fédération est un pas immense, qui va nous donner la solution tant cherchée.

la plus faible. C'est ce qui a eu lieu en Suisse et qui pourrait également se pratiquer aux États-Unis, si, aux États-Unis comme en Suisse, il ne s'agissait que d'une interprétation ou d'une application meilleure des principes du pacte, comme d'élever progressivement la condition des Noirs au niveau de celle des Blancs. Malheureusement le message de M. Lincoln ne laisse aucun doute à ce sujet. Le Nord pas plus que le Sud n'entend parler d'une émancipation véritable, ce qui rend la difficulté insoluble, même par la guerre, et menace d'anéantir la confédération.

Dans la monarchie, *toute justice émane du roi* : dans une confédération, elle émane, pour chaque État, exclusivement de ses citoyens. L'institution d'une haute cour fédérale serait donc, en principe, une dérogation au pacte. Il en serait de même d'une Cour de cassation, puisque, chaque État étant souverain et législateur, les législations ne sont pas uniformes. Toutefois, comme il existe des intérêts fédéraux et des affaires fédérales ; comme il peut être commis des délits et des crimes contre la confédération, il y a, pour ces cas particuliers, des tribunaux fédéraux et une justice fédérale.

Le problème politique, avons-nous dit Chap. Ier, ramené à son expression la plus simple, consiste à trouver l'équilibre entre deux éléments contraires, l'Autorité et la Liberté. Toute fausse balance se traduit immédiatement, pour l'État en désordre et ruine, pour les citoyens en oppression et misère. En autres termes, les anomalies ou perturbations de l'ordre social résultent de l'antagonisme de ses principes ; elles disparaîtront quand les principes seront coordonnés de telle sorte qu'ils ne se puissent plus nuire.

Équilibrer deux forces, c'est les soumettre à une *loi* qui, les tenant en respect l'une par l'autre, les mette d'accord. Qui va nous fournir ce nouvel élément, supérieur à l'Autorité et à la Liberté, et rendu par leur mutuel consentement la dominante du système?—Le contrat, dont la teneur fait DROIT, et s'impose également aux deux puissances rivales (1).

(1) Il y a trois manières de concevoir la loi, selon le point de vue où se place l'être moral et la qualité qu'il prend lui-même, comme *croyant*, comme *philosophe* et comme *citoyen*.

La loi est le *commandement* intimé à l'homme au nom de Dieu par une autorité compétente : c'est la définition de la théologie et du droit divin.

La loi est *l'expression du rapport* des choses : c'est la définition du philosophe, donnée par Montesquieu.

La loi est le *statut arbitral* de la volonté humaine (*De la Justice dans la Révolution et dans l'Église*, 8e Etude) : c'est la théorie du contrat et de la fédération.

La vérité étant une, bien que d'aspect variable, ces trois définitions rentrent l'une dans l'autre et doivent être regardées au fond comme identiques. Mais le système social qu'elles engendrent n'est pas le même : par la première, l'homme se déclare sujet de la loi et de son auteur ou représentant;

Mais, dans une nature concrète et vivante, telle que la société, le Droit ne peut pas se réduire à une notion purement abstraite, aspiration indéfinie de la conscience, ce qui serait nous rejeter dans les fictions et les mythes. Il faut, pour fonder la société, poser non pas simplement une idée mais un acte juridique, former un vrai contrat. Les hommes de 89 le sentaient, quand ils entreprirent de donner à la France une Constitution, et tous les Pouvoirs qui leur ont succédé l'ont senti de même. Malheureusement, si la volonté était bonne, les lumières furent insuffisantes; jusqu'ici le notaire a manqué pour rédiger le contrat. Nous savons quel en doit être l'esprit: tâchons maintenant d'en minuter la teneur.

Tous les articles d'une constitution peuvent se ramener à un article unique, celui qui concerne le rôle et la compétence de ce grand fonctionnaire qui a nom l'État. Nos assemblées nationales se sont occupées à l'envi de la distinction et de la séparation des pouvoirs, c'est-à-dire des facultés d'action de l'État; quant à la compétence de l'État en elle-même, à son étendue, à son objet, on ne voit pas que personne s'en soit beaucoup inquiété. On a songé au *partage,* comme disait naïvement un ministre de 1848; quant à la chose à partager, il a paru généralement que plus

par la seconde, il se reconnaît partie intégrante d'un vaste organisme; par la troisième, il fait la loi sienne et s'affranchit de toute autorité, fatalité et domination. La première formule est celle de l'homme religieux; la seconde celle du panthéiste; la troisième celle du républicain. Celle-ci seule est compatible avec la liberté.

il y en aurait, plus la fête serait belle. Et pourtant la délimitation du rôle de l'État est une question de vie ou de mort pour la liberté, collective et individuelle.

Le contrat de fédération, dont l'essence est de réserver toujours plus aux citoyens qu'à l'État, aux autorités municipales et provinciales plus qu'à l'autorité centrale, pouvait seul nous mettre sur le chemin de la vérité.

Dans une société libre, le rôle de l'État ou Gouvernement est par excellence un rôle de législation, d'institution, de création, d'inauguration, d'installation ; — c'est, le moins possible, un rôle d'exécution. A cet égard, le nom de *pouvoir exécutif*, par lequel on désigne un des aspects de la puissance souveraine, a singulièrement contribué à fausser les idées. L'État n'est pas un entrepreneur de services publics, ce qui serait l'assimiler aux industriels qui se chargent à forfait des travaux de la cité. L'État, soit qu'il édicte, soit qu'il agisse ou surveille, est le générateur et le directeur suprême du mouvement ; si parfois il met la main à la manœuvre, c'est à titre de première manifestation, pour donner l'impulsion et poser un exemple. La création opérée, l'installation ou l'inauguration faite, l'État se retire, abandonnant aux autorités locales et aux citoyens l'exécution du nouveau service.

C'est l'État qui fixe les poids et mesures, qui donne le module, la valeur et les divisions des monnaies. Les types fournis, la première émission terminée, la fabrication des pièces d'or, d'argent et de cuivre cesse d'être une fonction publique, un emploi de l'État, une attribution ministérielle ;

c'est une industrie laissée aux villes, et que rien au besoin n'empêcherait, de même que la fabrication des balances, bascules, tonneaux et bouteilles, d'être tout à-fait libre. Le meilleur marché est ici la seule loi. Qu'exige-t-on, en France, pour que la monnaie d'or et d'argent soit réputée d'aloi? Un dixième d'alliage et neuf dixièmes de fin. Qu'il y ait un inspecteur pour suivre et surveiller la fabrication, je le veux: le rôle de l'État ne va pas au delà.

Ce que je dis des monnaies, je le redis d'une foule de services, abusivement laissés aux mains du gouvernement: routes, canaux, tabacs, postes, télégraphes, chemins de fer, etc. Je comprends, j'admets, je réclame au besoin l'intervention de l'État dans toutes ces grandes créations d'utilité publique; je ne vois point la nécessité de les laisser sous sa main une fois qu'elles ont été livrées au public. Une semblable concentration, selon moi, constitue un véritable excès d'attributions. J'ai demandé, en 1848, l'intervention de l'État pour l'établissement de banques nationales, institutions de crédit, de prévoyance, d'assurance, comme pour les chemins de fer: jamais il n'est entré dans ma pensée que l'État, ayant accompli son œuvre de création, dût rester à tout jamais banquier, assureur, transporteur, etc. Certes, je ne crois pas à la possibilité d'organiser l'instruction du peuple sans un grand effort de l'autorité centrale, mais je n'en reste pas moins partisan de la liberté de l'enseignement, comme de toutes les libertés (1). Je veux

(1) D'après la constitution fédérale suisse de 1848, *la Confédération a le droit de créer une Université suisse*. Cette idée fut énergiquement combattue comme attentatoire à la souveraineté des cantons, et selon moi c'était de bonne politique. J'ignore s'il a été donné suite au projet.

que l'école soit aussi radicalement séparée de l'État que l'Église elle-même. Qu'il y ait une Cour des comptes, de même qu'un bureau de statistique, établis pour rassembler, vérifier et généraliser toutes les informations, toutes les transactions, toutes les opérations de finance sur la surface de la République, à la bonne heure. Mais pourquoi toutes les dépenses et recettes passeraient-elles par les mains d'un trésorier, receveur ou payeur unique, ministre d'État, quand l'État, par la nature de sa fonction, ne doit avoir que peu ou point de service à faire, partant peu ou point de dépenses (1)?... Est-ce qu'il est vraiment nécessaire aussi que les tribunaux soient dépendants de l'autorité centrale? Rendre la justice fut de tout temps la plus haute attribution du prince, je le sais : mais cette attribution est un reste de droit divin ; elle ne saurait être revendiquée par un roi constitutionnel, à plus forte raison par le chef d'un empire établi sur le suffrage universel. Du moment donc que l'idée du Droit, redevenant humaine, obtient comme telle la prépondérance dans le système politique, l'indépendance de la magistrature en sera la conséquence nécessaire. Il répugne que la Justice soit considérée comme un attribut de l'autorité centrale ou fédérale; elle ne peut être qu'une délégation faite par les citoyens à l'autorité municipale, tout au plus à la provinciale. La Justice est l'attribut de l'homme, qu'aucune raison d'État ne doit en dépouiller.—Je n'excepte pas même le service de guerre de cette règle : les milices, les ma-

(1) En Suisse, il existe un budget fédéral, administré par le Conseil fédéral, mais qui ne concerne que les affaires de la Confédération, et n'a rien de commun avec le budget des cantons et des villes.

gasins, les forteresses, ne passent aux mains des autorités fédérales que dans les cas de guerre et pour l'objet spécial de la guerre; hors de là, soldats et armements restent sous la main des autorités locales (1).

Dans une société régulièrement organisée, tout doit être en croissance continue, science, industrie, travail, richesse, santé publique; la liberté et la moralité doivent aller du même pas. Là, le mouvement, la vie, ne s'arrêtent pas un instant. Organe principal de ce mouvement, l'État est toujours en action, car il a sans cesse de nouveaux besoins à satisfaire, de nouvelles questions à résoudre. Si sa fonction de premier moteur et de haut directeur est incessante, ses œuvres, en revanche, ne se répètent pas. Il est la plus haute expression du progrès. Or, qu'arrive-t-il lorsque, comme nous le voyons presque partout, comme on l'a vu presque toujours, il s'attarde dans les services qu'il a lui-même créés et cède à la tentation de l'accaparement? De fondateur il se fait manœuvre; il n'est plus le génie de la collectivité, qui la féconde, la dirige et l'enrichit, sans lui imposer aucune gêne : c'est une vaste compagnie anonyme, aux six cent mille employés et aux six cent mille soldats, organisée pour tout faire, et qui, au lieu de venir en aide à la nation, au lieu de servir les citoyens et les communes, les dépossède et les pressure. Bientôt la corruption, la malversation, le relâchement entrent dans ce système; tout occupé

(1) Constitution fédérale Suisse, art. 13. — « La Confédération n'a pas le « droit d'entretenir des armées permanentes. » — Je donne à méditer cet article à nos républicains unitaires.

de se soutenir, d'augmenter ses prérogatives, de multiplier ses services et de grossir son budget, le Pouvoir perd de vue son véritable rôle, tombe dans l'autocratie et l'immobilisme ; le corps social souffre, et la nation, à rebours de sa loi historique, commence à déchoir.

N'avons-nous pas fait remarquer, Chap. VI, que dans l'évolution des États, l'Autorité et la Liberté sont en succession logique et chronologique ; que, de plus, la première est en décroissance continue, la seconde en ascension ; que le Gouvernement, expression de l'Autorité, est insensiblement subalternisé par les représentants ou organes de la Liberté, savoir : le Pouvoir central par les députés des départements ou provinces; l'autorité provinciale par les délégués des communes, et l'autorité municipale par les habitants ; qu'ainsi la liberté aspire à se rendre prépondérante, l'autorité à devenir servante de la liberté, et le principe contractuel à se substituer partout, dans les affaires publiques, au principe autoritaire?

Si ces faits sont vrais, la conséquence ne peut être douteuse : c'est que, d'après la nature des choses et le jeu des principes, l'Autorité devant être en retraite et la Liberté marcher sur elle, mais de manière que les deux se suivent sans se heurter jamais, la constitution de la société est essentiellement progressive, ce qui signifie de plus en plus libérale, et que cette destinée ne peut être remplie que dans un système où la hiérarchie gouvernementale, au lieu d'être posée sur son sommet, soit établie carrément sur sa base, je veux dire dans le système fédératif.

Toute la science constitutionnelle est là : je la résume en trois propositions :

1° Former des groupes médiocres, respectivement souverains, et les unir par un pacte de fédération ;

2° Organiser en chaque État fédéré le gouvernement d'après la loi de séparation des organes ; — je veux dire : séparer dans le pouvoir tout ce qui peut être séparé, définir tout ce qui peut être défini, distribuer entre organes ou fonctionnaires différents tout ce qui aura été séparé et défini ; ne rien laisser dans l'indivision ; entourer l'administration publique de toutes les conditions de publicité et de contrôle ;

3° Au lieu d'absorber les États fédérés ou autorités provinciales et municipales dans une autorité centrale, réduire les attributions de celle-ci à un simple rôle d'initiative générale, de garantie mutuelle et de surveillance, dont les décrets ne reçoivent leur exécution que sur le visa des gouvernements confédérés et par des agents à leurs ordres, comme, dans la monarchie constitutionnelle, tout ordre émanant du roi doit, pour recevoir son exécution, être revêtu du contre-seing d'un ministre.

Assurément, la séparation des pouvoirs, telle qu'elle se pratiquait sous la Charte de 1830, est une belle institution et de haute portée, mais qu'il est puéril de restreindre aux membres d'un cabinet. Ce n'est pas seulement entre sept ou huit élus, sortis d'une majorité parlementaire, et critiqués par une minorité opposante, que doit être partagé le gouvernement d'un pays, c'est entre les provinces et les communes : faute de quoi la vie politique abandonne les extrémités pour le centre, et le marasme gagne la nation devenue hydrocéphale.

Le système fédératif est applicable à toutes les nations et à toutes les époques, puisque l'humanité est progressive dans toutes ses générations et dans toutes ses races, et que la politique de fédération, qui est par excellence la politique de progrès, consiste à traiter chaque population, à tel moment que l'on indiquera, suivant un régime d'autorité et de centralisation décroissantes, correspondant à l'état des esprits et des mœurs.

CHAPITRE IX.

Retard des fédérations : causes de leur ajournement.

L'idée de Fédération paraît aussi ancienne dans l'histoire que celles de Monarchie et de Démocratie, aussi ancienne que l'Autorité et la Liberté elles-mêmes. Comment en serait-il autrement? Tout ce que fait émerger successivement dans la société la loi du Progrès a ses racines dans la nature même. La civilisation marche enveloppée de ses principes, précédée et suivie de son cortége d'idées, qui font incessamment la ronde autour d'elle. Fondée sur le contrat, expression solennelle de la Liberté, la Fédération ne saurait manquer à l'appel. Plus de douze siècles avant Jésus-Christ, elle se montre dans les tribus hébraïques, séparées les unes des autres dans leurs vallées, mais unies, comme les tribus ismaélites, par une sorte de pacte fondé sur la consanguinité. Presqu'aussitôt elle se manifeste dans l'Amphictyonie grecque, impuissante, il est vrai, à étouffer les discordes et à prévenir la conquête, ou ce qui revient au même l'absorption unitaire, mais témoignage vivant du futur droit des gens et de la Liberté universelle. On n'a pas oublié les ligues glorieuses des peuples slaves et germaniques, continuées jusqu'à nos jours dans les constitutions fédérales de la Suisse, de l'Allemagne, et jusque dans cet empire d'Autriche formé de tant de nations hétérogènes, mais, quoi qu'on fasse, inséparables. C'est ce contrat fédéral qui, se constituant peu à peu en gouvernement régulier, doit mettre fin partout aux contradictions de l'empirisme, éliminer l'arbitraire, et fonder sur un équilibre indestructible la Justice et la Paix.

Pendant de longs siècles, l'idée de Fédération semble voilée et tenue en réserve : la cause de cet ajournement est dans l'incapacité originelle des nations, et dans la nécessité de les former par une forte discipline. Or, tel est le rôle qui, par une sorte de conseil souverain, semble avoir été dévolu au système unitaire.

Il fallait dompter, fixer les multitudes errantes, indisciplinées et grossières ; former en groupes les cités isolées et hostiles : fonder peu à peu, d'autorité, un droit commun, et poser, sous forme de décrets impériaux, les lois générales de l'humanité. On ne saurait imaginer d'autre signification à ces grandes créations politiques de l'antiquité, auxquelles succédèrent ensuite, à tour de rôle, les empires des Grecs, des Romains et des Francs, l'Église chrétienne, la révolte de Luther, et finalement la Révolution française.

La Fédération ne pouvait remplir cette mission éducatrice, d'abord, parce qu'elle est la Liberté; parce qu'elle exclut l'idée de contrainte, qu'elle repose sur la notion du contrat synallagmatique, commutatif et limité ; et que son objet est de garantir la souveraineté et l'autonomie aux peuples qu'elle unit, à ceux-là par conséquent qu'il s'agissait dans les commencements de tenir sous le joug, en attendant qu'ils fussent capables de se gouverner eux-mêmes par la raison. La civilisation, en un mot, étant progressive, il impliquait contradiction que le gouvernement fédératif pût s'établir dans les commencements.

Un autre motif d'exclusion provisoire pour le principe fédératif, est dans la faiblesse d'expansion des États groupés sous des constitutions fédérales.

Limites naturelles des États fédératifs. — Nous avons dit, Chap. II, que la monarchie, par elle-même et en vertu de son principe, ne connaît pas de limites à son développement, et qu'il en est de même de la démocratie. Cette faculté d'expansion a passé des gouvernements simplistes ou *à priori*, aux gouvernements mixtes ou de fait, démocraties et aristocraties, empires démocratiques et monarchies constitutionnelles, qui tous sous ce rapport ont fidèlement obéi à leur idéal. De là sont sortis les rêves messianiques et tous les essais de monarchie ou république universelle.

Dans ces systèmes l'englobement n'a pas de fin; c'est là qu'on peut dire que l'idée de *frontière naturelle* est une fiction, ou pour mieux dire une supercherie politique; c'est là que les fleuves, les montagnes et les mers sont considérés, non plus comme des limites territoriales, mais comme des obstacles dont il appartient à la liberté du souverain et de la nation de triompher. Et la raison du principe le veut ainsi : la faculté de posséder, d'accumuler, de commander et d'exploiter est indéfinie, elle n'a de bornes que l'univers. Le plus fameux exemple de cet accaparement de territoires et de populations, en dépit des montagnes, des fleuves, des forêts, des mers et des déserts, a été celui de l'Empire romain, ayant son centre et sa capitale dans une péninsule, au sein d'une vaste mer, et ses provinces à l'entour, aussi loin que pouvaient atteindre les armées et les fiscaux.

Tout État est de sa nature annexionniste. Rien n'arrête sa marche envahissante, si ce n'est la rencontre d'un autre État, envahisseur comme lui et capable de se défendre. Les prêcheurs de nationalité les plus ardents ne se font faute, à l'occasion, de se contredire, dès qu'il y va de l'intérêt, à plus forte raison de la sûreté de leur pays : qui, dans la démocratie française, aurait osé réclamer contre la réunion de la Savoie et de Nice? Il n'est même pas rare de voir les annexions favorisées par les annexés eux-mêmes, trafiquant de leur indépendance et de leur autonomie.

Il en est autrement dans le système fédératif. Très-capable de se défendre si elle est attaquée, les Suisses l'ont plus d'une fois fait voir, une confédération demeure sans force pour la conquête. Hors le cas, fort rare, où un État voisin demanderait à être reçu dans le pacte, on peut dire que, par le fait même de son existence, elle s'interdit tout agrandissement. En vertu du principe qui, limitant le pacte de fédération à la défense mutuelle et à quelques objets d'utilité commune, GARANTIT à chaque État son territoire, sa souveraineté, sa constitution, la liberté de ses citoyens, et pour le surplus lui réserve plus d'autorité, d'initiative et de puissance qu'il n'en abandonne, la confédération se restreint d'elle-même d'autant plus sûrement que les localités admises dans l'alliance s'éloignent davantage les unes des autres ; en sorte qu'on arrive bientôt à un point où le pacte se trouve sans objet. Supposons que l'un des États confédérés forme des projets de conquête particulière, qu'il désire s'annexer une ville voisine, une province contiguë à son territoire ; qu'il veuille s'immiscer dans les affaires d'un autre État. Non-seulement il ne pourra pas compter sur l'appui de la confédération, qui répondra que le pacte a été formé exclusivement dans un but de défense mutuelle, non d'agrandissement particulier ; il se verra même empêché dans son entreprise par la solidarité fédérale, qui ne veut pas que tous s'exposent à la guerre pour l'ambition d'un seul. En sorte qu'une confédération est tout à la fois une garantie pour ses propres membres et pour ses voisins non confédérés.

Ainsi, au rebours de ce qui se passe dans les autres gouvernements, l'idée d'une confédération universelle est contradictoire. En cela se manifeste une fois de plus la supériorité morale du système fédératif sur le système unitaire, soumis à tous les inconvénients et à tous les vices de l'indéfini, de l'illimité, de l'absolu, de l'idéal. L'Europe serait encore trop grande pour une confédération unique : elle ne pourrait former qu'une confédération de confédérations. C'est d'après cette idée que j'indiquais, dans ma dernière publication, comme le premier pas à faire dans la réforme du droit public européen, le rétablissement des confédérations italienne, grecque, batave, scandinave et danubienne, prélude de la décentralisation des grands États, et par suite, du désarmement général. Alors toute nationalité reviendrait à la liberté ; alors se réaliserait l'idée d'un équilibre européen, prévu par tous les publicistes et hommes d'État, mais impossible à obtenir avec de grandes puissances à constitutions unitaires (1).

(1) Il a été parlé maintes fois, parmi les démocrates de France, d'une confédération européenne, en autres termes, des *États-Unis de l'Europe.* Sous cette désignation, on ne paraît pas avoir jamais compris autre chose qu'une alliance de tous les États, grands et petits, existant actuellement en Europe, sous la présidence permanente d'un Congrès. Il est sous-entendu que chaque État conserverait la forme de gouvernement qui lui conviendrait le mieux. Or, chaque État disposant dans le Congrès d'un nombre de voix proportionnel à sa population et à son territoire, les petits États se trouveraient bientôt, dans cette prétendue confédération, inféodés aux grands ; bien plus, s'il était possible que cette nouvelle Sainte-Alliance pût être animée d'un principe d'évolution collective, on la verrait promptement dégénérer, après une conflagration intérieure, en une puissance unique, ou grande monarchie européenne. Une semblable fédération ne serait donc qu'un piége ou n'aurait aucun sens.

Ainsi condamnée à une existence pacifique et modeste, jouant sur la scène politique le rôle le plus effacé, il n'est pas étonnant que l'idée de Fédération soit demeurée jusqu'à nos jours comme perdue dans la splendeur des grands États. Jusqu'à nos jours les préjugés et les abus de toute sorte pullulant et sévissant dans les États fédératifs avec la même intensité que dans les monarchies féodales ou unitaires, préjugé de noblesse, privilége de bourgeoisie, autorité d'Église, en résultat oppression du peuple et servitude de l'esprit, la Liberté restait comme emmaillotée dans une camisole de force, et la civilisation enfoncée dans un invincible *statu quo*. L'idée fédéraliste se soutenait, inaperçue, incompréhensible, impénétrable, tantôt par une tradition sacramentelle, comme en Allemagne, où la Confédération, synonyme d'Empire, était une coalition de princes absolus, les uns laïques, les autres ecclésiastiques, sous la sanction de l'Église de Rome ; tantôt par la force des choses, comme en Suisse, où la confédération se composait de quelques vallées, séparées les unes des autres et protégées contre l'étranger par des chaînes infranchissables, dont la conquête n'eût certes pas valu qu'on recommençât pour elles l'entreprise d'Annibal. Végétation politique arrêtée dans sa croissance, où la pensée du philosophe n'avait rien à prendre, l'homme d'État pas un principe à recueillir, dont les masses n'avaient rien à espérer, et qui, loin d'offrir le moindre secours à la Révolution, en attendait elle-même le mouvement et la vie.

Un fait acquis à l'histoire est que la Révolution française a mis la main à toutes les constitutions fédérales existantes, qu'elle les a amendées, inspirées de son souffle, leur a fourni ce qu'elles ont de meilleur, en un mot, les a mises en état d'évoluer, sans en avoir jusqu'à ce jour rien reçu.

Les Américains avaient été défaits dans vingt rencontres, et leur cause semblait perdue, lorsque l'arrivée des Français fit changer la face des affaires, et obligea le général anglais Cornwallis à capituler, 19 octobre 1781. C'est à la suite de ce coup que l'Angleterre consentit à reconnaître l'indépendance des colonies, qui purent alors s'occuper de leur constitution. Eh bien ! quelles étaient alors les idées, en matière politique, des Américains ? Quels furent les principes de leur gouvernement? Un vrai fouillis de priviléges ; un monument d'intolérance, d'exclusion et d'arbitraire, où brillait, comme un astre sinistre, l'esprit d'aristocratie, de réglementation, de secte et de caste; qui souleva la réprobation des publicistes français, et attira de leur part aux Américains les observations les plus humiliantes. Le peu de vrai libéralisme qui pénétra à cette époque en Amérique fut, on peut le dire, le fait de la Révolution française, qui semblait préluder sur cette plage lointaine à la rénovation de l'ancien monde. La liberté en Amérique a été jusqu'à présent plutôt un effet de l'individualisme anglo-saxon, lancé dans d'immenses solitudes, que celui de ses institutions et de ses mœurs : la guerre actuelle ne le démontre que trop (1).

(1) « Les principes de la Constitution américaine, selon l'opinion des hommes pénétrants, annonçaient une décadence prématurée. Turgot, ami zélé de la cause des Américains, se plaignit :

« 1. — De ce que les usages des Anglais étaient imités sans objet d'utilité;

C'est encore la Révolution qui a arraché la Suisse à ses vieux préjugés d'aristocratie et de bourgeoisie, et refondu sa confédération. En 1801, la constitution de la République helvétique fut une première fois remaniée; l'année suivante la médiation du premier Consul mit fin aux troubles. Elle aurait mis fin à la nationalité, si la réunion de la Suisse à

« 2. — Que le clergé, étant exclu du droit d'éligibilité, était devenu un corps étranger dans l'État, quoiqu'il ne pût dans ce cas faire une exception dangereuse;

« 3. — Que la Pensylvanie exigeait un serment religieux des membres du corps législatif;

« 4. — Que le Jersey exigeait la croyance dans la divinité de Jésus-Christ;

« 5. — Que le puritanisme de la Nouvelle-Angleterre était intolérant, et que les quakers de la Pensylvanie considéraient la profession des armes comme illégale;

« 6. — Que dans les colonies méridionales il y avait une grande inégalité de fortunes, et que les Noirs, quoique libres, formaient avec les Blancs deux corps distincts dans le même État;

« 7. — Que l'état de la société dans le Connecticut était un état moyen entre les nations sauvages et civilisées, et que dans le Massachussets et le New-Jersey, la moindre cabale excluait les candidats du nombre des représentants;

« 8. — Que plusieurs inconvénients résultaient de l'émancipation des nègres;

« 9. — Qu'aucun titre de noblesse ne devait être conféré;

« 10. — Que le droit de primogéniture devait être aboli, et la liberté du commerce établie;

« 11. — Que l'étendue de la juridiction devait être calculée selon la distance du lieu de la résidence;

« 12. — Qu'on n'avait pas établi une distinction suffisante entre les propriétaires terriens et ceux qui ne l'étaient pas;

« 13. — Que le droit de régler le commerce était supposé dans la constitution de tous les États, et même le droit de prohibition;

« 14. — Qu'il n'y avait point de principe adopté pour l'impôt, et que conséquemment chaque État avait le droit de créer des taxes à sa fantaisie;

l'Empire avait été dans les vues de Napoléon. Mais non : *Je ne veux pas de vous*, leur disait-il. De 1814 à 1848, la Suisse n'a cessé d'être travaillée par ses éléments rétrogrades, tant l'idée fédérative y était confondue avec l'idée d'aristocratie et de privilége. Ce n'est qu'en 1848, dans la Constitution du 12 septembre, que furent enfin clairement

« 15. — Que l'Amérique pouvait se passer de liaison avec l'Europe, et qu'un peuple sage ne devait pas laisser échapper de ses mains ses moyens de défense.

« Le célèbre Mirabeau trouva dans la société de Cincinnatus, composée des officiers de l'armée de la Révolution, le principe des distinctions héréditaires. D'autres objections furent faites par Price, Mably et d'autres écrivains étrangers. Les législateurs américains ont su en profiter, en modifiant *quelques accessoires*, mais en conservant tous les matériaux de l'édifice républicain qui, *au lieu de se dégrader comme on l'avait prophétisé, s'est amélioré avec le temps et promet une longue durée.* » (*Description des États-Unis*, par Warden, traduite de l'anglais. Paris, 1820 ; tome V, p. 255.)

Le passage suivant du même écrivain n'est pas moins révélateur : « Jefferson, et ceux qui agissaient de concert avec lui, étaient persuadés que des tentatives faites pour le bonheur du genre humain, sans égard aux opinions et aux préjugés, obtenaient rarement un résultat heureux, et que les améliorations les plus palpables ne devaient pas être introduites de force dans la société. On ne proposa donc aucune mesure nouvelle, sans que l'opinion fut assez mûre pour la goûter. »

Cette politique de Jefferson et de ses amis est digne assurément de tous nos éloges. C'est la gloire de l'homme et du citoyen qu'il doit faire la vérité et la justice siennes avant de se soumettre à leurs lois. — *Nous sommes tous rois*, disait le citoyen d'Athènes. Et la Bible ne nous a-t-elle pas dit aussi que nous étions des Dieux? Comme rois et comme dieux, nous ne devons obéissance qu'à nous-mêmes. Mais il n'en résulte pas moins de l'opinion de Jefferson que, sous sa présidence, 1801 à 1805, le peuple américain était le moins libéral peut-être qu'il y eût au monde, et que, sans cette liberté négative que donne la rareté de population sur un territoire d'une fécondité inouïe, mieux eût valu vivre sous le despotisme de Louis XV ou de Napoléon que dans la république des États-Unis.

posés les vrais principes du système fédératif. Encore, ces principes furent-ils si peu compris, qu'il se manifesta aussitôt une tendance unitaire, qui eut ses représentants jusqu'au sein de l'assemblée fédérale.

Quant à la Confédération germanique, chacun sait que e vieil édifice fut aboli par la médiation du même Empereur, qui ne fut pas aussi heureux dans son plan de restauration. En ce moment, le système de la Confédération germanique est de nouveau à l'étude dans la pensée des peuples : puisse l'Allemagne sortir enfin, libre et forte, de cette agitation comme d'une crise salutaire.

En 1789, l'épreuve du fédéralisme n'avait donc pas été faite ; l'idée n'était point acquise : le législateur révolutionnaire n'avait aucune conclusion à en tirer. Il fallait que les confédérations, telles quelles, qui palpitaient en quelques coins de l'Ancien et du Nouveau Monde, animées de l'esprit nouveau, apprissent d'abord à marcher et à se définir, que leur principe fécondé se développant montrât la richesse de son organisme; il fallait en même temps que, sous le régime nouveau de l'égalité, une dernière expérimentation fût faite du système unitaire. A ces conditions seulement la Philosophie pouvait argumenter, la Révolution conclure, et, l'idée se généralisant, la République des peuples sortir enfin de son mysticisme sous la forme concrète d'une fédération de fédérations.

Les faits semblent aujourd'hui donner l'essor aux idées;

et nous pouvons, ce semble, sans présomption ni orgueil, d'un côté arracher les masses à leurs funestes symboles, de l'autre donner aux hommes politiques le secret de leurs mécomptes.

CHAPITRE X.

Idéalisme politique : Efficacité de la Garantie fédérale.

Une observation à faire en général sur les sciences morales et politiques, c'est que la difficulté de leurs problèmes vient surtout de la manière figurée dont la raison primitive en a conçu les éléments. Dans l'imagination populaire, la politique, de même que la morale, est une mythologie. Là tout devient fiction, symbole, mystère, idole. Et c'est cet idéalisme qui, adopté de confiance par les philosophes comme expression de la réalité, leur crée ensuite tant d'embarras.

Le peuple, dans le vague de sa pensée, se contemple comme une gigantesque et mystérieuse existence, et tout dans son langage semble fait pour l'entretenir dans l'opinion de son indivisible unité. Il s'appelle le Peuple, la Nation, c'est-à-dire la Multitude, la Masse; il est le vrai Souverain, le Législateur, la Puissance, la Domination, la Patrie, l'État ; il a ses Convocations, ses Scrutins, ses Assises, ses Manifestations, ses Prononcements, ses Plébiscites, sa Législation directe, parfois ses Jugements et ses Exécutions, ses Oracles, sa Voix, pareille au tonnerre, la grande voix de Dieu. Autant il se sent innombrable, irrésistible, immense, autant il a horreur des divisions, des scissions, des minorités. Son idéal, son rêve le plus délectable, est unité, identité, uniformité, concentration ; il maudit, comme attentatoire à sa Majesté, tout ce qui peut partager sa volonté, couper sa masse, créer en lui diversité, pluralité, divergence.

Toute mythologie suppose des idoles, et le Peuple n'en manque jamais. Comme Israël au désert, il s'improvise des dieux quand on ne prend pas soin de lui en donner ; il a ses incarnations, ses messies, ses Dieudonnés. C'est le chef de guerre élevé sur le pavois ; c'est le roi glorieux, conquérant et magnifique, semblable au soleil, ou bien encore le tribun révolutionnaire : Clovis, Charlemagne, Louis XIV, Lafayette, Mirabeau, Danton, Marat, Robespierre, Napoléon, Victor-Emmanuel, Garibaldi. Combien qui, pour monter sur le piédestal, n'attendent qu'un revirement d'opinion, un coup d'aile de la fortune ! De ces idoles, la plupart aussi vides d'idées, aussi dénuées de conscience que lui-même, le peuple est zélateur et jaloux ; il ne souffre pas qu'on les discute, qu'on les contredise, surtout il ne leur marchande pas le pouvoir. Ne touchez pas à ses oints, ou vous serez traité par lui comme sacrilége.

Plein de ses mythes, et se considérant comme une

collectivité essentiellement indivise, comment le peuple saisirait-il de plein saut le rapport du citoyen à la société? Comment, sous son inspiration, les hommes d'État qui le représentent donneraient-ils la vraie formule du gouvernement? Là où règne dans sa naïveté le suffrage universel, on peut affirmer d'avance que tout se fera dans le sens de l'indivision. Le peuple étant la collectivité qui renferme toute autorité et tout droit, le suffrage universel, pour être sincère dans son expression, devra autant que possible être lui-même indivis, c'est-à-dire que les élections devront se faire par scrutins de liste : il s'est même trouvé en 1848 des unitaires qui demandaient qu'il n'y eût qu'une seule liste pour les quatre-vingt-six départements. De ce scrutin indivis surgit donc une assemblée indivise, délibérant et légiférant comme un seul homme. En cas de division du vote, c'est la majorité qui représente, sans diminution aucune, l'unité nationale. De cette majorité sortira à son tour un Gouvernement indivis qui, tenant ses pouvoirs de la Nation indivisible, est appelé à gouverner et administrer collectivement et indivisément, sans esprit de localité ni intérêt de clocher. C'est ainsi que le système de centralisation, d'impérialisme, de communisme, d'absolutisme, tous ces mots sont synonymes, découle de l'idéalisme populaire; c'est ainsi que dans le pacte social, conçu à la manière de Rousseau et des Jacobins, le citoyen se démet de sa souveraineté, et que la commune, au-dessus de la commune le département et la province, absorbés dans l'autorité centrale, ne sont plus que des agences sous la direction immédiate du ministère.

Les conséquences ne tardent pas à se faire sentir : le citoyen et la commune déchus de toute dignité, les envahissements de l'État se multiplient, et les charges du contribuable croissent en proportion. Ce n'est plus le gouvernement qui est fait pour le peuple, c'est le peuple qui est fait pour le gouvernement. Le Pouvoir envahit tout, s'empare de tout, s'arroge tout, à perpétuité, à toujours, à jamais : Guerre et Marine, Administration, Justice, Police, Instruction publique, créations et réparations publiques; Banques, Bourses, Crédit, Assurances, Secours, Épargnes, Bienfaisance; Forêts, Canaux, Rivières; Cultes, Finances, Douanes, Commerce, Agriculture, Industrie, Transports. Sur le tout un Impôt formidable, qui enlève à la nation le quart de son produit brut. Le citoyen n'a plus à s'occuper que d'accomplir dans son petit coin sa petite tâche, recevant son petit salaire, élevant sa petite famille, et s'en remettant pour le surplus à la Providence du gouvernement.

Devant cette disposition des esprits, au milieu de puissances hostiles à la Révolution, quelle pouvait être la pensée des fondateurs de 89, amis sincères de la liberté? N'osant rompre le faisceau de l'État, ils devaient se préoccuper surtout de deux choses : 1° de contenir le Pouvoir, toujours prêt à usurper ; 2° de contenir le Peuple, toujours prêt à se laisser entraîner par ses tribuns et à remplacer les mœurs de la légalité par celles de l'omnipotence.

Jusqu'à présent, en effet, les auteurs de constitutions, Syeyès, Mirabeau, le Sénat de 1814, la Chambre de 1830, l'Assemblée de 1848, ont cru, non sans raison, que le point capital du système politique était de contenir le Pouvoir central, en lui laissant toutefois la plus grande liberté d'action et la plus grande force. Pour parvenir à ce but, que faisait-on? D'abord on divisait, comme il a été dit, le Pouvoir par catégories de ministères; puis on distribuait l'autorité législative entre la royauté et les Chambres, à la majorité desquelles on subordonnait encore le choix que le prince devait faire des ministres. Enfin l'impôt était voté, pour un an, par les Chambres, qui saisissaient cette occasion de passer en revue les actes du gouvernement.

Mais, tandis qu'on organisait le parlementage des Chambres contre les ministres, qu'on balançait la prérogative royale par l'initiative des représentants, l'autorité de la couronne par la souveraineté de la nation; tandis qu'on opposait des mots à des mots, des fictions à des fictions, on adjugeait au gouvernement, sans réserve aucune, sans autre contre-poids qu'une vaine faculté de critique, la prérogative d'une administration immense; on mettait entre ses mains toutes les forces du pays; on supprimait, pour plus de sûreté, les libertés locales; on anéantissait avec un zèle frénétique *l'esprit de clocher*; on créait, enfin, une puissance formidable, écrasante, à laquelle on se donnait ensuite le plaisir de faire une guerre d'épigrammes, comme si la réalité était sensible aux personnalités. Aussi qu'arrivait-il? L'opposition finissait par avoir raison des personnes : les ministères tombaient les uns sur les autres; on renversait une dynastie, puis une seconde; on mettait empire sur république, et le despotisme centralisateur, anonyme, ne cessait de grandir, la liberté de décroître. Tel a été notre progrès depuis la victoire des Jacobins sur la Gironde. Résultat inévitable d'un système artificiel, où l'on mettait d'un côté la souveraineté métaphysique et le droit de critique, de l'autre toutes les réalités du domaine national, toutes les puissances d'action d'un grand peuple.

Dans le système fédératif, de telles appréhensions ne sauraient exister. L'autorité centrale, initiatrice plutôt qu'exécutoire, ne possède qu'une part assez restreinte de l'administration publique, celle qui concerne les services fédéraux; elle est placée sous la main des États, maîtres absolus d'eux-mêmes, et jouissant, pour tout ce qui les concerne respectivement, de l'autorité la plus complète, législative, exécutive et judiciaire. Le Pouvoir central est d'autant mieux subordonné, qu'il est confié à une Assemblée formée des délégués des États, membres eux-mêmes, bien souvent, de leurs gouvernements respectifs, et qui, par cette raison, exercent sur les actes de l'Assemblée fédérale une surveillance d'autant plus jalouse et sévère.

Pour contenir les masses, l'embarras des publicistes n'était pas moins grand; les moyens employés par eux tout aussi illusoires, et le résultat aussi malheureux.

Le peuple aussi est un des pouvoirs de l'État, celui dont les explosions sont le plus terribles. Ce pouvoir a besoin d'un contre-poids : la démocratie elle-même est forcée d'en convenir, puisque c'est l'absence de ce contre-poids qui, livrant le peuple aux excitations les plus dangereuses, laissant l'État en butte aux plus formidables insurrections, a par deux fois fait tomber en France la république.

Le contre-poids à l'action des masses, on a cru le trouver dans deux institutions, l'une fort onéreuse au pays et pleine de périls, l'autre non moins dangereuse, surtout pénible à la conscience publique : ce sont, 1° l'armée permanente, 2° la restriction du droit de suffrage. Depuis 1848 le suffrage universel est devenu loi de l'État : mais le danger de l'agitation démocratique ayant grandi en proportion, force a été d'augmenter aussi l'armée, de donner plus de nerf à l'action militaire. En sorte que, pour se garantir de l'insurgence populaire, on est obligé, dans le système des fondateurs de 89, d'augmenter la force du Pouvoir au moment même où l'on prend d'un autre côté des précautions contre lui. Si bien que le jour où Pouvoir et peuple se tendront la main, tout cet échafaudage croulera. Étrange système, où le Peuple ne peut exercer la souveraineté sans s'exposer à briser le gouvernement, ni le gouvernement user de sa prérogative sans marcher à l'absolutisme!

Le système fédératif coupe court à l'effervescence des masses, à toutes les ambitions et excitations de la démagogie : c'est la fin du régime de la place publique, des triomphes de tribuns, comme de l'absorption des capitales. Que Paris fasse, dans l'enceinte de ses murs, des révolutions : à quoi bon si Lyon, Marseille, Toulouse, Bordeaux, Nantes, Rouen, Lille, Strasbourg, Dijon, etc., si les départements, maîtres d'eux-mêmes, ne suivent pas? Paris en sera pour ses frais.... La fédération devient ainsi le salut du peuple : car elle le sauve à la fois, en le divisant, de la tyrannie de ses meneurs et de sa propre folie.

La Constitution de 1848, d'une part en ôtant au Président de la République le commandement des armées, de l'autre en se déclarant elle-même réformable et progressive, avait essayé de conjurer ce double danger de l'usurpation du Pouvoir central et de l'insurrection du peuple. Mais la Constitution de 1848 ne disait pas en quoi consistait le progrès, à quelles conditions il pouvait s'effectuer. Dans le système qu'elle avait fondé, la distinction des classes, bourgeoisie et peuple, subsistait toujours : on l'avait vu, lors de la discussion du droit au travail et de la loi du 31 mai, restrictive du suffrage universel. Le préjugé unitaire était plus vif que jamais; Paris donnant le ton, l'idée, la volonté aux départements, il était facile de voir que, dans le cas d'un conflit entre le Président et l'Assemblée, le peuple suivrait son élu plutôt que ses représentants. L'événement a confirmé ces prévisions. La journée du 2 Décembre a montré ce que valent des garanties purement légales, contre un Pouvoir qui à la faveur populaire joint la puissance de l'administration, et qui a aussi son droit. Mais si, par exemple, en même temps que la Constitution républicaine de 1848, l'organisation municipale et départementale avait été faite et mise en vigueur; si les provinces avaient appris à revivre d'une vie propre; si elles avaient eu leur large part du pouvoir exécutif, si la multitude inerte du 2 décembre avait été quelque chose dans l'État en dehors du scrutin, certes le coup d'État eût été impossible. Le champ de bataille se trouvant limité entre l'Élysée et le Palais-Bourbon, la levée de boucliers du pouvoir exécutif n'eût entraîné tout au plus que la garnison de Paris et le personnel des ministères (1).

Je ne terminerai pas ce paragraphe sans citer les paroles d'un écrivain dont le public a pu apprécier quelquefois dans *le Courrier du Dimanche* l'esprit de modération et de profondeur, M. Gustave CHAUDEY, avocat à la Cour de Paris. Elles serviront à faire comprendre qu'il ne s'agit point ici d'une vaine utopie, mais d'un système actuellement en pratique, et dont l'idée vivante se développe quotidiennement :

L'idéal d'une confédération serait le pacte d'alliance dont on pourrait dire qu'il n'apporte aux souverainetés particulières des États fédérés que des restrictions devenant, aux mains de l'autorité fédérale, des extensions de garantie pour la liberté des citoyens, des accroissements de protection pour leur activité individuelle ou collective.

(1) Quelques-uns se sont imaginé que, sans le vote du 24 novembre 1851, qui donna raison à la Présidence contre la droite et assura le succès du coup d'État, la république eût été sauvée. On a beaucoup déclamé, à cette occasion, contre les membres de la montagne qui s'étaient prononcés contre la droite. Mais il est évident, d'après la loi des contradictions politiques (voir plus haut Chap. VI et VII) et d'après les faits, que si la Présidence eût été vaincue, le peuple s'étant abstenu, le principe bourgeois l'emportait, la république unitaire se transformait sans la moindre difficulté en monarchie constitutionnelle, et le pays revenait, non pas au *statu quo* de 1848, mais à un régime peut-être plus rigoureux que celui du 2 décembre, puisqu'à une force au moins égale dans le gouvernement, il aurait joint, par la prépondérance décisive de la classe moyenne et la restriction déjà à moitié faite du droit de suffrage, la déchéance méritée des masses.

Par cela seul on comprend l'énorme différence qui existe entre une autorité fédérale et un gouvernement unitaire, autrement dit, un gouvernement ne représentant qu'une seule souveraineté.

La définition de M. Chaudey est de la plus parfaite exactitude; et ce qu'il nomme *idéal*, n'est autre que la formule donnée par la plus rigoureuse théorie. Dans la fédération, la centralisation est limitée à certains objets spéciaux détachés des souverainetés cantonales et qui sont censés devoir y rentrer, elle est *partielle;* dans le gouvernement unitaire, au contraire, la centralisation s'étend à tout et ne rend jamais rien, elle est UNIVERSELLE. La conséquence est aisée à prévoir :

La centralisation, poursuit M. Chaudey, dans le gouvernement unitaire, est une force immense à la disposition du pouvoir, et dont l'emploi, dans un sens ou dans un autre, dépend uniquement des diverses volontés personnelles qui expriment le pouvoir. Changez les conditions de ce pouvoir, vous changez les conditions de la centralisation. Libérale aujourd'hui avec un gouvernement libéral, elle deviendra demain un instrument formidable d'usurpation pour un pouvoir usurpateur, et après l'usurpation, un instrument formidable de despotisme; sans compter que par cela même elle est une tentation perpétuelle pour le pouvoir, une menace perpétuelle pour les libertés des citoyens. Sous le coup d'une force pareille, il n'y a point de droits individuels ou collectifs qui soient sûrs d'un lendemain. Dans ces conditions, la centralisation pourrait s'appeler le désarmement d'une nation au profit de son gouvernement, et la liberté est condamnée à une lutte incessante contre la force.

C'est le contraire qui a lieu pour la centralisation fédérale. Au lieu d'armer le pouvoir de la force du TOUT contre la *partie*, c'est la PARTIE qu'elle arme de la force du *tout* contre les abus de son propre pouvoir. Un canton Suisse dont les libertés seraient menacées par son gouvernement, au lieu de sa seule force, peut y opposer la force des vingt-deux cantons : cela ne vaut-il pas bien le sacrifice du droit de se révolutionner qu'ont fait les cantons par la nouvelle Constitution de 1848?

La loi de progrès, essentielle aux Constitutions fédératives, impossible à appliquer sous une Constitution unitaire, n'est pas moins bien reconnue par l'écrivain que je cite :

La Constitution fédérale de 1848 reconnaît aux Constitutions cantonales le droit de se réviser et modifier elles-mêmes; mais elle y met une double condition : elle veut que les changements soient faits d'après les règles tracées par les Constitutions respectives de cantons, que de plus ces changements expriment des progrès, non des rétrogradations. Elle veut qu'un peuple modifie sa Constitution pour avancer, non pour reculer..... Elle dit aux peuples Suisses : Si ce n'est pas pour augmenter vos libertés que vous voulez changer vos institutions, c'est que vous êtes à peine dignes de ce que vous avez : tenez-vous-y. Mais si c'est pour augmenter vos libertés, c'est que vous êtes dignes d'aller en avant : marchez sous la protection de toute la Suisse.

L'idée de garantir et assurer une constitution politique, à peu près comme on assure une maison contre l'incendie ou un champ contre la grêle, est en effet l'idée capitale et certainement la plus originale du système. Nos législateurs de 91, 93, 95, 99, 1814, 1830 et 1848, n'ont su invoquer, en faveur de leurs constitutions, que le patriotisme des citoyens et le dévouement des gardes nationales ; la constitution de 93 allait jusqu'à l'appel aux armes et au droit d'insurrection. L'expérience a prouvé combien de pareilles garanties sont illusoires. La Constitution de 1852, à très-peu près la même que celle du Consulat et du premier Empire, n'est garantie par rien ; et ce n'est pas moi qui lui en ferai un reproche. Quelle caution, en dehors du contrat fédératif, pourrait-elle invoquer ?... Tout le mystère consiste cependant à distribuer la nation en provinces indépendantes, souveraines, ou qui du moins, s'administrant elles-mêmes, disposent d'une force, d'une initiative et d'une influence suffisantes, et à les faire garantir les unes par les autres (1).

Une excellente application de ces principes se trouve dans la constitution de l'armée suisse :

L'augmentation de protection s'y trouve partout, dit M. Chaudey ; *le danger d'oppression nulle part.* En passant sous le drapeau fédéral, les contingents cantonaux n'oublient pas le sol paternel : loin de là, c'est parce que la patrie leur commande de servir la confédération qu'ils lui obéissent. Comment les cantons pourraient-ils craindre que leurs soldats devinssent contre eux les instruments d'une conspiration unitaire ? Il n'en est pas de même pour les autres États de l'Europe, où le soldat n'est pris dans le peuple que pour en être séparé, et devenir corps et âme l'homme du gouvernement (2).

Le même esprit domine dans la Constitution américaine,

(1) Constitution fédérale suisse de 1848, art. 6 : « La garantie de la confédération est accordée aux constitutions cantonales, pourvu : *a*) que ces constitutions ne renferment rien de contraire aux dispositions de la constitution fédérale ; *b*) qu'elles assurent l'exercice des droits politiques d'après des formes républicaines, représentatives ou démocratiques ; *c*) qu'elles aient été acceptées par le peuple et qu'elles puissent être révisées, lorsque la majorité absolue des citoyens le demande. »

(2) *Le Républicain Neuchâtelois*, 19 et 31 août - 1er septembre 1852.

à laquelle on peut reprocher cependant d'avoir multiplié outre mesure les attributions de l'autorité fédérale. Les pouvoirs attribués au président américain sont presque aussi étendus que ceux accordés à Louis-Napoléon par la Constitution de 1848 : cet excès d'attributions n'a pas été étranger à la pensée d'absorption unitaire qui s'est d'abord manifestée dans les États du Sud, et qui aujourd'hui entraîne à leur tour ceux du Nord.

L'idée de Fédération est certainement la plus haute à laquelle se soit élevé jusqu'à nos jours le génie politique. Elle dépasse de bien loin les constitutions françaises promulguées depuis soixante-dix ans en dépit de la Révolution, et dont la courte durée fait si peu d'honneur à notre pays. Elle résout toutes les difficultés que soulève l'accord de la Liberté et de l'Autorité. Avec elle nous n'avons plus à craindre de nous abîmer dans les antinomies gouvernementales; de voir la plèbe *s'émanciper* en proclamant une dictature perpétuelle, la bourgeoisie manifester son *libéralisme* en poussant la centralisation à outrance, l'esprit public se corrompre dans cette débauche de la licence copulant avec le despotisme, le pouvoir revenir sans cesse aux mains des *intrigants*, comme les appelait Robespierre, et la Révolution, selon le mot de Danton, *rester toujours aux plus scélérats.* L'éternelle raison est enfin justifiée, le scepticisme vaincu. On n'accusera plus de l'infortune humaine la défaillance de la Nature, l'ironie de la Providence ou la contradiction de l'Esprit; l'opposition des principes apparaît enfin comme la condition de l'universel équilibre.

CHAPITRE XI.

Sanction économique : Fédération agricole-industrielle.

Tout n'est pas dit cependant. Si irréprochable que soit dans sa logique la constitution fédérale, quelques garanties qu'elle offre dans l'application, elle ne se soutiendra elle-même qu'autant qu'elle ne rencontrera pas dans l'économie publique des causes incessantes de dissolution. En autres termes, il faut au droit politique le contre-fort du droit économique. Si la production et la distribution de la richesse est livrée au hasard; si l'ordre fédératif ne sert qu'à protéger l'anarchie capitaliste et mercantile; si, par l'effet de cette fausse anarchie, la Société se trouve divisée en deux classes, l'une de propriétaires-capitalistes-entrepreneurs, l'autre de prolétaires salariés ; l'une de riches, l'autre de pauvres; l'édifice politique sera toujours instable. La classe ouvrière, la plus nombreuse et la plus pauvre, finira par n'y apercevoir qu'une déception ; les travailleurs se coaliseront contre les bourgeois, qui de leur côté se coaliseront contre les ouvriers; et l'on verra la confédération dégénérer, si le peuple est le plus fort, en démocratie unitaire, si la bourgeoisie triomphe, en monarchie constitutionnelle.

C'est en prévision de cette éventualité d'une guerre sociale que se sont constitués, ainsi qu'il a été dit au chapitre précédent, les gouvernements forts, objet de l'admiration des publicistes, aux yeux desquels les confédérations semblent des bicoques incapables de soutenir le Pouvoir contre l'aggression des masses, ce qui veut dire, les entreprises du gouvernement contre les droits de la nation. Car, encore une fois, qu'on ne s'y trompe pas, tout pouvoir est établi, toute citadelle construite, toute armée organisée contre le dedans autant au moins que contre le dehors. Si la mission de l'État est de se rendre maître absolu de la société, et la destinée du peuple de servir d'instrument à ses entreprises, il faut le reconnaître, le système fédératif ne supporte pas la comparaison avec le système unitaire. Là, ni le pouvoir central par sa dépendance, ni la multitude par sa division, ne peuvent pas plus l'un que l'autre contre la liberté publique. Les Suisses, après leurs victoires sur Charles-le-Téméraire, furent pendant longtemps la première puissance militaire de l'Europe. Mais, parce qu'ils formaient une confédération, capable de se défendre contre l'étranger, elle l'a prouvé, mais inhabile à la conquête et aux coups d'État, ils sont restés une république paisible, le plus inoffensif et le moins entreprenant des États. La Confédération germanique a eu aussi, sous le nom d'Empire, ses siècles de gloire; mais, parce que la puissance impériale manquait de fixité et de centre, la Confédération a été écharpée, disloquée, et la nationalité compromise. La Confédération des Pays-Bas s'est évanouie à son tour au contact des puissances centralisées : il est inutile de mentionner la Confédération italienne. Oui, certes, si la civilisation, si l'économie des sociétés devait garder le *statu quo* antique, mieux vaudrait pour les peuples l'unité impériale que la fédération.

Mais tout annonce que les temps sont changés, et qu'après la révolution des idées doit arriver, comme sa conséquence légitime, la révolution des intérêts. Le vingtième siècle ouvrira l'ère des fédérations (1), ou l'humanité recommencera un purgatoire de mille ans. Le vrai problème à résoudre n'est pas en réalité le problème politique, c'est

(1) J'ai écrit quelque part (*De la Justice dans la Révolution et dans l'Eglise*, 4e étude, édition belge, note), que l'année 1814 avait ouvert l'*ère des constitutions* en Europe. La manie de contredire a fait huer cette proposition par des gens qui, mêlant à tort et à travers dans leurs divagations quotidiennes histoire et politique, affaires et intrigue, ignorent jusqu'à la chronologie de leur siècle. Mais ce n'est pas ce qui dans ce moment m'intéresse. L'ère des constitutions, très-réelle et parfaitement nommée, a son analogue dans l'ère actiaque, indiquée par Auguste, après la victoire remportée par lui sur Antoine à Actium, et qui coïncide avec l'an 30 avant Jésus-Christ. Ces deux ères, l'*ère actiaque* et l'ère des constitutions, ont cela de commun qu'elles indiquaient un renouvellement général, en politique, économie politique, droit public, liberté et sociabilité générale. Toutes deux inauguraient une période de paix, toutes deux témoignent de la conscience qu'avaient les contemporains de la révolution générale qui s'opérait, et de la volonté des chefs de nations d'y concourir. Cependant l'ère actiaque, déshonorée par l'orgie impériale, est tombée dans l'oubli ; elle a été complétement effacée par l'ère chrétienne, qui servit à marquer, d'une façon bien autrement grandiose, morale et populaire, le même renouvellement. Il en sera de même de l'ère dite constitutionnelle : elle disparaîtra à son tour devant l'ère fédérative et sociale, dont l'idée profonde et populaire doit abroger l'idée bourgeoise et *modérantiste* de 1814.

le problème économique. C'est par cette dernière solution que nous proposions en 1848, mes amis et moi, de poursuivre l'œuvre révolutionnaire de février. La démocratie était au pouvoir ; le Gouvernement provisoire n'avait qu'à agir pour réussir ; la révolution faite dans la sphère du travail et de la richesse, on ne devait être nullement en peine de celle à opérer ensuite dans le gouvernement. La centralisation, qu'il eût fallu briser plus tard, eût été momentanément d'un puissant secours. Personne d'ailleurs à cette époque, hormis peut-être celui qui écrit ces lignes et qui dès 1840 s'était déclaré *anarchiste,* ne songeait à attaquer l'unité et à demander la fédération.

Le préjugé démocratique en a décidé autrement. Les politiques de la vieille école soutinrent et soutiennent encore aujourd'hui que la vraie marche à suivre, en fait de révolution sociale, est de commencer par le gouvernement, sauf à s'occuper ensuite, à loisir, du travail et de la propriété. La démocratie se récusant après avoir supplanté la bourgeoisie et chassé le prince, ce qui devait arriver est arrivé. L'empire est venu imposer silence à ces parleurs sans plan ; la révolution économique s'est faite en sens inverse des aspirations de 1848, et la liberté a été compromise.

On se doute que je ne vais pas, à propos de fédération, présenter le tableau de la science économique, et montrer par le menu tout ce qu'il y aurait à faire dans cet ordre d'idées. Je dis simplement que le gouvernement fédératif, après avoir réformé l'ordre politique, a pour complément nécessaire une série de réformes à opérer dans l'ordre économique : voici en deux mots en quoi consistent ces réformes.

De même qu'au point de vue politique, deux ou plusieurs États indépendants peuvent se confédérer pour se garantir mutuellement l'intégrité de leurs territoires ou pour la protection de leurs libertés ; de même, au point de vue économique, on peut se confédérer pour la protection réciproque du commerce et de l'industrie, ce qu'on appelle *union douanière;* on peut se confédérer pour la construction et l'entretien des voies de communication, routes, canaux, chemins de fer, pour l'organisation du crédit et de l'assurance, etc. Le but de ces fédérations particulières est de soustraire les citoyens des États contractants à l'exploitation capitaliste et bancocratique tant de l'intérieur que du dehors; elles forment par leur ensemble, en opposition à la féodalité financière aujourd'hui dominante, ce que j'appellerai *fédération agricole-industrielle.*

Je n'entrerai à ce sujet dans aucun développement. Le public, qui depuis quinze ans a plus ou moins suivi mes travaux, sait assez ce que je veux dire. La féodalité financière et industrielle a pour but de consacrer, par la monopolisation des services publics, par le privilége de l'instruction, la parcellarité du travail, l'intérêt des capitaux, l'inégalité de l'impôt, etc., la déchéance politique des masses, le servage économique ou salariat, en un mot, l'inégalité des conditions et des fortunes. La fédération agricole-industrielle, au contraire, tend à approximer de plus en plus l'égalité par l'organisation, au plus bas prix et en d'autres mains que celles de l'État, de tous les services publics ; par la mutualité du crédit et de l'assurance, par la peréquation de l'impôt, par la garantie du travail et de l'instruction, par une combinaison des travaux qui permette à chaque travailleur de devenir de simple manouvrier industrieux et artiste, et de salarié maître.

Une pareille révolution ne saurait évidemment être l'œuvre ni d'une monarchie bourgeoise ni d'une démocratie unitaire ; elle est le fait d'une fédération. Elle ne relève pas du contrat *unilatéral* ou de *bienfaisance* ni des institutions de la *charité ;* elle est le propre du contrat synallagmatique et commutatif (1).

(1) Un simple calcul mettra ceci en évidence. La moyenne d'instruction à donner aux deux sexes, dans un État libre, ne peut pas embrasser une période moindre de dix à douze ans, ce qui comprend à peu près le cinquième de la population totale, soit, en France, sept millions et demi d'individus, garçons et filles, sur trente-huit millions d'habitants. Dans les pays où les mariages produisent beaucoup d'enfants, comme en Amérique, cette proportion est plus considérable encore. Ce sont donc *sept millions et demi* d'individus des deux sexes auxquels il s'agit de donner, dans une mesure honnête, mais qui n'aurait à coup sûr rien d'aristocratique, l'instruction littéraire, scientifique, morale et professionnelle. Or, quel est en France le nombre d'individus qui fréquentent les écoles secondaires et supérieures? Cent vingt-sept mille quatre cent soixante-quatorze, d'après la statistique de M. Guillard. Tous les autres, au nombre de *sept millions trois cent soixante-dix mille cinq cent vingt-cinq*, sont condamnés à ne dépasser jamais l'école primaire. Mais il s'en faut qu'ils y aillent tous : les comités de recrutement constatent chaque année un nombre croissant d'*illettrés*. Où en seraient nos gouvernants, je le demande, s'il leur fallait résoudre ce problème d'une instruction moyenne à donner à sept millions trois cent soixante-dix mille cinq cent vingt-cinq individus, en sus des cent vingt-sept mille quatre cent

Considérée en elle-même, l'idée d'une fédération industrielle servant de complément et de sanction à la fédération politique, reçoit la confirmation la plus éclatante des principes de l'économie. C'est l'application sur la plus haute échelle des principes de mutualité, de division du travail et de solidarité économique, que la volonté du peuple aurait transformés en lois de l'État.

Que le travail reste libre; que le pouvoir, plus mortel au travail que la communauté elle-même, s'abstienne d'y toucher : à la bonne heure. Mais les industries sont sœurs; elles sont des démembrements les unes des autres; l'une ne peut souffrir sans que les autres pâtissent. Qu'elles se fédèrent donc, non pour s'absorber et se confondre, mais pour se garantir mutuellement les conditions de prospérité qui leur sont communes et dont aucune ne peut s'arroger le monopole. En formant un tel pacte, elles ne porteront point atteinte à leur liberté; elles ne feront que lui donner plus de certitude et de force. Il en sera d'elles comme dans l'État il en est des pouvoirs, et dans l'animal des organes, dont la séparation fait précisément la puissance et l'harmonie.

soixante-quatorze qui occupent les écoles? Que peuvent ici, et le pacte unilatéral d'une monarchie bourgeoise, et le contrat de *bienfaisance* d'un Empire paternel, et les fondations charitables de l'Église, et les conseils de prévoyance de Malthus, et les espérances du libre-échange? Tous les comités de salut public eux-mêmes, avec leur vigueur révolutionnaire, y échoueraient. Pareil but ne peut être atteint qu'au moyen d'une combinaison de l'apprentissage et de l'écolage qui fasse de chaque élève un producteur : ce qui suppose une fédération universelle. Je ne connais pas de fait plus écrasant pour la vieille politique que celui-là.

Ainsi, chose admirable, la zoologie, l'économie politique et la politique se trouvent ici d'accord pour nous dire : la première, que l'animal le plus parfait, le mieux servi par ses organes, conséquemment le plus actif, le plus intelligent, le mieux constitué pour la domination, est celui dont les facultés et les membres sont le mieux spécialisés, sériés, coordonnés; — la seconde, que la société la plus productive, la plus riche, la mieux assurée contre l'hypertrophie et le paupérisme, est celle où le travail est le mieux divisé, la concurrence la plus entière, l'échange le plus loyal, la circulation la plus régulière, le salaire le plus juste, la propriété la plus égale, toutes les industries le mieux garanties les unes par les autres ; — la troisième, enfin, que le gouvernement le plus libre et le plus moral est celui où les pouvoirs sont le mieux divisés, l'administration la mieux répartie, l'indépendance des groupes la plus respectée, les autorités provinciales, cantonales, municipales, le mieux servies par l'autorité centrale; c'est, en un mot, le gouvernement fédératif.

Ainsi, de même que le principe monarchique ou d'autorité a pour premier corollaire l'assimilation ou incorporation des groupes qu'il s'adjoint, en autres termes la centralisation administrative, ce que l'on pourrait appeler encore la communauté du ménage politique ; pour second corollaire, l'indivision du pouvoir, autrement dit l'absolutisme; pour troisième corollaire, la féodalité terrienne et industrielle ; — de même le principe fédératif, libéral par excellence, a pour premier corollaire l'indépendance administrative des localités ralliées ; pour second corollaire la séparation des pouvoirs dans chaque État souverain ; pour troisième corollaire la fédération agricole-industrielle.

Dans une république constituée sur de tels fondements, on peut dire que la liberté est élevée à sa troisième puissance, l'autorité ramenée à sa racine cubique. La première, en effet, grandit avec l'État, en autres termes se multiplie avec les fédérations ; la seconde, subordonnée d'échelon en échelon, ne se retrouve entière que dans la famille, où elle est tempérée par le double amour conjugal et paternel.

Sans doute la connaissance de ces grandes lois ne pouvait s'acquérir que par une longue et douloureuse expérience ; peut-être aussi qu'avant de parvenir à la liberté, notre espèce avait besoin de passer par les fourches de la servitude. A chaque âge son idée, à chaque époque ses institutions.

Maintenant les temps sont venus. L'Europe entière demande à grands cris la paix et le désarmement. Et comme si la gloire d'un si grand bienfait nous était réservée, c'est vers la France que se portent les vœux, c'est de notre nation qu'on attend le signal de la félicité universelle.

Les princes et les rois, à les prendre au pied de la lettre, sont du style antique : déjà nous les avons *constitutionnalisés ;* le jour approche où ce ne seront plus que des présidents fédéraux. Alors ce sera fait des aristocraties, des démocraties et de toutes les *kraties*, gangrènes des nations, épouvantails de la liberté. Est-ce que cette démocratie, qui se croit libérale et qui ne sait que jeter l'anathème au fédéralisme et au socialisme, comme en 93 le leur ont jeté ses pères, a seulement l'idée de la liberté?... Mais l'épreuve doit avoir un terme. Voici que nous commençons à raisonner sur le pacte fédéral ; ce n'est pas trop présumer, je suppose, de l'hébétude de la présente génération, que d'assigner le retour de la justice au cataclysme qui l'emportera.

Pour moi, dont une certaine presse a entrepris d'étouffer la parole, tantôt par un silence calculé, tantôt par le travestissement et l'injure, je puis jeter ce défi à mes adversaires :

Toutes mes idées économiques, élaborées depuis vingt-cinq ans, peuvent se résumer en ces trois mots : *Fédération agricole-industrielle ;*

Toutes mes vues politiques se réduisent à une formule semblable : *Fédération politique* ou *Décentralisation ;*

Et comme je ne fais pas de mes idées un instrument de parti ni un moyen d'ambition personnelle, toutes mes espérances d'actualité et d'avenir sont exprimées par ce troisième terme, corollaire des deux autres : *Fédération progressive.*

Je défie qui que ce soit de faire une profession de foi plus nette, d'une plus haute portée et en même temps d'une plus grande modération ; je vais plus loin, je défie tout ami de la liberté et du droit de repousser celle-là.

DEUXIÈME PARTIE

POLITIQUE UNITAIRE

A Fructibus eorum cognoscetis eos.

CHAPITRE PREMIER.

TRADITION JACOBINE : GAULE FÉDÉRALISTE, FRANCE MONARCHIQUE.

La Gaule, habitée par quatre races différentes, les Galls, les Kimris, les Vascons et les Ligures, subdivisées en plus de quarante peuples, formait, comme la Germanie sa voisine, une confédération. La nature lui avait donné sa première constitution, la constitution des peuples libres ; l'unité lui arriva par la conquête, ce fut l'œuvre des Césars.

On assigne généralement pour limites à la Gaule, au Nord la mer du Nord et la Manche ; à l'Ouest l'Océan ; au

10.

Sud les Pyrénées et la Méditerranée ; à l'Est les Alpes et le Jura ; au Nord-Est le Rhin. Je ne veux point ici discuter cette circonscription, prétendue naturelle, bien que les bassins du Rhin, de la Moselle, de la Meuse et de l'Escaut appartiennent plutôt à la Germanie qu'à la Gaule. Ce que je veux seulement faire remarquer, c'est que le territoire compris dans cet immense pentagone, d'une agglomération facile, ainsi que le prouvèrent tour à tour les Romains et les Francs, n'est pas moins heureusement disposé pour une Confédération. On peut le comparer à une pyramide tronquée, dont les pentes, unies par leurs crêtes et versant leurs eaux dans des mers différentes, assurent ainsi l'indépendance des populations qui les habitent. La politique romaine, qui déjà, faisant violence à la nature, avait unifié et centralisé l'Italie, en fit autant de la Gaule : en sorte que notre malheureux pays, ayant à subir coup sur coup la conquête latine, l'unité impériale, et bientôt après la conversion au christianisme, perdit pour jamais sa langue, son culte, sa liberté, et son originalité.

Après la chute de l'Empire d'Occident, la Gaule, conquise par les Francs, reprit sous l'influence germanique une apparence de fédération qui, se dénaturant rapidement, devint le système féodal. L'établissement des communes aurait pu raviver l'esprit fédéraliste, surtout si elles s'étaient inspirées de la commune flamande plutôt que du municipe romain : elles furent absorbées par la monarchie.

Cependant l'idée fédérative, indigène à la vieille Gaule, vivait comme un souvenir au cœur des provinces, lorsque la Révolution éclata. La fédération, on peut le dire, fut la première pensée de 89. L'absolutisme monarchique et les droits féodaux abolis, la délimitation provinciale respectée, tout le monde sentait que la France allait se retrouver en confédération, sous la présidence héréditaire d'un roi. Les bataillons envoyés à Paris de toutes les provinces du royaume furent appelés *fédérés*. Les cahiers fournis par les *États* qui s'empressèrent de ressaisir leur souveraineté, contenaient les éléments du nouveau pacte.

Malheureusement, en 89, nous étions comme toujours, malgré notre fièvre révolutionnaire, plutôt un peuple imitateur qu'un peuple initiateur. Aucun exemple de fédération tant soit peu remarquable ne s'offrait à nous. Ni la Confédération germanique, établie sur le *saint Empire apostolique*, ni la Confédération helvétique, tout imprégnée d'aristocratie, n'étaient des modèles à suivre. La confédération américaine venait d'être signée, le 3 mars 1789, la veille de l'ouverture des États-généraux; et nous avons vu dans la première partie combien cette ébauche était défectueuse. Dès lors que nous renoncions à développer notre vieux principe, ce n'était pas exagérer que d'attendre d'une monarchie constitutionnelle, basée sur la Déclaration des droits, plus de liberté, surtout plus d'ordre, que de la constitution des États-Unis.

L'Assemblée nationale, usurpant tous les pouvoirs et se déclarant *Constituante*, donna le signal de la réaction contre le fédéralisme. A partir du serment du Jeu de Paume, ce ne fut plus une réunion de députés quasi-fédéraux contractant au nom de leurs États respectifs; c'étaient les représentants d'une collectivité indivise, qui se mirent à remanier de fond en comble la société française, à laquelle ils daignèrent, les premiers, octroyer une charte. Pour rendre la métamorphose irrévocable, les provinces furent découpées et rendues méconnaissables, tout vestige d'indépendance provinciale anéanti sous une nouvelle division géographique, les départements. Syeyès qui la proposa, qui plus tard fournit le type de toutes les constitutions invariablement unitaires qui depuis soixante-douze ans ont gouverné le pays, Syeyès, nourri de l'esprit de l'Église et de l'Empire, fut le véritable auteur de l'unité actuelle; ce fut lui qui refoula dans son germe la confédération nationale, prête à renaître s'il se fût trouvé seulement un homme capable de la définir. Les nécessités du moment, le salut de la Révolution, furent l'excuse de Syeyès. Mirabeau, qui le seconda de tous ses efforts dans cette création départementale, embrassa avec d'autant plus d'ardeur l'idée de Syeyès, qu'il craignait de voir naître des franchises provinciales une contre-révolution, et qu'autant la division du territoire par département lui paraissait heureuse pour asseoir la monarchie nouvelle, autant il la trouvait excellente comme tactique contre l'ancien régime.

Après la catastrophe du 10 août, l'abolition de la royauté ramena de nouveau les esprits vers les idées fédéralistes. On était peu satisfait de la Constitution de 91, devenue impraticable. On se plaignait de la dictature des deux dernières Assemblées, de l'absorption des départements par la capitale. Une nouvelle réunion des représentants de la nation fut convoquée : elle reçut le nom significatif de *Con-*

vention. Démenti officiel aux idées unitaires de Syeyès, mais qui allait soulever de terribles débats et amener de sanglantes proscriptions. Comme il l'avait été à Versailles après l'ouverture des États-Généraux, le fédéralisme fut vaincu pour la seconde fois à Paris dans la journée du 31 mai 1793. Depuis cette date néfaste tout vestige de fédéralisme a disparu du droit public des Français ; l'idée même est devenue suspecte, synonyme de contre-révolution, j'ai presque dit de trahison. La notion s'est effacée des intelligences : on ne sait plus en France ce que signifie le mot de fédération, qu'on pourrait croire emprunté au vocabulaire sanscrit.

Les Girondins eurent-ils tort de vouloir, en vertu de leur mandat *conventionnel*, appeler à la décision des départements de la république une et indivisible des Jacobins? Admettant qu'ils eussent raison en théorie, leur politique était-elle opportune? Sans doute l'omnipotence de la nouvelle assemblée, élue dans un esprit essentiellement anti-unitaire, la dictature du comité de salut public, le triumvirat de Robespierre, Saint-Just et Couthon, la puissance tribunitienne de Marat et d'Hébert, la judicature du tribunal révolutionnaire, tout cela n'était guère tolérable, et justifiait de reste l'insurrection des soixante-douze départements contre la commune de Paris. Mais les Girondins, incapables de définir leur propre pensée et de formuler un autre système, incapables de porter le poids des affaires publiques et de faire face au danger de la patrie qu'ils avaient si bien dénoncé, n'étaient-ils pas coupables d'une excitation maladroite, et d'une haute imprudence?...

D'autre part, si les Jacobins, demeurés seuls au pouvoir, ont pu, dans une certaine mesure, se glorifier d'avoir sauvé la Révolution et vaincu la coalition à Fleurus, ne saurait-on avec tout autant de justice leur reprocher d'avoir créé eux-mêmes, en partie, le danger pour le conjurer ensuite ; d'avoir par leur fanatisme, par une terreur de quatorze mois et par la réaction qu'elle provoqua, fatigué la nation, brisé la conscience publique et déconsidéré la liberté ?

L'histoire impartiale jugera ce grand procès, à vue des principes mieux entendus, des révélations des contemporains et des faits.

Pour moi, s'il m'est permis en attendant l'arrêt définitif d'émettre une opinion personnelle, — et de quoi se composent les jugements de l'histoire, si ce n'est du résumé des opinions ? — je dirai franchement que la nation française, constituée depuis quatorze siècles en monarchie de droit divin, ne pouvait du soir au matin se transformer en république quelconque ; que la Gironde, accusée de fédéralisme, représentait mieux que les Jacobins la pensée de la Révolution, mais qu'elle fut insensée si elle crut à la possibilité d'une conversion subite ; que la prudence, nous dirions aujourd'hui la loi du progrès, commandait les tempéraments, et que le malheur des Girondins fut d'avoir compromis leur principe en l'opposant à la fois à la monarchie de Syeyès et de Mirabeau et à la démocratie des Sans-Culottes, devenues en ce moment solidaires. Quant aux Jacobins, j'ajouterai avec la même franchise qu'en s'emparant du pouvoir et en l'exerçant avec la plénitude des attributions monarchiques, ils se montrèrent, pour la circonstance, plus avisés que les *hommes d'Etat* de la Gironde ; mais qu'en rétablissant, avec un surcroît d'absolutisme, le système de la royauté sous le nom de *république une et indivisible*, après avoir sacré cette république du sang du dernier roi, ils sacrifièrent le principe même de la Révolution et firent preuve d'un machiavélisme du plus sinistre augure. Une dictature temporaire pouvait s'admettre ; un dogme, qui devait avoir pour résultat de consacrer tous les envahissements du pouvoir et d'annuler la souveraineté nationale, était un véritable attentat. La république une et indivisible des Jacobins a fait plus que détruire le vieux fédéralisme provincial, évoqué peut-être mal à propos par la Gironde ; elle a rendu la liberté impossible en France et la Révolution illusoire. On pouvait hésiter encore, en 1830, sur les conséquences funestes de la victoire remportée par les Jacobins : le doute aujourd'hui n'est plus possible.

Le débat entre la fédération et l'unité vient de se reproduire à propos de l'Italie, dans des circonstances qui ne sont pas sans analogie avec celles de 93. En 93 l'idée fédérative, confondue par les uns avec la démocratie, accusée par les autres de royalisme, eut contre elle le malheur des temps, la fureur des partis, l'oubli et l'incapacité de la nation. En 1859, ses adversaires furent les intrigues d'un ministre, la fantaisie d'une secte et la méfiance habilement excitée des peuples. Il s'agit de savoir si le préjugé qui depuis 89 nous a constamment rejetés des voies de la

Révolution dans celles de l'absolutisme, tiendra longtemps encore devant la vérité, enfin démontrée, et les faits.

J'ai essayé, dans la première partie de cet écrit, de donner la déduction philosophique et historique du principe fédératif, et de faire ressortir la supériorité de cette conception, que nous pouvons dire de notre siècle, sur toutes celles qui l'ont précédée. Je viens de dire par quelle suite d'événements, par quel concours de circonstances, la théorie contraire s'est emparée des esprits. Je vais montrer quelle a été dans ces dernières années la conduite de la Démocratie sous cette déplorable influence. En se réduisant d'elle-même à l'absurde, la politique d'unité se dénonce comme finie et laisse la place à la fédération.

CHAPITRE II.

La Démocratie depuis le 2 décembre.

La démocratie française, en tant du moins qu'elle est représentée par certains journaux auxquels il a plu au gouvernement impérial d'accorder ou de conserver le privilége de publication, règne depuis dix ans, sans contrôle, sur l'opinion. Elle seule a pu parler aux masses; elle leur a dit ce qu'elle a voulu; elle les a dirigées selon ses vues et ses intérêts. Quels ont été ses idées et ses gestes? C'est ce qu'il n'est pas inutile en ce moment de rappeler.

La démocratie, par la manière dont elle a jugé le coup d'État, lui a donné son assentiment. Si l'entreprise du Président de la République fut un bien, elle peut revendiquer sa part de l'honneur ; si ce fut un mal qu'elle prenne aussi sa part de responsabilité. Quel fut le prétexte du coup d'État, et contre qui fut-il surtout dirigé? Les raisons qui appuyèrent le coup d'État devant l'opinion et qui assurèrent trois ans d'avance son succès, furent : le danger que faisaient courir à la société les théories nouvelles et la guerre sociale dont elles menaçaient le pays. Or, qui a plus accusé le socialisme que la démocratie? Qui lui a fait une chasse plus atroce? Qui le poursuit, aujourd'hui encore, avec plus d'acharnement? A défaut de Louis-Napoléon ou du prince de Joinville, candidat désigné à la Présidence pour les élections de 1852, le coup d'État contre la démocratie socialiste eût été fait par la démocratie non-socialiste, en autres termes par la république unitaire, laquelle n'est autre, comme nous l'avons fait voir, qu'une monarchie constitutionnelle déguisée. Les journaux de cette soi-disant république ont si bien manœuvré depuis dix ans, que bon nombre d'ouvriers, qui en 1848 prenaient part à toutes les manifestations socialistes, en sont venus à dire, à l'exemple de leurs patrons : Sans le socialisme, nous aurions conservé la république !... Et quelle serait-elle cette république, insensés que vous êtes, ingrats? Une république d'exploiteurs ! Vraiment, vous n'en méritez pas d'autre, et vous êtes dignes de lui servir de marguilliers.

La Démocratie a d'abord refusé de prêter serment à l'Empereur : pourquoi ? Puis elle a prêté serment, traitant même de mauvais citoyens ceux qui refusaient de le faire : pourquoi encore ? Comment ce qui était une honte en 1852 est-il devenu un devoir, un acte de salut public, en 1857 ?

La Démocratie s'est ralliée au mouvement industriel qui s'est opéré, en sens inverse de la réforme économique, à la suite du coup d'État. Avec le zèle le plus édifiant, elle s'est engagée dans cette féodalité financière, dont le socialisme avait annoncé vingt ans d'avance l'invasion. Pas un mot n'a été prononcé par elle contre la fusion des Compagnies de chemins de fer : c'eût été une atteinte à l'unité de la république ! Elle a obtenu sa part des subventions, elle a escompté sa part d'actions ; quand les scandales de la Bourse furent dénoncés par le socialisme, qui le premier, au témoignage de M. Oscar de Vallée, arbora en cette circonstance le drapeau de la morale publique, elle déclara que ces ennemis de l'agiotage étaient des ennemis du progrès. Qui s'est chargé de défendre, en haine du socialisme, la morale malthusienne, produite en pleine Académie ? Qui a pris sous son patronage, et la littérature efféminée, et le dévergondage romantique, et toute la bohème littéraire ? si ce n'est cette démocratie rétrograde dédaignée par le coup d'État ?

La Démocratie a applaudi à l'expédition de Crimée : c'était naturel. Je n'entends pas faire ici le procès à la politique impériale, placée hors des atteintes de ma critique. Le gouvernement de l'Empereur a fait, en 1854 et 1855, au sujet de l'Empire ottoman, ce qui lui a semblé bon : il y aurait trop de risque pour moi à discuter ses motifs. Nos soldats se sont glorieusement comportés : je n'hésite point à joindre ma feuille de laurier à leurs couronnes. Mais il m'est permis de dire qu'il y eut un instant où la politique d'accommodement, représentée par M. Drouin de Lhuys, alors comme aujourd'hui ministre des affaires étrangères, faillit prévaloir, et que si la voix puissante de la démocratie fût venue appuyer cet homme d'État, la France y eût économisé 1,500 millions et cent vingt mille soldats, je ne sais pas exactement les chiffres, dépensés au soutien de la nationalité turque. Une démocratie animée d'un véritable esprit républicain, plus soucieuse des libertés du pays que de l'exaltation du pouvoir central, avare surtout du sang du peuple, eût saisi avec ardeur toutes les chances de paix. Le zèle unitaire de nos citoyens publicistes en a décidé autrement. Leur belliqueux patriotisme a fait pencher la balance du côté... de l'Angleterre. La guerre à la Russie, disaient-ils, c'est la Révolution! Sans cesse ils ont la Révolution à la bouche : c'est tout ce qu'ils en savent. Ils en étaient à comprendre, en 1854, ce fait pourtant si clair, que le lendemain du 2 Décembre Louis-Napoléon était devenu, par la force de sa situation, par l'inévitable signification donnée au coup d'État, le chef de la conservation Européenne. C'est comme tel qu'il a été salué par les Empereurs et les Rois, et le dirai-je? par les républiques elles-mêmes. Oh! que personne n'accuse aujourd'hui de légèreté la nation française. L'Empire est l'ouvrage de l'Europe entière. Nos démocrates durent s'en apercevoir quand les puissances alliées décidèrent que la guerre resterait *politique*, qu'elle serait *circonscrite*, et qu'en conséquence le concours des braves accourus de tous les asiles de l'Europe serait refusé.

La démocratie a crié *bravo!* à l'expédition de Lombardie : la guerre à l'Autriche, suivant elle, c'était encore la Révolution. Nous examinerons cela tout à l'heure. Mais je puis dire par avance que sans la démocratie, qui donna pour ainsi dire l'*exequatur* à la requête d'Orsini, Napoléon III se fût très-probablement gardé de se jeter dans cette galère, au service de laquelle nous avons dépensé, pour les lunettes de M. de Cavour, 500 millions et quarante mille hommes.

La démocratie, après avoir blâmé l'intervention du gouvernement dans les affaires du Mexique, a voulu l'expédition actuelle, à laquelle le gouvernement impérial eût peut-être renoncé, sur la motion de Jules Favre, s'il avait vu cet orateur énergiquement soutenu par les journaux. Mais non : la presse démocratique a prétendu que, même après avoir reconnu qu'il avait été induit en erreur sur les sentiments de la population mexicaine, le gouvernement ne pouvait, après un échec, traiter *avec honneur* qu'à Mexico. Était-ce encore la Révolution qui nous appelait au Mexique? Point. Les Mexicains cherchent à se constituer en république fédérative; ils ne veulent d'aucun prince, pas plus allemand qu'espagnol; et il se trouve que leur président actuel Juarez est le plus capable, le plus honnête et le plus populaire qu'ils aient eu. Des républicains dignes de ce nom auraient compris que la véritable dignité, pour un gouvernement aussi fort que le nôtre, consistait à reconnaître son erreur, même après un échec, et auraient insisté pour la retraite. Mais la république, comme l'entendent nos démocrates, a horreur du fédéralisme, chatouilleuse surtout sur le point d'honneur.

La démocratie, en effet, est essentiellement militariste; sans elle ce serait fait de la politique prétorienne. Ses orateurs et ses écrivains peuvent se comparer aux *grognards* du premier Empire, toujours critiquant les entreprises du grand homme, au fond dévoués corps et âme à ses desseins, toujours prêts à le défendre, du bras, de la pensée et du cœur. En vain leur représentez-vous que les armées permanentes ne sont plus pour les peuples que des instruments d'oppression et des sujets de méfiance; en vain leur faites-vous voir, par raisons et par chiffres, que les conquêtes ne servent pour la fortune des nations absolument de rien, que les annexions coûtent plus qu'elles ne rapportent; en vain leur prouvez-vous que le droit de la guerre lui-même, le droit de la force, s'il était appliqué dans sa vérité, conclurait à la cessation de la guerre et à un tout autre emploi de la force. Ils n'entendent pas de cette oreille : Napoléon Ier, disent-ils, fut l'épée de la Révolution. Or l'épée a aussi son mandat révolutionnaire, qui est loin d'être rempli !

La démocratie a donné les mains au libre-échange, dont la brusque application, si l'on en faisait le décompte, équivaudrait à l'une de ces glorieuses campagnes du premier Empire que couronnait invariablement un nouvel appel d'hommes et d'argent. Ainsi, avec toutes nos crâneries, nous sommes à la remorque de l'Angleterre, tantôt pour la guerre à la Russie, tantôt pour le libre-échange, tantôt pour l'unité italienne. Nos patriotes pouvaient-ils moins pour la théorie de Cobden, le rêve de Bastiat, la *toquade* de M. Jean Dolfus, le *dada* de M. Chevalier, qui a si heureusement chevauché déjà la question de l'or? Le libre-échange, en effet, la guerre aux monopoleurs en masse, n'est-ce point aussi la Révolution?... Jamais ces puissants raisonneurs ne viendront à bout de comprendre que la masse des monopoleurs d'un pays est la masse de la nation, et qu'à faire la guerre à cette masse, il y a toujours grave péril, quand il n'y a pas souveraine iniquité (1).

Qu'a voulu la Démocratie en prenant, de la manière qu'elle l'a fait, parti dans la guerre des États-Unis? Faire parade de philanthropie, surtout contenter sa manie unitaire. *Liberté*, *Égalité*, *Fraternité!* s'est-elle écriée : guerre à l'esclavage, guerre à la scission, c'est toute la Révolution. Pour cela elle a poussé le Nord contre le Sud, enflammé les colères, envenimé les haines, rendu la guerre dix fois plus atroce. Une part du sang répandu et des misères qui en Europe sont le contre-coup de cette guerre fratricide,

(1) Dernièrement un filateur, devant qui l'on déplorait, au point de vue de l'intérêt français, la guerre d'Amérique, dit que cette guerre, dans laquelle tout le monde voyait une calamité, serait pour notre commerce et notre industrie un bienfait. — Et comment cela? — C'est, ajoutait-il, que l'Angleterre, qui manque comme nous de matière première, garde pour elle-même ses marchandises, et que pendant ce temps-là nos manufacturiers et nos négociants pourront se mettre en mesure de lui tenir tête. — Quel éloge du libre-échange!

doit peser sur elle : qu'elle en porte la responsabilité devant l'histoire (1).

Oh ! je les entends se récrier, ces grands politiques : Oui, nous avons voulu les expéditions de Crimée et de Lombardie, parce qu'en elles-mêmes ces expéditions étaient utiles et révolutionnaires. Mais nous avons protesté contre la manière dont elles ont été conduites : pouvons-nous répondre d'une politique qui ne fut pas la nôtre? Oui, nous avons voulu l'expédition du Mexique, bien que dirigée contre une nationalité républicaine; nous l'avons voulue parce qu'il importe de ne pas laisser tomber le prestige de la France, organe suprême de la Révolution. Oui, nous

(1) La différence du régime économique et le mélange des races, avaient développé aux États-Unis deux sociétés divergentes, hétérogènes, dont la présence au sein de la même confédération devait paraître tôt ou tard incompatible. L'Union devait donc être rompue, ou l'esclavage aboli. Rien de plus simple que cette abolition, même par la force, si le Nord l'eût voulue sérieusement : Proposer un plan d'émancipation graduelle, avec indemnité; en cas de refus de la part du Sud, déclarer, au nom de la loi, les esclaves libres, c'est-à-dire CITOYENS des États-Unis; bloquer les États esclavagistes et accueillir les fugitifs. Il n'y avait pas de résistance possible à l'efficacité morale et matérielle d'un pareil plan. Mais on pouvait prévoir qu'une si haute charité dépassait la vertu américaine, aussi bien dans le Nord que dans le Sud. Il ne faut pas exiger d'une race plus que son tempérament ne comporte : le Noir est inférieur au Blanc par le génie philosophique et par la beauté du visage ; peut-être l'emporte-t-il sur l'Anglo-Saxon par la tendresse du cœur et par la docilité. Gardons-nous ici d'accuser la volonté humaine des répugnances de la nature : ce n'est pas le moyen de créer la fraternité entre les peuples. L'antipathie de l'Anglo-Saxon pour le Noir tient au caractère germanique, à la pudicité naturelle aux races du ord, à leur esprit de famille, qui leur fait prendre en horreur toute fusion et croisement, comme une promiscuité. L'influence de la Bible, qui défend

avons voulu le libre échange-pour l'honneur du principe, et parce que nous ne pouvons laisser dire que la France craint l'Angleterre, pas plus sur les marchés que sur les champs de bataille. Oui, nous voulons que la Révolution demeure armée, la République une et indivisible, parce que sans armée la Révolution est incapable d'exercer parmi les nations son mandat de justicière; parce que sans unité la République ne marche plus comme un homme : c'est une multitude inerte et inutile. Mais nous voulons que l'armée soit citoyenne, et que tout citoyen retrouve sa liberté dans l'unité. — Misérables discoureurs ! Si la politique suivie en Orient et en Italie n'était pas la vôtre, pourquoi en approuviez-vous les entreprises? De quoi vous mêliez-vous? Vous parlez d'honneur national : qu'y a-t-il de commun entre cet

tout commerce entre les purs et les impurs, se reconnaît également ici. Quoi qu'il en soit, l'Europe sait aujourd'hui que les intentions du Nord ne sont nullement de transformer le esclaves du Sud en citoyens, en confédérés, en frères, mais tout simplement de les *déporter*, le mot est de M. Lincoln, et de les remplacer par des *travailleurs blancs;* ou bien, si l'on recule devant une aussi grosse entreprise que la transportation à deux mille lieues de quatre millions et demi d'hommes, de permettre à ceux qui en témoigneraient le désir de résider dans le pays, mais dans une condition inférieure, celle des parias. C'est pour cette belle œuvre qu'on agite les consciences dans les deux hémisphères; c'est sur cette déchéance, devenue officielle cette fois, de la race noire, déchéance bien autrement profonde et irréparable que la servitude actuelle, que l'on rêve de reconstituer l'Union. Voilà ce que patronnent à l'envi, et la presse libérale, et la Démocratie unitaire, et la science académique, et l'économie malthusienne. Il fallait avertir le préjugé américain, venir en aide à l'incompatibilité du sang : on a soufflé la discorde et applaudi le pharisaïsme. Cette *liberté du travail* n'est-elle pas le digne pendant du *libre-échange*? Par l'une se généralise et se consolide le prolétariat; par l'autre le monopole, jadis localisé, devient cosmopolite et embrasse le globe entier.

honneur et les intrigues qui ont préparé, surpris peut-être, l'intervention au Mexique? Où avez-vous appris à pratiquer la responsabilité gouvernementale? Vous appuyez, à titre de principe, le libre-échange. Soit : mais ne lui sacrifiez pas le principe non moins respectable de la solidarité des industries. Vous voulez que la Révolution demeure armée : mais qui donc menace la Révolution, si ce n'est vous?

CHAPITRE III.

Monogramme démocratique, l'unité.

La démocratie se donne pour libérale, républicaine, socialiste même, *dans le bon et vrai sens du mot*, bien entendu, comme disait M. de Lamartine.

La démocratie s'en impose à elle-même. Elle n'a jamais compris le trinôme révolutionnaire, *Liberté-Égalité-Fraternité*, qu'en 1848, comme en 1793, elle avait toujours à la bouche, et dont elle s'est fait de si belles enseignes. Sa devise, définitivement adoptée, est à un seul terme, Unité.

Pour comprendre la *Liberté*, en effet, surtout l'*Égalité*, pour sentir en homme libre la *Fraternité*, il faut toute une philosophie, toute une jurisprudence, toute une science de l'homme et des choses, de la société et de son économie. Combien se résignent à de pareilles études?... Tandis qu'avec l'UNITÉ, chose physique, mathématique, qui se voit, se touche et se compte, on sait tout en un instant. On est même dispensé, dans les cas difficiles, de raisonner. Avec l'UNITÉ, la politique se réduit à un simple machinisme, dont il n'y a plus qu'à faire tourner le volant. Tant pis pour qui se laisse prendre dans l'engrenage : ce n'était pas véritablement un homme politique; c'était un intrus, justement puni de son ambitieuse vanité.

Qui dit *liberté*, dans la langue du droit public, dit garantie : garantie d'inviolabilité de la personne et du domicile; garantie des libertés municipales, corporatives, industrielles; garantie des formes légales, protectrices de l'innocence et de la libre défense. Comment accorder tout cela avec la majesté gouvernementale, à la démocratie si si chère, avec l'Unité? C'est la démocratie, ce sont ses meneurs et ses organes qui, en 1848, ont institué les conseils de guerre, organisé les visites domiciliaires, peuplé les prisons, décrété l'état de siége, exécuté la transportation sans jugement des travailleurs blancs, comme M. Lincoln décrète aujourd'hui la transportation sans jugement des travailleurs noirs. La démocratie fait bon marché de la liberté individuelle et du respect des lois, incapable de gouverner à d'autres conditions que celles de l'Unité, qui n'est autre chose que le despotisme.

Qui dit *république* ou *égalité* des droits politiques, dit indépendance administrative des groupes politiques dont se compose l'État, dit surtout séparation des pouvoirs. Or, la démocratie est avant tout centralisatrice et unitaire ; elle a horreur du fédéralisme ; elle a poursuivi à outrance, sous Louis-Philippe, *l'esprit de clocher ;* elle regarde l'indivision du pouvoir comme le grand ressort, l'ancre de miséricorde du gouvernement : son idéal serait une dictature doublée d'inquisition. En 1848, quand l'émeute grondait dans la rue, vite elle se hâta de réunir, dans la main du général Cavaignac, tous les pouvoirs. Pourquoi, se dit-elle, avoir changé le mécanisme gouvernemental? Ce que la monarchie absolue a fait contre nous, faisons-le contre elle et contre ses partisans : pour cela nous n'avons point à changer de batteries ; il suffit de tourner contre l'ennemi ses propres canons. La Révolution n'est que cela.

Qui dit *socialisme*, dans le bon et vrai sens du mot, dit naturellement liberté du commerce et de l'industrie, mutualité de l'assurance, réciprocité du crédit, peréquation de l'impôt, équilibre et sécurité des fortunes, participation de l'ouvrier aux chances des entreprises, inviolabilité de la famille dans la transmission héréditaire. Or, la démocratie incline fortement au communisme, formule économique de l'unité : c'est par le communisme seulement qu'elle conçoit l'égalité. Ce qu'il lui faut, ce sont des maximums, des emprunts forcés, des impôts progressifs et somptuaires, avec accompagnement d'institutions philanthropiques, hospices, asiles, crèches, tontines, ateliers nationaux, caisses d'épargne et de secours, tout l'attirail du paupérisme, toute la livrée de la misère. Elle n'aime pas le travail à la tâche ; elle traite de folie le crédit gratuit ; elle tremblerait devant un peuple d'ouvriers savants, sachant également penser, écrire, manier la pioche et le rabot, et dont les femmes sauraient se passer de domestiques dans leurs ménages. Elle sourit à l'impôt sur les successions, qui, démolissant la famille, tend à mettre la propriété aux mains de l'État.

En résumé, qui dit liberté dit fédération, ou ne dit rien;

Qui dit république, dit fédération, ou ne dit rien;

Qui dit socialisme, dit fédération, ou ne dit encore rien.

Mais la démocratie, telle qu'elle s'est manifestée depuis quatre ans, n'est rien, ne peut et ne veut rien de ce que produit la Fédération, que suppose le Contrat, qu'exigent le Droit et la Liberté. La Démocratie a pour principe l'unité; sa fin, est l'unité; son moyen, l'unité; sa loi, toujours l'unité. L'unité est son *alpha* et son *oméga*, sa formule suprême, sa raison dernière. Elle est toute unité et rien qu'unité, comme le démontrent ses discours et ses actes; c'est-à-dire qu'elle ne sort pas de l'absolu, de l'indéfini, du néant.

C'est pourquoi la Démocratie, qui sent son néant et s'effraie de sa faiblesse; qui a pris un accident révolutionnaire pour l'idée même de la Révolution, et d'une forme passagère de dictature a fait un dogme, cette vieille démocratie de 1830 renouvelée de 93, est avant tout pour le pouvoir fort, hostile à toute autonomie, envieuse de l'Empire qu'elle accuse de lui avoir dérobé sa politique, mais dont elle se promet de nous rechanter l'air, comme

M. Thiers le disait de M. Guizot, avec variations et sans fausses notes.

Pas de principes, pas d'organisation, pas de garanties; de l'unité seulement et de l'arbitraire, le tout décoré des noms de *Révolution* et de *Salut public* : voilà la profession de foi de la démocratie actuelle. Depuis 1848 je l'ai sommée à diverses reprises de produire son programme, et n'en ai obtenu mot. Un programme! c'est compromettant, pas sûr. De quel front cette démocratie, vide d'idées, qui le lendemain du coup de fortune qui la porterait au pouvoir se ferait, comme tous les gouvernements ses devanciers, conservatrice, de quel front, dis-je, déclinerait-elle aujourd'hui la responsabilité d'entreprises auxquelles je reconnais qu'elle n'a pas mis la main, mais qu'elle eût exécutées sur le même mode et qu'elle a couvertes de son approbation?

CHAPITRE IV.

Manoeuvre unitaire.

On vient de voir comment l'unité est devenue dans la pensée démocratique l'équivalent du néant. Or, le propre des âmes vides, et qui sentent leur néant, est d'être invinciblement portées au soupçon, à la violence et à la mauvaise foi. Obligées de feindre des principes qui leur manquent, elles deviennent hypocrites; attaquées par des idées plus fortes, elles n'ont pour se défendre qu'un moyen, qui est de perdre leurs adversaires par la calomnie; mises en demeure de gouverner, elles ne savent que suppléer à la raison par l'autorité, c'est-à-dire par la plus impitoyable tyrannie. En résultat, prendre pour *credo* la bouteille à l'encre, spéculer sur le gâchis, chercher les coups fourrés et pêcher en eau trouble, calomnier ceux qu'on ne peut intimider ou séduire : voilà quelle fut de tout temps la politique des démocrates. Il est temps que le pays apprenne à juger une secte qui depuis trente ans n'a su que brandir la torche populaire, comme si elle représentait le peuple, comme si elle se souciait du peuple autrement que pour le *jeter sur les champs de bataille*, comme je l'ai entendu dire taut de fois en 1848, ou à défaut sur ceux de Lambessa. Il faut que l'on sache ce qu'il y a sous ces crânes de carton, qui ne paraissent si terribles que parce que Diogène ne s'est pas encore avisé de leur porter sa lanterne sous le nez. L'histoire de l'unité italienne fournit une ample matière à nos observations.

La Démocratie a poussé de toutes ses forces à la guerre contre l'Autriche; puis, la bataille gagnée, à l'unification de l'Italie. C'est pour cela qu'elle a protesté contre le traité de Villafranca; c'est pour cela qu'elle traite d'ami de l'Autriche et du Pape quiconque se permet en ce moment de rappeler la malheureuse Italie à sa loi naturelle, la fédération.

Il y a dans tout cela une apparence de système qui fait illusion aux simples.

Remarquez d'abord que ces démocrates, champions par excellence du gouvernement unitaire, et que vous seriez peut-être tenté, ami lecteur, de prendre pour des capacités politiques, disent ou insinuent à qui veut les écouter, que le royaume d'Italie ne fut jamais de leur part qu'une *tactique;* qu'il s'agit avant tout d'arracher, par un effort national, l'Italie aux mains de l'Autriche, du Pape, du roi de Naples, des ducs de Toscane, de Modène et de Parme; qu'à cette fin il était indispensable de rallier les Italiens sous le drapeau monarchique de Victor-Emmanuel; mais que, les étrangers expulsés, l'indépendance de la nation assurée, l'unité consommée, on se fût *presto* débarrassé du roi galant-homme, et l'on aurait proclamé la république. Voilà le fond de la chose, s'il faut en croire mes antagonistes : mon crime, à moi, est d'être venu déjouer, par le cri intempestif de FÉDÉRATION! un si beau plan.

Ainsi, entendons-nous : c'est encore moins à mon fédéralisme qu'on en veut qu'à la perfide inopportunité de ma critique. On est avant tout démocrate, on est républicain : à Dieu ne plaise que l'on blasphème jamais ce nom sacré de république! A Dieu ne plaise que l'on ait songé sérieusement à embrasser la cause des rois! Mais cette république, on la voulait unitaire; on était sûr d'y arriver par l'unité; on nie qu'elle fût réalisable autrement. Et c'est moi qui, en joignant ma voix à celles de la réaction, ai rendu la république impossible!

Mais, si tel est le dire des honorables citoyens, la question de bonne foi se généralise : ce n'est plus au fédéralisme seulement qu'il convient de la poser, c'est aussi, et tout d'abord, à l'unitarisme. Le parti qui, en Italie et en France, a demandé à si grands cris l'unification de la Péninsule, ce parti est-il réellement républicain, ou ne serait-il pas plutôt monarchiste? J'ai le droit de poser la question et de demander des gages, rien ne ressemblant davantage à une monarchie qu'une république unitaire. Pourquoi, lorsque la fédération fut proposée, la repoussa-t-on, alors que le principe fédératif avait du moins l'avantage de ne laisser subsister aucune équivoque? On allègue le salut public. Mais la fédération assurait à l'Italie la perpétuité de la protection française; sous cette protection, l'Italie pouvait s'organiser à loisir; et plus tard, si l'unité faisait ses délices, opérer sa centralisation. A des républicains le bon sens disait qu'avec la fédération la république était plus qu'à moitié faite; tandis qu'en commençant par l'unité, que dis-je? par la monarchie en chair et en os, on risquait de s'y enterrer.

Voyez-vous, lecteur, comment un peu de réflexion change l'aspect des choses? Des machinateurs politiques, que mes interpellations embarrassent, entreprennent de me perdre dans l'opinion en me représentant comme un affidé secret de l'Autriche et de l'Église, que sais-je? peut-être comme le porteur des dernières volontés du roi Bomba. Tel a été contre la fédération le plus fort de leurs arguments.

D'un mot, je rejette mes adversaires sur la défensive :

car, je le déclare, ni la réputation de conspirateur de Mazzini, ni l'humeur chevaleresque de Garibaldi, ni la notoriété de leurs amis de France, ne suffisent à me rassurer. Quand je vois des hommes renier, au moins de bouche, leur foi républicaine, arborer le drapeau monarchique, crier *Vive le roi*! de toute la force de leurs poitrines, et faire signe de l'œil que tout cela n'est qu'une farce dont le roi acclamé doit être le dindon ; quand surtout je sais de quel faible aloi est leur république, j'avoue que je ne suis pas sans inquiétude sur la sincérité de la trahison. Ah! Messieurs les unitaires, ce que vous faites n'est certes pas acte de vertu républicaine : A quelle intention commettez-vous le péché? Qui trahissez-vous ?

Vous parlez d'*inopportunité!* Mais vous avez eu trois ans pour constituer votre unité. Pendant ces trois ans vous avez usé et abusé presque exclusivement de la parole. Je n'ai abordé, pour ce qui me concerne, la question que le 13 juillet 1862, après la retraite désespérée de Mazzini ; je l'ai reprise le 7 septembre, après la défaite de Garibaldi ; et je renouvelle mes instances, aujourd'hui que le ministère Rattazzi a dû céder la place au ministère Farini, chargé par la majorité du Parlement de faire au principe fédératif amende honorable de votre unité. Certes, c'est le cas où jamais de juger ce qui a été fait. Votre politique est ruinée sans ressource ; il ne vous reste, si vous aimez l'Italie et la liberté, qu'à revenir au sens commun et à changer de système. C'est ce que j'ai pris la liberté de vous conseiller, et vous me signalez comme apostat de la Démocratie. Oh! vous êtes la synagogue de Machiavel ; vous poursuivez la tyrannie, et votre maxime est *Per fas et nefas*. Depuis trois ans vous faites, avec votre unité, la désolation de l'Italie, et vous trouvez commode d'en accuser le fédéralisme. Politiques de néant, arrière!

CHAPITRE V.

ENTRÉE EN CAMPAGNE : LA FÉDÉRATION ESCAMOTÉE.

Des deux côtés des Alpes, la démocratie avait donc pris au pied de la lettre la parole de Napoléon III : que la France faisait la guerre pour une *idée ;* que cette idée était l'indépendance de l'Italie, et que nos troupes ne s'arrêteraient qu'à l'Adriatique. Le principe des *nationalités*, comme on l'appelle, se trouvait ainsi posé, selon les commentateurs, dans la déclaration de guerre.

Les nationalités! Quel est cet élément politique ? L'a-t-on défini, analysé ? En a-t-on déterminé le rôle et l'importance ? Non : personne dans la démocratie unitaire n'en sait mot, et il se pourrait qu'elle l'apprît un jour de ma bouche pour la première fois. N'importe : les nationalités, assurent-ils, c'est toujours la Révolution.

Eh bien, soit. Il n'entre pas dans ma pensée de blâmer ni peu ni prou les espérances plus ou moins exagérées qu'avait fait concevoir la descente en Italie de l'armée française. Chacun sait combien à la guerre les événements modifient les résolutions ; il eût été sage d'en tenir compte : je ne me prévaudrai pas de ce manque de réserve. Ce n'est pas moi, fédéraliste, qui chicanerai l'indépendance à qui que ce soit. Mes observations ont un autre but.

La nationalité n'est pas la même chose que l'UNITÉ : l'une ne suppose pas nécessairement l'autre. Ce sont deux notions distinctes, qui, loin de se réclamer, bien souvent s'excluent. Ce qui constitue la nationalité suisse, par exemple, ce qui lui donne l'originalité et le caractère, ce n'est pas la langue, puisqu'il se parle en Suisse trois idiomes ; ce n'est pas la race, puisqu'il y a autant de races que de langues : c'est l'indépendance cantonale (1). Or, l'Italie, non

(1) L'article 109 de la Constitution fédérale suisse porte : « Les trois « principales langues parlées en Suisse, l'allemand, le français et l'italien « sont langues nationales de la Confédération. » Cet article, dicté par la nécessité et le simple bon sens, est un des plus remarquables que j'aie rencontrés dans aucune constitution ; il répond admirablement à la fantaisie *nationaliste* de l'époque. Les constituants de l'Helvétie ne pouvaient mieux témoigner qu'à leurs yeux la nationalité n'est pas chose purement physiologique et géographique ; c'est aussi, et bien plus encore, chose juridique et morale.

On ne l'entend pas ainsi dans les États unitaires : là vous ne trouvez plus ni le même respect des idiomes ni le même sentiment de la nationalité. Dans le royaume des Pays-Bas, fondé en 1814 et qui dura jusqu'en 1830, sous le roi Guillaume, d'ailleurs excellent prince, la langue française était à l'index ; dans l'intérêt de l'unité, on lui refusait la nationalité. Depuis la révolution de 1830 et la séparation de la Belgique, sous le roi Léopold, c'est le tour du flamand (la même langue que le hollandais) d'être regardé comme étranger, voire même hostile, bien qu'il soit parlé par les deux tiers de

moins que la Suisse, semble avoir été taillée par la nature pour une confédération : pourquoi donc, dès avant le début de la campagne, avoir soulevé cette question d'unité ? Pourquoi cette extension donnée au but primitif, et parfaitement défini, de l'expédition ? Y avait-il nécessité, opportunité ? C'est ce qu'il faut voir.

Lorsque j'ai invoqué, après tant d'autres, en faveur d'une fédération italienne, la constitution géographique de l'Italie et les traditions de son histoire, on m'a répondu que c'étaient là des lieux-communs épuisés, des fatalités qu'il appartenait à une nation intelligente et libre, agissant dans la plénitude de sa puissance et pour son plus grand intérêt, de surmonter. On a dit que la théorie qui tend à expliquer la politique et l'histoire par les influences du sol et du climat était fausse, immorale même ; peu s'en est fallu qu'on ne me traitât de matérialiste, parce que j'avais cru voir dans la configuration de la Péninsule une condition de fédéralisme, ce qui dans mon opinion signifie un gage de liberté.

Cette argumentation singulière de mes contradicteurs m'a

la population belge. J'ai entendu d'honorables citoyens des Flandres se plaindre de manquer de notaires et de magistrats qui comprissent leur langue, et accuser très-haut la malveillance du gouvernement. Une domestique flamande, envoyée à la poste pour retirer ou affranchir une lettre, ne trouvait à qui parler. *Apprenez le français*, lui disait brusquement l'employé. MM. les gens de lettres parisiens observeront sans doute que l'extinction du flamand ne serait pas pour l'esprit humain une grande perte ; il en est même qui poussent l'amour de l'unité jusqu'à rêver d'une langue universelle. En tout cas ce n'est pas de la liberté, ce n'est pas de la nationalité, ce n'est pas du droit.

révélé une chose fort triste : les idées existent dans leur mémoire à l'état de fourmilière ; leur intelligence ne les coordonne pas. De là l'incohérence de leurs opinions et cet arbitraire ineffable qui dirige leur politique.

Le but suprême de l'État est la liberté, collective et individuelle.

Mais la liberté ne se crée pas de rien ; on n'y arrive point de plein saut : elle résulte, non-seulement de l'énergie du sujet, mais des conditions plus ou moins heureuses au milieu desquelles il est placé ; elle est le terme d'une suite de mouvements oscillatoires, de marches et de contre-marches, dont l'ensemble compose l'évolution sociale et aboutit au pacte fédératif, à la république.

Parmi les influences dont l'action peut accélérer ou retarder la création de la liberté, la plus élémentaire et la plus décisive est celle du sol et du climat. C'est le sol qui donne la première moulure à la race ; ce sont les influences réunies de la race et du sol qui façonnent ensuite le génie, suscitent et déterminent les facultés d'art, de législation, de littérature, d'industrie ; ce sont toutes ces choses ensemble, enfin, qui rendent plus ou moins faciles les agglomérations. De là les systèmes d'institutions, de lois, de coutumes ; de là les traditions, tout ce qui fait la vie, l'individualité et la moralité des peuples. Sans doute, au milieu de ces influences dont la fatalité est le point de départ, la raison demeure libre ; mais si sa gloire est de s'asservir la fatalité, son pouvoir ne va pas jusqu'à la détruire ; elle dirige le mouvement, mais à condition de tenir compte de la qualité des forces et d'en respecter les lois.

Lors donc qu'à propos de l'unité italienne j'ai fait appel à la géographie et à l'histoire, ce n'était pas pour faire de certains accidents de *la fatalité* une chicane ; c'est un tout organisé, c'est l'Italie en personne, dans son corps, son âme, son esprit, sa vie, l'Italie dans toute son existence que j'avais en vue, et qui, créée selon moi pour la fédération, comme l'oiseau pour l'air et le poisson pour l'onde, protestait dans ma pensée contre le projet de la centraliser.

L'Italie, ai-je voulu dire, est fédérale par la constitution de son territoire ; elle l'est par la diversité de ses habitants ; elle l'est par son génie ; elle l'est par ses mœurs ; elle l'est encore par son histoire ; elle est fédérale dans tout son être et de toute éternité. Vous parlez de nationalité : mais la nationalité en Italie, comme en Suisse, est la même chose que la fédération ; c'est par la fédération que la nationalité italienne se pose, s'affirme, s'assure ; par la fédération que vous la rendrez autant de fois libre qu'elle formera d'États indépendants ; tandis qu'avec l'unité vous allez précisément créer pour elle un fatalisme qui l'étouffera.

Pourquoi donc, encore une fois, cette unité factice, qui n'a de racines que dans la fantaisie jacobinique et l'ambition piémontaise, et dont le premier et déplorable effet a été d'accrocher depuis quatre ans la pensée des Italiens à ce problème insoluble : *Accord de l'unité politique avec la décentralisation administrative* (1) ?

Du moins, ce que la physiologie générale des États semblait devoir interdire, les circonstances, par exception, l'autorisaient-elles ? Y avait-il pour l'Italie danger de mort, raison de salut public ? Ici, l'habileté du parti va se montrer à la hauteur de sa philosophie.

Considérons que la cessation de l'influence autrichienne dans la Péninsule devait amener pour toute l'Italie un changement de régime : les ducs, le roi de Naples, le Pape lui-même, allaient être forcés d'accorder à leurs peuples des constitutions. La question, pour une démocratie intelligente, patriote, était donc de les dominer tous, en faisant

(1) Voir sur ce sujet *Municipalisme et Unitarisme italiens*, par M. Béchard, brochure de quarante-cinq pages, dans laquelle l'auteur rend compte des efforts tentés par les jurisconsultes italiens pour accorder les franchises municipales et provinciales, auxquelles ils tiennent tous, avec la centralisation monarchique, dont ils ont épousé le dogme. Après ce qui vient d'être dit de la constitution géographique et ethnographique de l'Italie, et l'exposition que nous avons faite du principe fédératif, le lecteur se dira que le problème auquel s'acharnent en ce moment les légistes ultramontains, est comme le mouvement perpétuel, pour ne pas dire pis. L'Italie, sa constitution géographique et physiologique donnée, tend invinciblement aux libertés fédérales. A cette tendance impérieuse qu'elle tient de l'intimité de sa nature, et qui de plus a l'avantage aujourd'hui d'être dans la ligne des principes et dans les données de l'avenir, on en substitue artificiellement une autre, inventée par l'esprit démagogique d'accord sur ce point avec l'ambition princière, et dont le résultat doit être l'absorption de toute liberté. Ferrari disait un jour au Parlement de Turin : *Quand toute l'Italie se réunirait pour m'affirmer qu'elle est unitaire, je lui répondrais qu'elle se trompe.* — Il avait cent fois raison.

converger les réformes vers la liberté générale. Il n'en fut pas ainsi. M. de Cavour conçut le projet de confisquer le mouvement au profit de la maison de Savoie : en quoi il fut parfaitement servi par les démocrates unitaires. L'indépendance n'était pas conquise que déjà l'on songeait à la faire payer à l'Italie, immergée dans les fonts baptismaux piémontais.

Je n'ai pas à m'occuper des intérêts dynastiques intéressés ou compromis dans l'expédition. Attaqué par de soi-disant libéraux, démocrates et républicains, c'est au point de vue de la république, de la démocratie et de la liberté, que j'ai à me défendre. Je dis donc que la politique à suivre était celle qui, écartant l'absorption piémontaise, mettait les princes, les rois et la Papauté dans la main des libéraux : c'était la politique fédéraliste. D'un côté les petites monarchies italiennes allaient se trouver entre deux périls : péril de l'absorption par l'une d'elles, ou de la subalternisation à une autorité fédérale. Au principe de la représentation parlementaire et de la séparation des pouvoirs qui allait résulter des nouvelles constitutions, si vous ajoutez celui d'un lien fédératif, que restait-il de l'ancien absolutisme ? rien. En revanche, la liberté profitait de tout ce qu'allaient perdre les vieilles souverainetés, puisque c'est précisément l'effet de la fédération que la liberté s'accroît, pour les citoyens de chaque État, en raison de la garantie que leur apporte le pacte fédéral. Le devoir des chefs de la démocratie, de Garibaldi et de Mazzini en première ligne, était donc de s'opposer aux idées de M. de Cavour, en s'appuyant au besoin sur l'Empereur des Français. Rien n'obligeait à provoquer dores et déjà la déchéance des dynasties, qu'il était impossible d'évincer en masse, mais qu'on eût dominées par leur rivalité autant que par le nouveau droit.

Voilà ce que prescrivait, au commencement de 1859, la saine politique, d'accord avec l'intérêt des masses et le sens commun. Les projets du Piémont une fois démasqués, la démocratie aurait eu pour auxiliaires, avec Napoléon III qui n'eût pu se refuser, le roi de Naples, le Pape et les ducs eux-mêmes, obligés tous, pour conserver leurs couronnes, après avoir signé avec leurs sujets respectifs un nouveau pacte, de se réfugier dans la confédération. Pourquoi Garibaldi, Mazzini, ont-ils préféré à cette conduite si simple, si sûre, les zigzags de leur tactique unitaire? Chose étrange! Ce sont les hommes qui portaient le drapeau de la démocratie qui ont pris à leur charge et responsabilité le grand œuvre monarchique; et ce sont les princes, jadis absolus, qui invoquent le droit et la liberté. C'est ainsi que les révolutionnaires italiotes sont devenus monarchiens et les princes fédéralistes.

Certes, si la volonté du peuple italien est de se donner à Victor-Emmanuel, ou, ce qui revient au même, de se constituer en État unitaire avec président ou dictateur, je n'ai rien à objecter, et je suis disposé à croire que, malgré Empereur et Pape, l'Italie finira par s'en donner le passe-temps. Mais qu'on ne parle plus alors de liberté ni de république : l'Italie, en disant adieu à sa tradition fédérale, se déclare *ipso facto* rétrograde. Son principe est désormais le même que celui des vieux Césars, à moins que ce ne soit celui de la monarchie bourgeoise, centralisatrice et corruptrice, où la bureaucratie remplace l'union des communes, et la féodalité financière la fédération agricole et industrielle.

CHAPITRE VI.

VILLAFRANCA : POLITIQUE CONTRADICTOIRE.

Napoléon III avait promis de refouler l'Autriche jusqu'à l'Adriatique : tout prouve que son intention était sincère. Comment a-t-il été empêché de tenir sa promesse? Pourquoi s'est-il arrêté après Solferino? On n'a pas tout dit à cet égard; mais il ressort des documents et des faits que la véritable cause a été la perspective de cette Italie unitaire qui se dressait devant lui. Au lieu d'attirer le chef de l'armée française par des manifestations fédérales qui l'auraient rassuré, on n'a rien négligé de ce qui pouvait le décourager en l'inquiétant, en le blessant par des déclarations qui eussent certainement rebuté un moins patient que lui. Je dirai la chose telle qu'elle m'apparaît : plutôt que d'accepter l'affranchissement de l'Italie jusqu'à l'Adriatique à des conditions qui eussent fait de la Péninsule au moins une fédération de monarchies constitutionnelles en attendant qu'elle devînt une fédération de républiques, on a préféré renvoyer chez lui l'émancipateur de l'Italie ; de ménager dans une puissance rivale, l'Angleterre, un autre allié; laisser Venise sous le joug de l'Autriche ; offenser par la guerre au Saint-Siége le monde catholique, sauf à accuser ensuite d'inconséquence, de dépit rentré, d'ambition déçue, l'Empereur des Français. Voilà l'origine du traité de Villafranca. Ceux qui le provoquèrent ont-ils fait preuve d'intelligence, et leur tactique a-t-elle été *opportune?...*

Toutefois, en signant le traité de Villafranca, et en stipulant une confédération des États italiens, Napoléon III offrait encore sa garantie ; il imposait à l'Autriche sa médiation victorieuse. C'était le cas pour la démocratie de reconnaître la faute commise, faute qui pouvait n'être pas irréparable. Mais la présomption des tribuns reste sourde aux avertissements. Mazzini, qui d'abord s'était tenu à l'écart, prend sur lui de refuser au nom du parti populaire. Il exhorte Victor-Emmanuel à s'emparer de l'Italie; il lui offre à ce prix son concours : Osez, Sire, lui écrit-il, et Mazzini est à vous!... Pouvait-on mieux faire entendre que, pourvu qu'on lui donne l'unité, essence de monarchie, la soi-disant Démocratie est satisfaite ; que l'unité lui tient lieu de principe, de doctrine, de Droit et de morale ; qu'elle est toute sa politique? Ainsi c'est toujours la république, toujours la liberté qu'on élimine, au profit de la maison de Savoie et en échange d'un système bourgeois. Et sous quel prétexte? Sous le prétexte que tant que l'Italie n'aura pas été unifiée, elle sera incapable de subsister, exposée à l'incursion du Gaulois et du Germain.

Il semble pourtant que l'armée qui avait vaincu à Solferino et à Magenta, que la nation qui se déclarait sœur de l'Italie, pouvait passer pour une caution respectable, et que si à la solidité de cette garantie venait s'ajouter une politique libérale et réparatrice, l'existence de la confédération italienne au sein de l'Europe devenait un fait irrévocable. Il semble, dirai-je encore, que les plus simples convenances prescrivaient à une nationalité si peu sûre d'elle-même de s'abstenir de toute méfiance injurieuse envers un allié qui ne demandait pour sa peine qu'une rectification de frontière du côté des Alpes. Mais cela aurait trop ressemblé à une république de travail et de paix : la démocratie italienne avait des projets plus grandioses, elle avait hâte de montrer son ingratitude.

On dit pour excuse que le plus important était de chasser les princes, de détrôner le Pape et le roi de Naples que le traité de Villafranca avait maintenus, et qui, secrètement d'accord avec l'Autriche, auraient tourné les forces de la confédération contre les libertés publiques.

On reconnaît à cette défaite la tactique jacobine. S'agit-il d'empêcher une révolution favorable à la liberté, à la souveraineté positive des nations, mais contraire à ses instincts de despotisme ? le jacobin commence par mettre en suspicion la bonne foi des personnages avec lesquels il est question de traiter, et pour déguiser son mauvais vouloir, il dénonce le mauvais vouloir des autres. « Ils ne consentiront pas, dit-il; ou bien, s'ils consentent, ce sera avec l'arrière-pensée de trahir. « Mais qu'en savez-vous ? Qui vous dit que devant l'impérieuse nécessité du siècle, ces princes, nés dans l'absolutisme, ne consentiront pas à abandonner leur chimère ? Et si une fois ils consentent, comment ne voyez-vous pas que vous avez dans leur acceptation, même faite de mauvaise foi, un gage plus précieux que ne serait en ce moment leur expulsion ? Oubliez-vous ce qu'il en a coûté à Louis XVI, à Charles X, pour s'être voulu dédire ? Oubliez-vous que la seule royauté qui ne revienne pas est celle qui, par maladresse ou parjure, s'est mise dans la nécessité d'abdiquer ? Et pourquoi donc, dans la circonstance, vous en fier moins à François II, à Pie IX, à Léopold ou à Robert, qu'à Victor-Emmanuel ? Pourquoi cette préférence en faveur d'un prince que l'ironie italienne semble n'avoir surnommé *le galant homme* qu'en souvenir des longues perfidies de ses ancêtres ? Avez-vous fait un pacte, démocrates, avec la bonne foi piémontaise ?

« L'Italie, répliquent d'un air dédaigneux ces puritains mangeurs de rois, comptait sept, tant empereur que pape, rois et ducs. De ces sept notre plan était de jeter sur le carreau d'abord six, après quoi nous eussions eu bientôt raison du dernier. »

J'ai vu des hommes d'ordre, d'honnêtes et timides bourgeois, que les innocentes promenades des 17 mars, 16 avril et 15 mai 1848, faisaient, il y a quinze ans, tomber en pamoison, sourire à cette politique de corsaires. Tant il est vrai que chez les trois quarts des mortels la pierre de touche du bien et du mal, n'est pas dans la conscience, elle est dans l'idéal !

Peut-être le calcul serait-il juste, et comme républicain j'aurais bouche close, si l'Italie, délivrée de l'Autriche et de ses princes, Victor-Emmanuel y compris, avait dû rester *in statu quo*, c'est-à-dire former comme auparavant sept États différents, sept gouvernements. Nous eussions été alors en pleine fédération. Mais c'est justement ce que ne veulent pas nos tribuns à mines régicides, pour qui il s'agit avant tout de ramener l'Italie à l'unité politique. Leur idéal, dont ils n'ont garde d'apercevoir la contradiction, est d'accoupler ensemble la Démocratie et l'unité. Dans ce but que proposent-ils? D'écarter d'abord six prétendants, à peu près comme en Turquie, à la mort du sultan, on assure la couronne au fils aîné par le massacre de ses frères. Cela fait, ajoutent-ils, la république aurait facilement eu raison de Victor-Emmanuel. Mais ici je demande qui me garantit le succès du complot? Il est clair que la monarchie gagnant en puissance ce qu'elle aura perdu en nombre n'a rien à craindre des conspirateurs. On ne vient pas à bout d'un aiglon comme de sept rossignols. Et quand le but de la démocratie italienne aurait été précisément de faire servir les six princes proscrits d'escabeau à Victor-Emmanuel, pouvait-elle s'y prendre autrement ? L'unité n'est pas faite, tant s'en faut; Victor-Emmanuel ne règne encore que sur les trois quarts de l'Italie, et déjà il est bien plus fort que les démocrates. Que lui peuvent maintenant et Garibaldi, et Mazzini?... Admettant d'ailleurs que ce coup si bien monté eût réussi, qu'y aurait gagné la liberté? L'unité, c'est-à-dire la monarchie, l'empire, en eût-elle été moins faite, la république moins exclue?... La vérité est que les néo-jacobins ne se soucient pas plus en 1863 de la république, qu'ils continuent de proscrire sous le nom de fédéralisme, que ne s'en soucièrent en 93 leurs aïeux. Ce qu'il leur faut, c'est, selon la diversité des tempéraments et l'énergie des ambitions, aux uns la monarchie à centralisation et à bascule, d'après les idées de Syeyès et de M. Guizot; aux autres un empire prétorien renouvelé de César et de Napoléon ; à celui-ci une dictature, à celui-là un califat. Car nous ne devons pas oublier le cas où, la septième tête de la bête étant coupée, la monarchie resterait sans représentant dynastique, proie offerte au plus populaire, ou, comme disait Danton, au plus scélérat. Ainsi le veut l'unité: *Le roi mort, vive le roi!*

CHAPITRE VII.

La Papauté et les Sectes religieuses.

Répéterai-je ce que j'ai écrit ailleurs à propos de la Papauté et du pouvoir temporel, que cette question, devenue une pierre d'achoppement dans le système de l'unité, n'existe même pas dans celui de la fédération ?

Partons d'un principe. L'Italie régénérée admettra, je suppose, la liberté des cultes, sauf bien entendu la soumission du clergé aux lois de l'État. *L'Église libre dans l'État libre* est une maxime reçue par les unitaires ; Mazzini, dans ses plus grandes colères contre la Papauté, n'a jamais dit qu'il songeât à proscrire le christianisme. Je raisonne donc sur une donnée acquise, celle de la liberté religieuse. Or, de quelque manière qu'il soit pourvu en Italie à l'existence du clergé : qu'il y ait un concordat ou qu'il n'y en ait pas ; que les prêtres soient appointés sur le budget, qu'ils vivent de la cotisation des fidèles, ou qu'ils conservent leurs dotations immobilières, peu importe, ils jouiront, comme tous les citoyens, de leurs droits civils et politiques. Il n'y aurait que le cas où le peuple italien se déclarerait en masse déiste ou athée, qui pourrait créer une situation menaçante pour l'Église. Mais personne, en Italie pas plus qu'en France, n'en est là.

Ceci posé, je dis que, par cela même que l'existence de l'Église serait de plein droit reconnue, autorisée, et d'une ou d'autre manière subventionnée par la nation, l'Église aurait sa place, grande ou petite, dans l'État. Il n'y a pas d'exemple d'une société à la fois politique et religieuse dans laquelle le gouvernement et le sacerdoce n'aient entre eux des rapports intimes, comme organes d'un même corps et facultés d'un même esprit. Avec toute la subtilité du monde, vous ne réussirez pas mieux à tracer une ligne de démarcation tranchée entre la religion et le gouvernement qu'entre la politique et l'économie politique. Toujours, quoi que vous fassiez, le spirituel s'insinuera dans le temporel et le temporel débordera sur le spirituel : la connexité de ces deux principes est aussi fatale que celle de la Liberté et de l'Autorité (1). Au moyen âge, le rapport de l'Église et de l'État était réglé par le *pacte de Charlemagne,* qui tout en distinguant les deux puissances ne les isolait pas, mais les faisait égales; de nos jours, ce même rapport s'établit d'une autre manière, plus intime et plus dangereuse, ainsi qu'on va voir.

La liberté des cultes déclarée loi de l'État, des rapports quelconques entre l'Église et l'État reconnus, il s'ensuit que tout ministre d'un culte, tout prêtre catholique par conséquent, tout évêque et tout moine, peut, en sa double qualité de citoyen et de prêtre, se faire élire représentant du peuple, être nommé sénateur, comme cela se pratique en France depuis 1848, voire même être porté à la présidence de la république, comme autrefois chez les Juifs et les Musulmans, sans que l'on puisse exciper d'aucune incapacité ou incompatibilité légale. Eh quoi! vous avez une loi qui permet au prêtre d'accepter toute espèce de fonction gouvernementale, de mandat politique; de devenir ministre, comme

(1) Quand Auguste COMTE voulut organiser sa société, donner l'être et le mouvement à l'idée qu'il avait conçue, il s'aperçut qu'il y avait dans son système une lacune immense, la religion. Ne sachant comment remplir cet hiatus et ne voulant pas revenir au christianisme, Auguste COMTE n'hésita pas : au moyen de quelques amendements il changea sa *Philosophie positive* en *Religion positive,* et de chef d'école se fit pontife. Ce qu'il y eut de plus singulier c'est qu'il emprunta à l'Église le culte même de la Vierge, qu'il déguisa sous le nom apocalyptique de *La Femme.* La Femme, suivant Auguste COMTE, qui parle ici comme le rituel, est la source de toute grâce, *Mater divinæ gratiæ!*... Les plus positifs de ses disciples ont protesté, chose facile; mais que mettent-ils à la place de cette faculté dont Auguste COMTE avait reconnu l'importance, la religion ?

Granvelle, Ximenès, Richelieu, Frayssinous; sénateur, comme MM. Gousset, Morlot, Mathieu; représentant, académicien, comme l'abbé Lacordaire, et vous vous étonnez que dans un pays de religion et de sacerdoce, dans cette Italie pontificale, où la théocratie est de quinze siècles plus ancienne que Jésus-Christ, un évêque, le chef des évêques catholiques, soit en même temps prince d'un petit État de quatre millions de fidèles! Commencez donc par abolir votre Concordat; commencez par exclure le prêtre, que dis-je? tout individu faisant profession de christianisme, du mandat électoral et des fonctions politiques; commencez par proscrire, si vous l'osez, la religion et l'Église, et vous pourrez être admis à demander, pour cause d'incompatibilité, la destitution du Saint-Père. Car, je vous en préviens : pour peu que le clergé le veuille, pour peu qu'il lui plaise appuyer ses candidatures de quelques démonstrations de réforme et de progrès, en peu d'années il est sûr obtenir au scrutin populaire plus de nominations que la démocratie et le gouvernement réunis. Que dis-je? C'est lui-même qui deviendra l'organe de la démocratie. Et prenez garde, si vous lui ôtez le Pape à Rome, qu'il ne vous le rende à Paris. Le suffrage universel opère de ces miracles.

On allègue le précepte ou conseil évangélique de la séparation des pouvoirs. Ceci est affaire de théologie, qui regarde exclusivement le clergé et ne relève pas du Droit public. Je m'étonne que des hommes qui se disent élevés dans les principes de 89, des orateurs de la Révolution, se soient jetés dans une semblable controverse. La loi, dans le système de la Révolution, est supérieure à la foi, ce qui a fait dire un peu crument qu'elle était athée. Si donc le prêtre, par le suffrage de ses concitoyens, est revêtu d'un caractère politique, chargé d'un mandat parlementaire ou ministériel, ce ne sera pas, si vous voulez, directement et exclusivement comme prêtre, ce sera, je le répète, tout à la fois comme citoyen et prêtre. Le sacerdoce, dans un État où l'utilité de la religion est reconnue et la liberté des cultes admise, redevient un titre au mandat politique, ni plus, ni moins que la qualité de légiste, de savant, de commerçant ou d'industriel. Il en sera absolument de même si le prince des prêtres, autrement dit le Pape, est élu Président de la république, chef de l'État dans lequel il réside. Chacun reste libre, dans son for intérieur, d'attribuer cette élection au souffle du Saint-Esprit, *Placuit Spiritui sancto et nobis*; devant la loi civile elle résulte du droit révolutionnaire, qui a déclaré tous les hommes égaux devant la loi, admissibles à tous les emplois et souverains juges de la religion qu'il leur convient de suivre. Qu'après cela un théologien scrupuleux s'en vienne blâmer ce cumul du temporel et du spirituel, prétendre qu'il y a violation de la loi du Christ, qu'est-ce que cette dispute de séminaire fait à la démocratie? Sommes-nous, oui ou non, la postérité de 89?

Remarquez que pour soutenir cette argumentation je n'ai pas besoin de recourir au droit fédératif, plus libéral, sans comparaison, que le droit unitaire; il suffit que je me place sur le terrain de la monarchie constitutionnelle, qui est celui de la république une et indivisible; sur le terrain de M. de Cavour et de toute la démocratie franco-italienne, terrain défriché, planté et arrosé par Voltaire, Rousseau, Mirabeau, Robespierre, Talleyrand et tous nos auteurs de constitutions. Ce pouvoir temporel du Saint-Siége, qui scandalise nos esprits forts, contre lequel on argumente de saint Mathieu, de saint Paul, de saint Thomas, etc., eh bien, il se justifierait au besoin par la tolérance philosophique, à peine conquise par un siècle de débats; il se justifierait par toutes nos déclarations de droits, inspirées du plus pur génie de l'incrédulité; il se justifierait, dis-je, par l'athéisme même de la loi. Jusqu'à présent le clergé n'a pas profité du droit qu'assure à tout ecclésiastique la législation de 89, mais pourquoi? C'est que depuis 89 la situation de l'Église, ses rapports avec l'État, son influence sociale, ont été réglés d'une autre manière, par le concordat. Mais supprimez le concordat, abolissez le budget ecclésiastique, et comme saint Paul fabricant des tentes pour vivre, le prêtre fera du commerce, de l'industrie, de l'enseignement, de la politique enfin, et de l'économie politique en concurrence avec tous les citoyens, et vous verrez bien autre chose.

Pour moi, si l'on me demande comment je pense sortir de cet effrayant cercle vicieux, qui nous montre, dans les éventualités de l'avenir, parmi les suggestions d'une société redevenue mystique à force de matérialisme, un califat universel sortant d'un scrutin universel, je déclare, dût-on me taxer de monomanie, que je n'aperçois d'échappatoire que dans la fédération.

Observons d'abord que pour raisonner avec justesse en

cette matière comme en toute autre, il convient de généraliser d'abord la question. La Démocratie ne voit dans la question romaine que Rome et la Papauté : Rome, qu'elle convoite pour compléter l'unité italienne ; la Papauté, dont au fond elle ne jalouse guère moins l'autorité spirituelle que la temporelle. Il faut envisager dans cette question de Rome et du Saint-Siége toutes les églises, toutes les synagogues, toutes les sectes mystiques, tous les cultes et tous les temples de l'univers, dans leurs rapports avec le droit public et la morale des nations. Toute autre manière de raisonner étant particulière, est par cela même partiale. Sous cette réserve, qui étend à toutes les croyances religieuses ce que nous avons à dire de l'Église romaine, nous pouvons aborder la question papale.

L'Église, indépendamment de son dogme, est mère de toute autorité et unité. C'est par cette unité qu'elle est devenue, pour ainsi dire, la capitale du mysticisme. Aucune société religieuse ne saurait, sous ce rapport, lui être comparée. Sa devise est : Un seul Dieu, une seule foi, un seul baptême, *Unus Dominus, una fides, unum baptisma ;* — sa maxime de gouvernement, l'excommunication ou retranchement des rebelles : Que celui qui n'écoute pas l'Église soit regardé par vous comme païen et publicain, *Qui non audierit Ecclesiam, sit vobis sicut ethnicus et publicanus.* C'est de l'Église que les empereurs et les rois tiennent leur politique d'unité et leur prestige ; c'est de son éclat qu'ils empruntent leur majesté. La République une et indivisible des Jacobins, le *Dio e popolo* de Mazzini, ne sont également que des plagiats de sa doctrine. Aussi, en dehors de ses querelles, la démocratie moderne est-elle pour l'Église ce que furent les empereurs depuis Constantin et Charlemagne, pleine de déférence et de soumission. Robespierre, au temps de ses vengeances, eut toujours un faible pour les prêtres ; et l'on a vu, en 1848, avec quel empressement la République les reçut dans son sein. Que l'Église, de bonapartiste ou légitimiste se déclare demain démocrate, elle n'y risque guère, et la réconciliation sera bientôt faite. Il existe à Paris, depuis 1830, une fraction de la démocratie qui regarde la Révolution française comme un corollaire de l'Évangile ; si ce parti est logique, il doit considérer la démocratie comme un synonyme de l'Église. Dans tous les pays où elle s'est propagée, l'Église possède donc, par antériorité de prérogative, la force que l'unité communique au gouvernement : c'est pour cela que, dans les siècles passés, en cas de mésintelligence entre le spirituel et le temporel, on a vu tant de fois l'Église retirer à soi l'autorité temporelle tout entière, excommunier les princes, délier les peuples du serment de fidélité, opérer une révolution dans le gouvernement. Comme au moyen âge, de pareils faits peuvent se produire encore, et peut-être avant peu de générations en serions-nous témoins, si, la corruption des mœurs poursuivant son cours, la politique tournant de plus en plus par l'exagération de l'unité et de l'autorité au despotisme, l'Église restait seule comme autorité morale et modératrice.

La fédération, au contraire, est liberté par excellence, pluralité, division, gouvernement de soi par soi. Sa maxime est le Droit, non point donné par l'Église, interprète du ciel, ou défini par le prince, représentant de la Divinité et bras du Saint-Père ; mais déterminé par le libre contrat. Dans ce système, la loi, le droit, la justice sont le statut arbitral des volontés, statut supérieur par conséquent à toute autorité et croyance, à toute Église et religion, à toute unité, puisque l'autorité et la foi, la religion et l'Église, étant exclusivement du ressort de la conscience individuelle, se placent par cela même au-dessous du pacte, expression du consentement universel, la plus haute autorité qui soit parmi les hommes. Dans la fédération, enfin, le principe d'autorité étant subalternisé, la liberté prépondérante, l'ordre politique est une hiérarchie renversée dans laquelle la plus grande part de conseil, d'action, de richesse et de puissance reste aux mains de la multitude confédérée, sans pouvoir jamais passer à celles d'une autorité centrale.

Supposons à présent, dans la confédération, un développement extraordinaire du sentiment religieux, donnant lieu à des prétentions exagérées de la part du ministère ecclésiastique, et aboutissant à un conflit entre les deux ordres, temporel et spirituel. Possible alors que le clergé, jouissant comme le reste du peuple des droits civils et politiques, obtienne une certaine influence dans l'administration des localités ; possible que l'évêque devienne, dans un canton, président du sénat, du corps législatif, du conseil d'État. Jamais l'Église ne pourra devenir maîtresse de la Confédération ; jamais le suffrage universel ne fera d'une république fédérative un État pontifical. La proportion des clercs dans le corps électoral étant naturellement fort limitée, le principe d'autorité et d'unité tout à fait subordonné, toujours, en cas de conflit, l'intérêt politique et économique, c'est-à-dire temporel, anti-clérical, l'emportera sur l'intérêt ecclésiastique.

Mais voici qui est plus décisif. D'après ce qui vient d'être dit, l'idée d'un pacte formé entre individus, villes, cantons, États, différents de religion comme de langage et d'industrie, suppose implicitement que la religion n'est pas nécessaire à la morale ; que l'Évangile lui-même n'a pas dit le dernier mot du droit ; que la loi de charité est incomplète, et qu'une justice basée sur l'adoration est une justice inexacte : c'est ce qu'un juriste interprète de la pensée de la Révolution a appelé l'athéisme de loi. Il suit de là que l'on peut prévoir le cas où, par des considérations, non pas de haute police comme en 93, mais de haute moralité publique, l'abolition de cultes tombés dans le dévergondage et l'extravagance devrait être décrétée, l'Église mise hors la la loi, ses ministres exclus de toutes fonctions et honneurs publics, et la pure religion de la Justice inaugurée sans symbolisme et sans idoles. Nous n'en sommes pas à de telles extrémités ; mais l'histoire est pleine de faits qui légitiment toutes les prévisions ; et la politique dans ses constitutions, pas plus que la justice dans ses arrêts, ne fait acception des croyances et des personnes. L'Église n'a pas perdu le souvenir des gnostiques ; l'empire des Césars a vu la plèbe du prétoire, après avoir élu des Trajan et des Marc-Aurèle, couvrir de la pourpre des Héliogabale, des Alexandre-Sévère et des Julien. Nous pourrions, à la suite de quelque orgie démocratique et sociale, avoir à reprendre sur nouveaux motifs l'œuvre des antiques persécuteurs. Le génie des religions n'est pas mort, demandez à l'auteur de la *France mystique*, M. Erdan. Il importe donc que nous nous tenions en garde, non-seulement pour le cas particulier de la Papauté romaine, qui ne veut ni s'amender, ni se dessaisir, mais pour celui bien autrement grave et tout autant à prévoir d'une recrudescence et d'une coalition de tous les fanatismes, de toutes les superstitions et mysticités de la terre.

Contre ce cataclysme des consciences je ne connais, je le répète, de remède que la division des masses, non-seulement par États, communes et corporations, mais par églises, synagogues, consistoires, associations, sectes, écoles. Ici l'unité, loin de faire obstacle au péril, l'aggraverait encore. L'entraînement des masses, un jour folles d'impiété, le lendemain ivres de superstition, s'accroît de toute la puissance de la collectivité. Mais à la fédération politique joignez la fédération industrielle; à la fédération industrielle ajoutez celle des idées, et vous pouvez résister à tous les entraînements. La fédération est le brise-lame des tempêtes populaires. Qu'y avait-il de plus simple, par exemple, que de contenir l'absolutisme papal par les sujets mêmes du Pape, non pas livrés, comme on le demande, aux Piémontais, mais rendus à leur autonomie par la constitution fédérative, et protégés dans l'exercice de leurs droits par toutes les forces de la confédération? Faites-le donc, encore une fois, ce pacte de libre union, il n'est pas trop tard; et non-seulement vous n'aurez plus à vous inquiéter de la Papauté devenue pour moitié puissance du siècle, vous tenez l'Église tout entière, révolutionnée dans son chef et forcée de marcher avec la liberté; vous échappez à l'inconvénient de soulever contre vous l'univers catholique.

En 1846, lorsque les jésuites, par leurs perpétuelles intrigues, eurent amené sept cantons suisses à rompre avec la Confédération et à former une alliance séparée, les quinze autres cantons déclarèrent les prétentions des jésuites et la scission qui en était la suite incompatibles avec le pacte fédéral, avec l'existence même de la République. Le *Sunderbund* fut vaincu, les jésuites expulsés. La Suisse victorieuse ne songea point alors à abuser de son triomphe, soit pour dresser un formulaire de foi religieuse, soit pour changer la constitution fédérative du pays en constitution unitaire. Elle se contenta d'introduire dans la constitution fédérale un article portant que les cantons ne pourraient modifier leurs constitutions particulières que dans le sens de la liberté, et elle fit rentrer dans le pacte les cléricaux qui avaient voulu s'en écarter (1).

(1) On se tromperait fort, si l'on s'imaginait que les jésuites seuls ont le secret et le privilége de troubler la société et de compromettre l'existence des États. L'année dernière, 1862, le canton de Vaud, agité par la secte des méthodistes, vulgairement appelés *Mômiers*, a vu son gouvernement passer des mains des libéraux dans celles de ces religionnaires qui, par leur fanatisme, leur esprit d'aristocratie et leur hostilité à la Révolution, ne diffèrent en rien de ce que l'on appelle à Paris et à Bruxelles le parti *clérical*. Par une de ces aberrations déplorables et toujours répétées du suffrage universel, c'est avec le secours des voix de l'extrême démocratie que les méthodistes l'ont emporté sur leurs rivaux. Mais que peuvent-ils? Seront-ils plus probes, plus économes, plus dévoués à la liberté du pays et à l'amélioration du sort des masses que ne le furent leurs devanciers? C'est le seul

La conduite des Suisses en cette circonstance est excellente à citer. Ainsi que je le disais tout à l'heure, on peut prévoir qu'un jour ce ne sera pas seulement à une corporation religieuse que la Révolution aura affaire, mais à une insurrection, soit du catholicisme, soit de tout le christianisme. Alors plus de doute : la société aurait le droit d'opposer ses fédérations justicières à ce nouveau *Sunderbund;* elle déclarerait les églises insurgées, quelles qu'elles fussent, coupables d'attentat envers la morale et les libertés publiques, et elle sévirait contre les propagandistes. Mais le temps ne paraît pas arrivé et tel n'est pas d'ailleurs le souci des unitaires. La conflagration des idées mystagogiques n'entre pas dans leurs prévisions. Ce qu'ils demandent, en protestant de leur respect le plus profond pour le Christ et sa religion, c'est d'enlever au Pape sa couronne afin d'en faire hommage à Victor-Emmanuel, et de violer ainsi une fois de plus le principe fédératif, identique en Italie au principe de nationalité même.

moyen qu'ils aient de légitimer leur avénement, et dans ce cas ils ne feront que continuer l'œuvre libérale. Essayeront-ils une révolution économique ? Dans un si petit État, elle serait sans portée ; il faudrait l'étendre à toute la Suisse, ce qui ne peut avoir lieu qu'avec le concours des vingt-deux cantons, et sur l'initiative de la Confédération. Tenteront-ils une réforme religieuse, et, dans ce sens, une révision de la constitution cantonale ? Mais ici encore la Confédération a l'œil sur eux, et quand ils seraient de force à recommencer le *Sunderbund*, leur sort est fixé d'avance et leur défaite certaine.

L'agitation religieuse est flagrante aujourd'hui, non-seulement en Suisse du fait des Mômiers, et en Italie du fait de la Papauté ; mais en France, en Amérique, en Russie, partout enfin, et du fait des croyances les plus impures et les plus extravagantes.

Si la pensée de Villafranca, bien que proposée par un Empereur, avait été appuyée, il serait arrivé fatalement l'une de ces deux choses : 1° le plus fort des deux principes, le principe surnaturaliste ou le principe rationaliste, aurait absorbé l'autre ; la Révolution aurait prévalu contre l'Église, ou l'Église aurait étouffé la Révolution ; ou bien 2° les deux principes transigeant auraient donné lieu par leur amalgame à une idée nouvelle, supérieure à l'un au moins de ses constituants sinon à tous deux ; dans tous les cas les amis du progrès auraient eu à se réjouir de l'évolution. Le parti de l'unité n'a pas de ces aspirations. De la Révolution il ne connaît rien, *Nescio vos,* lui dit-il ; de l'Église il est toujours prêt à recevoir la bénédiction : donnez-lui le patrimoine de saint Pierre pour en composer son royaume et il baisera la mule du Pape, aussi indifférent au fond à la distinction du temporel et du spirituel qu'à la liberté et à la nationalité.

CHAPITRE VIII.

Danger d'une rivalité politique et commerciale entre la France et l'Italie dans le système de l'unité.

Il est de principe dans le contrat de *bienfaisance,* que le bienfait reçu ne peut pas devenir pour le bénéficiaire un moyen de nuire au bienfaiteur : maxime écrite dans la conscience des peuples, mais qui ne paraît pas à l'usage des modernes démocrates. Un de leurs écrivains ne m'a-t-il pas reproché comme un acte de courtisanerie envers l'Empereur et de félonie envers le parti, d'avoir qualifié d'*ingrate* la politique unitaire des Italiens? Pourtant l'Empereur n'est en ceci que le représentant du peuple français.

On a beaucoup parlé des vues secrètes de Napoléon III sur l'Italie. On a prétendu qu'il avait compté recueillir de son expédition, pour lui-même la couronne de fer, portée par son oncle; pour son cousin le prince Napoléon, le duché de Toscane; pour son autre cousin Mùrat, le trône de Naples; pour son fils, le titre de roi de Rome, et que c'était le dépit d'une ambition déçue qui l'avait fait rétrograder après Solferino. On a prétexté de cette retraite pour soulever contre lui les méfiances; on s'est déclaré dès lors quitte envers lui; on a conclu que ce n'était pas assez d'armer l'Italie contre l'Autriche, qu'il fallait l'armer également contre son *magnanime allié*, et le titre de bienfaiteur que venait d'acquérir vis-à-vis d'eux Napoléon III, est devenu un motif de plus pour les Italiens de se former en un État unique.

Le secret de l'entrevue de Plombières est encore inconnu. J'ignore quelles furent les conventions verbalement faites entre M. de Cavour et Napoléon III; à plus forte raison ne puis-je rien dire des projets particuliers de l'Empereur des Français. D'après ma manière de voir, la connaissance de pareils secrets est parfaitement inutile à la politique. Mais il est au moins une chose certaine : c'est que l'Italie affranchie ne pouvait manquer, par la réunion de ses parties en un seul groupe politique, de devenir pour la France impériale une cause d'inquiétude bien autrement grave que n'avait été l'Autriche elle-même, et qu'après avoir pourvu à l'indépendance italienne Napoléon III aurait à pourvoir au maintien de la prépondérance française.

Je l'ai dit déjà, et d'un style assez énergique, dans ma dernière publication : Rien, pas même le salut de la patrie, ne me ferait sacrifier la justice. Contre l'intérêt de mon pays je suis prêt à soutenir, de mon vote et de ma plume, la cause de l'étranger si elle me paraît juste et qu'il ne soit pas possible de concilier les deux intérêts. J'admets donc qu'une nation a le droit de se développer suivant les facultés, et avantages dont elle a été dotée, en respectant le droit d'autrui, bien entendu. S'il est dans la destinée de l'Italie de déterminer par sa propre évolution politique et économique la déchéance de sa voisine; si ce résultat est fatal, eh bien! résignons-nous et que le décret providentiel s'accomplisse. L'humanité ne peut pas s'arrêter par la considération d'aucune puissance. Il a été dit que la Révolution ferait le tour du monde : elle n'est pas enchaînée apparemment au territoire français. Tout ce que je demande, c'est qu'on ne prenne pas les visées de l'ambition pour des ordres de la Providence.

Je me propose de démontrer dans ce chapitre et dans les suivants :

1° Que Napoléon III a voulu l'émancipation de l'Italie, mais qu'il l'a voulue sous la réserve d'une Confédération italienne et du maintien de la prépotence française, parce que, dans les conditions actuelles de la civilisation, dans les données de la monarchie impériale, qui sont encore celles de tous les États, il lui était impossible d'agir à d'autres conditions;

2° Écartant la question de prépotence, qu'il ne peut convenir à un écrivain impartial de soutenir malgré son patriotisme, et raisonnant exclusivement au point de vue fédératif, que la condition proposée aux Italiens par l'Empereur des Français, c'est-à-dire la Confédération, leur eût été plus avantageuse que l'Unité.

En conséquence, que la Démocratie unitaire, en Italie et en France, s'est chargée d'un double tort, d'abord en opposant aux mesures de simple prudence de l'Empereur des Français les projets les plus ambitieux et les plus menaçants, puis, en faisant perdre à l'Italie avec le bénéfice de l'Unité, celui d'une révolution politique, économique et sociale.

Je ne veux rien exagérer, ni la virtualité italienne, si faible encore qu'on doute en plus d'un lieu de la régénération de ce pays; ni la décadence de notre nation, dénoncée il y a quinze ans, avec un luxe de statistique effrayant, par M. Raudot. Mais comme tout se meut et tout change dans la vie des sociétés, comme le mouvement historique se compose pour chaque peuple d'une suite d'évolutions ascendantes et descendantes, qu'aujourd'hui le foyer de la civilisation semble fixé chez l'un, demain chez l'autre, il est raisonnable et ce n'est que prévoyance de se demander ce qui pourrait advenir pour la France, pour l'Italie et pour l'Europe entière, d'un événement aussi considérable que la constitution du nouveau royaume.

La France, à l'heure où j'écris, est une nation fatiguée, incertaine de ses principes, et qui semble douter de son étoile. L'Italie, au contraire, tirée de son long engourdissement, paraît avoir toute l'inspiration et la fougue de la jeunesse. La première aspire au repos, aux pacifiques réformes, à l'épuration de ses mœurs, au rafraîchissement de son génie et de son sang ; la seconde ne demande qu'à marcher, n'importe à quelles conditions, n'importe sous quel système. Qu'il lui naisse quelques hommes, un Richelieu, un Colbert, un Condé : en moins d'une génération elle devient, comme État fédératif, la plus riche et la plus heureuse des républiques ; comme État unitaire, elle prend place parmi les grands empires, et son influence peut devenir, mais aux dépens de sa félicité intérieure, formidable en Europe. De ces deux destinées, si différentes l'une de l'autre, la première assurée si on l'avait voulue, la seconde pleine de périls, la Démocratie n'a compris que la dernière. Plus avide de gloire politique et d'action gouvernementale que de bien-être pour les masses, elle annonce formellement le dessein d'user de la centralisation italienne, si elle parvient à la constituer, envers et contre tous.

Plaçons-nous en face d'une carte de l'Europe. L'Italie

est un pont jeté sur la Méditerranée, allant des Alpes jusqu'à la Grèce, et qui forme la grande route d'Occident en Orient. Avec la ligne de fer qui de Gênes, Coni ou Genève se prolonge jusqu'à Tarente, l'Italie accapare d'abord tout le transit des voyageurs de l'Europe occidentale à destination des ports du Levant, et bientôt, par le percement de l'Isthme de Suez, de ceux qui se rendent dans l'Inde, à la Chine, au Japon, en Océanie et Australie. Avec la vapeur et le railway, l'Italie redevient comme jadis le centre du mouvement européen : c'est par elle que l'Espagne, le Portugal, la France, l'Angleterre, la Belgique, la Hollande, le Rhin, la Prusse, l'Allemagne, la Suisse, une partie de l'Autriche, se mettent en communication avec la Sicile, les îles Ioniennes, Candie, Lépante, Athènes, l'Archipel, Constantinople, Odessa et la mer Noire, Smyrne, Chypre, Rhodes, Saint-Jean-d'Acre, Alexandrie, Suez, et tout le haut Orient.

Dès à présent cette position se fait sentir. Les voyageurs qui de Londres, Paris ou Bruxelles vont dans le Levant par le service des Messageries impériales, ne s'embarquent plus à Marseille : ils vont, par les voies ferrées, prendre l'escale à Gênes, ce qui leur épargne vingt-quatre heures de navigation ; la même chose a lieu pour le retour. Supposez la ligne de fer terminée de Turin à Naples et à Tarente, c'est à l'un de ces deux ports que se feront les embarquements et débarquements, à la grande satisfaction des voyageurs qui, en s'épargnant les fatigues de la mer, trouveront encore une économie de temps. Dans ces conditions, il n'y aurait plus un seul voyageur français, ni du centre, ni de Bordeaux, Toulouse, Bayonne ou Perpignan, qui, partant pour l'Égypte, la Grèce ou l'Asie mineure, irait s'embarquer à Marseille. On préférerait, en suivant la ligne du Midi ou de Lyon, puis celle de Cette à Marseille, Toulon et Nice, aller joindre le chemin de fer italien, s'épargnant ainsi quatre cents lieues de navigation et quatre jours de mer. La France perdrait jusqu'à la clientèle de ses voyageurs.

Quant aux marchandises circulant sur la même ligne, la marine française pourrait, il est vrai, conserver celles expédiées du pays ou à destination du pays ; mais elle perdrait le transit pour la Russie, la Belgique et l'Allemagne : la concurrence de Gênes et Trieste ne lui laisserait rien. La Franche-Comté, la Bourgogne, l'Alsace, la Lorraine, le Nord, lui seraient disputés. Ainsi le voudrait d'ailleurs le principe du libre-échange, inscrit par les soins du saint-simonisme anglo-unitaire dans notre droit public.

Ce n'est pas tout. L'Italie affranchie ne peut manquer de devenir à son tour, comme l'Autriche et l'Allemagne, centre de production manufacturière. La matière première, apportée de l'Inde ou de l'Amérique, ira naturellement se faire ouvrer sur le point le plus rapproché des lieux de consommation : voilà pour la France le débouché du Danube, de la Servie, de la Bulgarie, de la Moldo-Valachie, de la Roumélie, de la Grèce, perdu ; voilà la mer Noire qui disparaît de nos relations : tout cela motivé, non sans doute par haine du nom français, mais par une différence moyenne de sept à huit cents kilomètres de transport, qui, à dix centimes par kilomètre, donnent une économie de 70 à

80 fr. par mille kilogrammes. Plus d'une fois on a vu le commerce se déplacer pour un moindre avantage.

Dans cette situation, comment la France, isolée des grandes routes commerciales, frappée par le libre-échange qui annulerait sa navigation, déboisée par l'énorme fourniture de ses chemins de fer, aspirerait-elle encore à être une puissance maritime ? De quoi lui servira, pour le dire en passant, le percement de l'isthme de Suez, entrepris *à la barbe de l'Angleterre* avec des capitaux presque exclusivement français, et devenu pour la Russie, la Grèce, les Républiques Danubiennes, l'Autriche, la Turquie, l'Italie surtout, la source d'une prospérité sans rivale? Le passage de Suez, si le succès répond aux annonces, sera une cause de décadence pour Marseille et de ruine pour le Havre, puisque, de quelque manière que nous envisagions la chose, il ne peut rien nous en revenir : plus il sera utile aux étrangers, plus il nous sera préjudiciable. On parle d'alliances naturelles, de communautés de principes, de sympathie des races : que sont ces phrases en présence de l'antagonisme des intérêts ?

C'est cette situation merveilleuse de l'Italie qu'il s'agit pour les unitaires de faire servir, non point précisément à la prospérité des populations italiennes, ce qui rentrerait tout à fait dans le Droit et contre quoi je n'aurais absolument rien à dire, mais à la puissance et à l'action du nouveau gouvernement, c'est-à-dire au développement d'une nouvelle et formidable monarchie, impérialiste ou constitutionnelle ; mais à l'humiliation de la puissance française et à la perpétuité du régime unitaire.

Au point de vue stratégique, l'avantage de l'Italie sur la France ne serait pas moindre. A ce propos, ceux qui nous prêchent avec tant d'éloquence la fraternité des nations ne manqueront pas de redire que le siècle répugne à la guerre, que le progrès des mœurs pousse au désarmement, que la civilisation n'admet plus que les luttes pacifiques de l'industrie, etc. On vient de voir ce que sera pour la France cette lutte industrielle, et de quelle prospérité nous menace le libre-échange. Mais, sans parler de la dure condition faite à nos manufacturiers et à nos armateurs, les faits de chaque jour démontrent de reste, pour quiconque n'est ni aveugle ni sourd, que depuis 89 l'état de guerre n'a pas cessé d'être l'état normal des nations, et que si depuis la chute du premier Empire les conflits ont diminué d'importance, la cause n'en est pas aux institutions économiques et à l'adoucissement des mœurs, elle est aux armées permanentes, entretenues à grands frais pour la conservation de notre triste équilibre.

Les risques de conflagration étant donc toujours les mêmes, je ne dirai pas en dépit des intérêts et de leur solidarité, mais précisément en raison des intérêts, l'Italie, puissance centrale et de premier ordre, l'une des plus intéressées, ne peut manquer d'entrer en ligne : de quel côté se rangera-t-elle ? Du côté de ses intérêts sans doute, lesquels, ainsi que je viens de le démontrer, sont radicalement contraires aux intérêts français. Opposée d'intérêts à la France, l'Italie se trouve fatalement notre rivale politique et notre antagoniste ; l'un est la conséquence de l'autre. Le crétinisme et la trahison peuvent seuls le nier.

Or, jetons une dernière fois les yeux sur la carte : il semble que la nature elle-même, après avoir fait cette position maritime à l'Italie, ait pris soin de la fortifier encore en prévision d'une lutte contre la France. Regardez cette enceinte de bastions qu'on appelle les Alpes, qui de Nice s'étend jusqu'au Valais : contre qui, je vous prie, est tournée cette immense forteresse ? Ce n'est pas contre l'Angleterre, ni contre la Russie, ni contre l'Allemagne, ni contre l'Autriche elle-même pas plus que contre la Suisse : l'Italie, par sa position maritime et continentale, est amie de tous les peuples, hors un seul, qui est le peuple français.

Cinq passages peuvent donner issue à une invasion des Français en Italie, et réciproquement à une irruption des Italiens sur la France : passage de Genève à la vallée d'Aoste par le Saint-Bernard ; chemin de fer du Mont-Cenis ; passage par le Mont-Genèvre ; chemin de fer de Coni ; passage de la Corniche.

Concentrez cent mille hommes à Turin, au centre du demi-cercle : ces cent mille hommes, pouvant se porter rapidement et en masse sur le point attaqué, suffisent à garder tous les passages ; tandis que pour triompher d'une pareille concentration de forces il faudrait, comme pour le siége d'une place, une armée triple ou quadruple. Où la France prendrait-elle cette armée, menacée qu'elle serait au Nord et à l'Est par l'Angleterre, la Belgique et le Rhin ?... Supposant la France en guerre avec l'Italie seule, la partie ne serait toujours pas égale : l'armée ultramontaine pouvant se ravitailler et se renouveler sans cesse par le sud de la Péninsule, tandis que l'armée française, repoussée après un premier effort, démoralisée et diminuée, serait incapable de revenir à la charge. L'Italie aurait renouvelé contre nous, avec un redoublement de facilités et des chances bien plus nombreuses, la tactique employée en 1796 par le général Bonaparte contre les généraux autrichiens. Ainsi, tandis que nous nous croyons couverts par les Alpes, nous sommes en réalité dominés par elles : il suffit, pour changer le rapport, de créer de l'autre côté de cette immense muraille un État unique, au lieu des six qui existaient auparavant. C'est justement ce que la démocratie française, fraternisant avec la démocratie italienne, réclame aujourd'hui, et ce que l'on a tenté en dernier lieu de réaliser par les moyens qu'on verra tout à l'heure.

A coup sûr, et je me plais à le répéter, s'il n'y avait pour l'Italie, en dehors de l'oppression germanique ou gauloise, d'existence politique que celle d'une monarchie unitaire ; si, pour jouir de ses avantages naturels, elle n'avait d'autre moyen que de faire feu sur nous de toutes ses batteries, nous devrions nous résigner. Notre seule chance de salut serait de nous transformer en province italienne, à moins que nous ne fussions assez forts pour faire de l'Italie elle-même une annexe de l'Empire. Dans l'un comme dans l'autre cas la Démocratie n'aurait pas à se féliciter : elle aurait prouvé une fois de plus que le génie de la paix et de la liberté n'est point en elle ; qu'elle s'entend beaucoup mieux à armer les nations les unes contre les autres qu'à les organiser, et que, semblable à ces militaires qui, dans le plus charmant paysage et dans les guérets les plus fertiles, n'aperçoivent que des positions stratégiques, elle ne sait voir dans les forces de la nature que des instruments de destruction. Obligée de conquérir pour être conquise, l'Italie, à peine affranchie par la France, mais devenue redoutable à la France autant qu'à l'Autriche, pourrait se regarder de nouveau comme perdue.

CHAPITRE IX

Difficultés de la situation en 1859.

La France a voulu l'indépendance de l'Italie, elle l'a voulue comme une chose juste : je ne demande pas à mon pays qu'il s'en dédise. Que la liberté se fasse, même à notre désavantage. Les chemins de fer lombard-vénitien, toscan, romain, napolitain, instruments formidables d'exploitation vis-à-vis des masses, d'agglomération de forces pour le pouvoir, de concurrence contre l'étranger, sont exécutés ou en voie d'exécution : loin de moi la pensée d'y faire obstacle; il faut que cette incomparable ligne s'exécute. L'intérêt de la civilisation avant le nôtre.

Mais on a voulu plus que cela. On a voulu la formation de toute l'Italie en un seul État; cette unité est à moitié faite, et rien, au point de vue de la liberté et du bien-être du peuple italien pas plus que du progrès général, ne la justifie : pourquoi l'a-t-on laissé faire ? Il était facile, j'espère le démontrer tout à l'heure, de concilier les intérêts de l'Italie avec la situation acquise à notre pays et les susceptibilités de notre nation : comment ces mêmes intérêts nous sont-ils devenus antagoniques ? Que l'unification se consomme ; que le peuple et le gouvernement italiens se montrent à la hauteur de leur ambition ; que l'Europe irritée contre nous les appuie, et l'heure a sonné pour la France de l'abaissement continu, dans le commerce, dans la politique et dans la guerre. En moins d'une génération, nous pouvons n'être plus que l'ombre de nous-mêmes. Nous nous sommes posés par la guerre à l'Autriche en sauveurs des nationalités : qui nous sauverait à notre tour des inexorables conséquences de cette expédition, qui devait être pour les deux nations si heureuse, et qui menace aujourd'hui de nous devenir, à nous Français, si funeste ?

Reportons-nous à la veille de l'entrée en campagne, et considérons dans quelle position devait se trouver l'Empereur des Français après qu'il aurait détruit en Italie l'influence autrichienne, si l'on devait admettre qu'il eût promis à la légère ce que plus tard on a prétendu exiger de lui. L'Angleterre et les autres puissances, demeurées spectatrices, avaient expédié leurs notes, formulé leurs réserves ; Napoléon III, mis pour ainsi dire en demeure de s'expliquer, avait dû déclarer qu'il n'agissait qu'à la seule considération de l'Italie, sans aucun motif d'ambition personnelle ni d'agrandissement pour son empire. Tout en faisant acte de haut justicier européen, il avait obtempéré à une sommation des neutres. Pareille expédition cependant, et pour une pareille fin, ne s'était jamais vue. Tout le monde fut surpris; beaucoup se montrèrent incrédules : ce fut l'origine des méfiances que l'Empereur souleva contre la France et contre lui. De maladroits serviteurs ayant parlé du trône de Naples pour le prince Murat, du duché de Toscane pour le prince Napoléon, le patriotisme italien fut mis en éveil : partout l'opinion, habilement excitée, se montra contraire aux prétendants français. Le gouvernement impérial, s'il m'en souvient, se déclara étranger à ces candidatures : si bien que la campagne d'Italie, glorieuse pour nos armes, mais dangereuse pour notre puissance, s'il était vrai qu'elle dût avoir pour conclusion la formation d'une monarchie de vingt-six millions d'âmes, semblait, par l'impulsion donnée aux esprits, devoir finir pour nous comme une mystification.

Restait cependant à régler le sort de l'Italie. Le vainqueur de Solferino, à l'arbitrage duquel allait être soumise la nouvelle constitution de la Péninsule, avait à se prononcer entre un grand État militaire et une Confédération. Gratifié d'une petite augmentation de territoire en Savoie et à Nice, après s'être déclaré désintéressé, il n'avait pas d'autre alternative, et le monde avait les yeux sur lui. Un empire? Sans parler de l'incompatibilité entre une création de cette nature et les idées napoléoniennes, la dignité de la France après un pareil service; le soin de sa sûreté dans les conditions actuelles de l'Europe, ne le permettaient pas. Une confédération? Mais, dans la situation des affaires, donner à l'Italie une constitution fédérale c'était à un autre point de vue porter atteinte à l'empire, en provoquant l'essor d'un principe hostile ; c'était opposer à la France du 2 Décembre, au lieu d'une puissance matérielle capable de balancer la sienne, une institution qui, se rattachant aux systèmes suisse, germanique, hollando-belge, danubien et scandinave, l'isolerait de plus en plus et devait tôt ou tard mettre à néant sa prépotence.

Si Napoléon III se prononçait pour l'unité, comme héritier des traditions et de la pensée du premier Empire il était dupe, comme chef de l'État français il abdiquait toute prétention à la préséance. S'il optait pour la confédération, on l'accuserait de jalousie et de mauvais vouloir ; par là il se rendait odieux, qui pis est il organisait, développait les fédérations de l'Europe contre lui. Enfin, s'il laissait l'Italie dans le *statu quo*, il se démentait lui-même et annulait l'expédition.

Napoléon III se décida pour le système fédératif.

Oh ! je n'ai pas reçu mission de défendre la politique de l'Empereur pas plus que la cause du Pape ; je ne sais rien des intentions de Napoléon III en 1859 pas plus que de ses pensées actuelles. Mais je dois l'avouer, plus je réfléchis sur cette affaire italienne, plus j'éprouve le besoin de croire, pour l'honneur de ma nation, que son chef ne fut pas, en 1859, le plus imprévoyant des hommes ; qu'il voulut tout à la fois, loyalement et en connaissance de cause, et l'émancipation de l'Italie et sa formation en système fédératif ; qu'il attendait de cette combinaison les résultats les plus heureux pour les deux peuples ; qu'il en faisait le point de départ d'une politique nouvelle, et pour son gouvernement intérieur, et pour sa diplomatie au dehors ; mais qu'il fut trompé dans son attente, d'abord par la politique piémontaise, puis par les suggestions de l'Angleterre, enfin par l'entraînement démocratique ; qu'en présence des manifestations, des clameurs, des révoltes et des annexions, il ne crut pas pouvoir faire intervenir son autorité, et qu'il s'en remit sur l'action du temps.

De là les anxiétés et les hésitations de la politique française, depuis Villafranca jusqu'à la retraite de M. Thouvenel. Que pouvaient devant une situation contradictoire les réticences, les distinctions, les atermoiements, les subterfuges et toutes les habiletés de la diplomatie ? On a laissé faire ce qu'on avait le droit et le devoir et qu'on n'a pas eu le courage d'empêcher ; on a laissé la parole aux événements, ce qui veut dire aux aventures ; on a sollicité de l'Europe absolutiste la reconnaissance d'un royaume dont on désapprouvait l'origine usurpatrice autant qu'on en comprenait le danger ; on a fatigué l'opinion en la tiraillant tantôt dans le sens voltairien et démagogique, tantôt dans le sens royaliste et clérical. Et la contradiction est devenue toujours plus flagrante, la responsabilité plus intense, la situation pire.

Admirez maintenant les jugements de l'opinion et ses retours. Arbitre de l'Europe, je dis de l'Europe conservatrice, en 1852 et 1856 ; espoir de la démocratie en 1859, le gouvernement impérial est aujourd'hui dénoncé par toutes deux, et pour quel crime ? Si je ne me suis pas trompé dans l'appréciation que je viens de faire des intentions de l'Empereur vis-à-vis des Italiens, ce que je souhaite de grand cœur, son crime, aux yeux des partis contraires, est d'avoir voulu : 1° Affranchir l'Italie ; 2° la confédérer. Pour cette idée, la plus saine et la plus heureuse, dont il lui sera tenu compte dans l'histoire, le voilà tout à la fois au ban de ceux qui s'appellent fastueusement la Révolution, et de ceux qu'à bien plus juste titre on nomme la contre-révolution. Si le bonhomme Géronte était encore de ce monde, il dirait à Napoléon III : *Mais qu'alliez-vous faire, Sire, dans cette maudite galère?* La République seule pouvait affranchir l'Italie, parce que seule elle pouvait, sans se rendre suspecte, lui donner, et au besoin lui imposer, la fédération.

CHAPITRE X.

Plan de Garibaldi : l'unité italienne échoue par la faute des démocrates.

La fortune, pendant le premier semestre de 1862, sembla donc sourire aux partisans de l'unité ; elle devait tenter un moins audacieux que Garibaldi. La manière dont il avait *conquis* le royaume de Naples, l'excitation des esprits, lui promettaient un succès encore plus facile, mais d'une portée incalculable. De quoi s'agissait-il ? D'user insensiblement les résistances, et de forcer, sans qu'il y parût, la main à Napoléon. La tactique était indiquée : si Garibaldi avait un génie politique égal à sa haine pour la France et pour l'Empereur, la partie était perdue pour nous, et nous pouvions dater notre déchéance de l'évacuation volontaire de Rome par nos troupes. Le *scenario* eût été moins brillant pour le général qu'en 1860 ; le résultat, au point de vue de l'unité, cent fois plus grand.

C'était le cas, en effet, pour cette Démocratie qui n'avait pas hésité à prendre pour mot d'ordre le cri de *Vive le roi!* de suivre jusqu'au bout sa politique monarchiste. Il fallait se poser à son tour en parti de conservation et d'ordre, laisser de côté l'idée insurrectionnelle et fantastique des *nationalités*, rechercher de préférence l'appui des forces organisées et des intérêts établis, se rattacher les gouvernements, qui tous n'eussent pas demandé mieux ; ne point parler de la Vénétie, qu'on aurait retrouvée plus tard; endormir la prudence française ; écarter la discussion sur le pouvoir temporel, en rapportant exclusivement à l'initiative des masses la défection des États de l'Église ; conspirer enfin avec Victor-Emmanuel, au lieu de conspirer contre lui.

Mais la Démocratie avait d'autres engagements. Son hypocrisie commençait à lui peser ; il lui tardait de jeter le masque, se flattant, comme toujours, de pouvoir *faire seule*. D'ailleurs, elle n'était pas tellement vouée à la cause de l'unité qu'elle consentît à faire taire pour elle ses ambitions particulières, ses rivalités personnelles et ses rancunes. La Démocratie, au fond, n'a pas d'autre but qu'elle-même, c'est-à-dire la satisfaction de ses meneurs et affidés, lesquels ne forment point, comme le vulgaire l'imagine, un parti politique mais une coterie. Si l'unité italienne n'est pas à cette heure un fait accompli, la faute en est aux démocrates.

Le plan de Garibaldi avait pour base d'opérations le principe de *nationalité,* devenu, ainsi que je l'ai dit plus haut, synonyme du principe d'UNITÉ. C'est ainsi que l'idée a été partout comprise et ses conséquences formulées dans l'intuition populaire. Pour les Italiens, qui déjà revendiquaient tout haut d'anciennes possessions perdues, la Corse, le Tessin, le Tyrol, Trieste, la Dalmatie, la nationalité est le rétablissement de l'Italie impériale et pontificale d'après les types plus ou moins modifiés de Charlemagne et de Léon III : capitale, Rôme. Pour les Grecs, qui certainement se croient aussi capables que les Italiens et ne seraient pas demeurés en reste, la nationalité consiste dans la restauration du vieil empire schismatique : capitale, Constantinople. Pour les Hongrois, qui considèrent comme des appartenances de la couronne de saint Étienne la Croatie, la Transylvanie, l'Esclavonie, la Galicie (pourquoi pas encore la Moravie et la Bohème ?), la nationalité se résout dans la substitution d'une dynastie magyare à celle de Habsbourg : capitale, Vienne. Pour les Polonais, à qui l'on eût tout d'abord restitué leurs limites de 1772, une superficie de 38,000 lieues carrées comprenant une foule de populations qui n'eurent jamais de polonais que l'estampille, la nationalité devait aboutir à la formation d'un empire slave, qui eût englobé jusqu'à Moscou et Pétersbourg. C'est en vertu du principe de nationalité enfin, que certain parti allemand, plus soigneux à ce qu'il paraît de la pureté de la race qu'avide d'annexion, proposait naguère de former, avec le concours de l'Empereur des Français, un empire unitaire, fallût-il pour cela sacrifier à cet allié la rive gauche du Rhin.

Une certaine entente, fruit de la similitude des aspirations, s'était donc formée entre les représentants de ces nationalités, autant qu'il est permis d'en juger par les harangues de Garibaldi, les révélations de Kossuth et de Klapka et l'ensemble des événements. Un plan de soulèvement simultané avait été concerté en Italie, en Grèce, dans le Monténégro, en Hongrie et en Pologne. Des ramifications s'étendaient dans le comté de Nice, et même, d'après ce qui m'a été affirmé, sur la côte de France jusqu'à Marseille. Ceux qui ont voyagé en Provence savent que cette population, de langue italienne, n'est pas encore entièrement francisée, et la chasse donnée aux républicains et aux socialistes en 1852 n'a pas davantage incliné vers Paris ses sentiments. Au signal donné l'explosion devait se faire partout à la fois : les peuples se levaient, les gouvernements étaient renversés, les dynasties expulsées, bientôt remplacées comme on peut croire ; Venise et Trieste étaient rendues aux Italiens, la carte de l'Europe remaniée; et Garibaldi, dans une extase héroïque, après avoir doté d'une main son pays de cette glorieuse unité, qui devait faire de l'Italie la puissance la plus centrale et en même temps la plus indépendante de l'Europe, rendait de l'autre à la France la liberté, en dédommagement de sa prééminence perdue.

La presse démocratique de Paris adhérait-elle à ce plan? En connaissait-elle du moins l'existence? Le prenait-elle au sérieux ou ne l'admettait-elle que sous bénéfice d'inventaire? Qui le saurait dire? Je ne crois pas qu'elle-même puisse fournir la moindre lumière à ce sujet, tant elle est légère de conception, inattentive aux faits, indiscrète dans ses discours, indigne de la confiance de ses propres amis. D'ailleurs M. Guéroult est ami de l'Empire; M. Havin ami de l'Empire; M. Peyrat ne passait nullement pour brouillé avec l'Empire; la *Patrie* et le *Pays* sont aussi dévoués que la *France* elle-même à l'Empire; le *Journal des Débats*, malgré la faveur qu'il accorde au Piémont, a plus d'une attache avec l'Empire; le *Temps* a déclaré, lors de sa fondation, qu'il n'était d'aucun parti. Puis, tout ce journalisme a blâmé, peut-être sans la comprendre, la dernière levée de boucliers de Garibaldi : ce qui ne signifie pas qu'il repousse le principe de nationalité entendu à la façon garibaldienne; il a seulement décliné la tentative du général comme incongrue et inopportune.

Certes, le projet d'une Italie unitaire, considéré d'un point de vue exclusivement gouvernemental, abstraction faite des intérêts économiques et du bien-être des masses auxquels le système fédératif peut seul donner satisfaction, abstraction faite surtout de la Liberté générale pour laquelle toutes ces unités politiques sont de plus en plus une entrave, ce projet, dis-je, avait son côté plausible, et il y eut un instant où l'on put croire qu'il réussirait. Il fallait pour cela, comme je l'ai dit plus haut, attendre tout du temps et de la pression des circonstances; s'adresser aux gouvernements qu'inquiétait le progrès des armes françaises, à l'empereur des Français lui-même que fatiguait l'affaire de Rome, et qu'aurait fini par entraîner la Démocratie, prête à sacrifier à la grandeur du nouveau royaume l'intérêt manifeste de l'Empire.

Mais du moment que Garibaldi et Mazzini se séparaient de Victor-Emmanuel, faisaient appel aux *nationalités*, c'est-à-dire à toutes les factions évincées de l'Europe, déclaraient la guerre aux dynasties, à l'Autriche devenue constitutionnelle, à la Russie émancipatrice de ses paysans, à la France impériale dont l'intervention venait de rendre la liberté à l'Italie; du moment qu'ils refusaient de compter avec les puissances établies et avec les nécessités du siècle pour se livrer à leur emportement démagogique, la partie était perdue pour eux, et leur projet d'unité, condamné par la Révolution et par l'Économie politique, n'apparaissait plus, au point de vue politique, que comme une insoutenable utopie.

Des résurrections de Lazares, opérées par la vertu du *prononcement* populaire, en dehors de la prudence la plus commune, voilà donc le fonds et le tréfonds de la politique des modernes démocrates! Au lieu de pousser les peuples dans la voie des fédérations, qui est celle de toutes les libertés politiques et économiques, on les soûle d'utopies gigantesques, on les invite à des contrefaçons césariennes, sans songer que l'histoire des nations n'est point uniforme, que le progrès ne consiste pas en de vaines répétitions, et que ce qui put se justifier à une époque, serait une coupable chimère dans une autre ; et quand, par une fortune inespérée, l'occasion se présente de réaliser ces projets rétrogrades, on compromet tout, on perd tout, par l'indiscipline, la personnalité et l'extravagance des manifestations.

Le succès devait répondre à la tactique. D'abord, en matière de conspiration, il est rare que les conspirateurs parviennent à se mettre d'accord. Chacun prétend exploiter l'affaire à son profit : c'est à qui s'emparera de l'initiative et fera converger vers ses desseins particuliers tout l'effort de la ligue. La bataille n'est pas engagée que déjà les conjurés se méfient les uns des autres et se menacent.

Les Monténégrins et les Grecs donnent le signal, suivis par ceux des îles Ioniennes. Mais Garibaldi ne répond pas à l'appel, occupé qu'il est d'assurer avant tout le triomphe de l'unité italienne. Le Turc, qu'il s'agissait d'abattre le premier, reste debout ; les Ioniens sont rangés à l'ordre par les Anglais leurs maîtres, amis pour le surplus de Garibaldi. Garibaldi n'avait point songé à la difficulté de conserver à la fois, dans cette conjoncture, l'appui de l'Angleterre et la coopération des Ioniens. Aussi la presse britannique est-elle unanime à blâmer la folle entreprise du général. Les Monténégrins sont écrasés : le résultat pour les Grecs est d'expulser, au lieu du Sultan, leur propre roi Othon, qu'il s'agit actuellement de remplacer par un prince quelconque, pourvu qu'il ne soit ni anglais, ni français, ni russe, si mieux l'on n'aime, comme le proposait dernièrement le *Siècle*, créer pour la Grèce une confédération !... Enfin, Garibaldi paraît sur la scène et appelle la Hongrie : mais Klapka et Kossuth l'abandonnent à leur tour, lui reprochant de venir trop tard et lui déclarant qu'ils ne reconnaissent pas en lui la voix de l'Italie, dès lors qu'il ne marche pas avec Victor-Emmanuel. A quoi Garibaldi aurait fort bien pu répondre que si lui, Garibaldi, devait pour le service de la Hongrie marcher avec Victor-Emmanuel, eux, Kossuth et Klapka, devaient pour le service de l'Italie marcher avec François-Joseph : ce qui concluait à la négation même de l'entreprise. Enfin Garibaldi, dont la seule chance était dans l'espoir qu'il avait d'entraîner l'armée royale, abandonné à lui-même, succombe à la première rencontre, au moment où il essaye de jouer à Aspro-Monte le rôle de Napoléon Ier à Grenoble. Les soldats piémontais ses compatriotes ont tiré sur lui comme sur l'ennemi de leur nation. Et maintenant la Pologne achève de s'effondrer dans une insurrection désespérée et dans les assassinats; l'Allemagne bâille à l'unité, et nous, Français, nous attendons notre délivrance !

Tout cela est-il assez absurde? Est-ce là ce qu'on peut appeler une politique intelligente, libérale, républicaine? Est-ce là de la révolution? Reconnaissez-vous, dans ces organisateurs de complots, des fondateurs d'États, des chefs de nations, de véritables hommes politiques ?

J'ai rendu aux vertus privées de Garibaldi, à sa bravoure,

à son désintéressement, un témoignage qui a été cité avec satisfaction par quelques-uns de mes adversaires. Mais, cet hommage sincère rendu à l'homme, puis-je faire autrement que de condamner l'agitateur? Puis-je prendre au sérieux Garibaldi criant *Vive Victor-Emmanuel* et travaillant à le démolir; affirmant l'unité et se disant démocrate, républicain même, ce qui veut dire apparemment homme de tous les droits et de toutes les libertés; accusant le ministre Rattazzi de trahir l'unité, et lui reprochant son *municipalisme* comme trop centralisateur? Garibaldi, aussi prompt à saisir la dictature qu'à s'en démettre; ayant en lui du César et du Washington; cœur excellent, dévoué, mais indisciplinable et que semble gouverner un malheureux génie, se doute-t-il seulement de ce que c'est que monarchie et république, unité et décentralisation? S'est-il jamais aperçu qu'entre démocratie et empire il n'y a pas l'épaisseur d'une feuille de papier? Que faisait-il, le 3 février 1852, à Santos-Lugares, où, à la tête de 900 Italiens, il décida la victoire en faveur d'Urquiza, chef des révoltés de la Plata, soi-disant armé pour la confédération des républiques du Sud et tôt après dictateur, contre Rosas, chef ou dictateur de la république Argentine, qui portait aussi de son côté le drapeau de la confédération? Était-ce pour un principe, ou seulement contre une tyrannie que se battait Garibaldi? De quel côté était l'unité, suivant lui, à Buénos-Ayres? de quel côté la fédération? Pourquoi lui Garibaldi s'immisçait-il dans cette querelle? Et à Rome, où, en 1849, il se signala par ses prouesses contre l'armée française, était-il pour la fédération ou pour l'unité? Était-il avec Cernuschi le fédéraliste, ou avec Mazzini l'unitaire?

Ou bien n'obéissait-il, comme aucuns le prétendent, qu'à ses propres inspirations?...

On attribue à Garibaldi, parlant de Napoléon III, le propos suivant : *Cet homme a une queue de paille, et c'est moi qui y mettrai le feu.* Le mot serait joli s'il avait été appuyé sur le succès. Après le désastre d'Aspro-Monte, ce n'est plus qu'une forfanterie dont le ridicule retombe sur son auteur. Hélas! ce que la Démocratie a pris pour la queue de paille de Napoléon III était la queue du diable, qu'elle est condamnée à tirer longtemps encore, si les tribuns en qui elle a placé sa confiance ne changent de tactique et de maximes.

CHAPITRE XI.

Hypothèse d'une solution par le principe fédératif.

La défaite de Garibaldi n'a ni résolu le problème, ni amélioré la situation. L'unification de l'Italie est renvoyée, il est vrai, aux calendes grecques; M. Rattazzi, jugé trop centralisateur, a dû se retirer devant les exigences municipalistes; du même coup, la question de la Papauté s'est quelque peu effacée dans l'éclipse garibaldienne. Mais l'antithèse des deux puissances, italienne et française, subsiste menaçante, inconciliable; l'Italie se tord dans la guerre civile et l'anarchie, la France est en proie à l'angoisse d'un péril immense.

Déjà il est question d'un retour au *statu quo*, c'est-à-dire à une division de l'Italie en quatre ou cinq États indépendants, comme avant la guerre de 1859. Si cette solution est adoptée, elle sera l'œuvre de la diplomatie; elle aura probablement pour conséquence la restauration des princes déchus; les formes constitutionnelles, les garanties promises seront conservées: mais le démenti aura été donné à la Démocratie, et par elle indirectement à la Révolution. La cause du peuple, je veux dire de cette plèbe ouvrière des villes et des campagnes qui doit désormais fixer toute l'attention des vrais révolutionnaires, aura été sacrifiée par le soi-disant parti de *l'action* à des spéculations personnelles aussi ambitieuses que chimériques, et la véritable question pour longtemps ajournée.

Des *chauvins*, que la perspective d'une France amoindrie agite jusqu'à la terreur, voudraient qu'on en finît par un coup de tonnerre, et que l'Empereur des Français, reprenant hardiment la politique de son oncle, confiant dans la sympathie des masses et jouant quitte ou double, déclarât l'Empire français rétabli dans les limites de 1804, et par un seul et même acte incorporât à la France, au nord la Belgique et tout le Rhin, au midi la Lombardie et le Piémont. On offrirait à Victor-Emmanuel le trône de Constantinople. Hors de là, disent-ils, tout ne sera jamais que palliatif. La

France demeure annulée ; ce n'est plus en elle qu'est le centre de gravité de la politique. Les plus modérés recommandent d'entretenir l'agitation en Italie jusqu'à ce que, de guerre lasse, fatiguée de brigandage, la nation fasse un nouvel appel au libérateur de 1859 et se rejette dans ses bras.

Ces conseils du désespoir accusent bien haut la faute de ceux qui, par les plus détestables calculs, ont poussé le peuple italien à cette fantaisie d'unité. Tandis que chez nous la vieille Démocratie, à bout de bavardage, aspire pour se refaire à une mêlée générale, et, sans provocation, sans motifs, sollicite de nouvelles annexions ; tandis que là-bas elle redouble de machiavélisme et pousse les masses à la révolte, l'Angleterre, qui froidement observe la crise, gagne partout du terrain et nous défie ; l'Allemagne, l'Autriche, la Prusse, la Belgique, la Russie se tiennent prêtes. L'empire bloqué, tout le monde s'attend à une explosion. Que nous succombions dans un nouveau Waterloo, ce que nous pouvons tenir pour certain si la Victoire, selon son habitude, reste fidèle aux gros bataillons, et, comme corps politique, comme foyer de civilisation d'où la philosophie, la science, le droit, la liberté irradiaient sur le monde, nous aurons vécu. La France de Henri IV, de Richelieu et de Louis XIV, la France de 89, de 93, de 1802, de 1814, de 1830, de 1848, aussi bien que celle de 1852, aura dit son dernier mot ; elle sera finie.

Combien cette situation désolante eût paru simple, facile, avantageuse à toutes parties, si on l'eût envisagée, en 1859, du point de vue des principes, du point de vue de la fédération !

Considérez d'abord que ce qui fait de l'Italie, comme puissance maritime et industrielle, une rivale si redoutable à la France, disparaît entièrement, sans perte aucune pour le peuple italien, dans le système fédératif. Ce ne sont pas, en effet, les avantages de position et de territoire, ce n'est pas la supériorité de l'industrie et des capitaux qui rend un peuple dangereux à ses voisins; c'est leur concentration. La richesse distribuée est inoffensive et n'excite pas l'envie; seule la richesse agglomérée entre les mains d'une féodalité fortement assise, et par celle-ci mise à la disposition d'un pouvoir entreprenant, peut devenir, dans l'ordre économique et dans l'ordre politique, une force de destruction. L'influence oppressive, dissolvante d'une aristocratie financière, industrielle et territoriale sur le peuple qu'elle exploite et sur l'État n'est pas douteuse : cette vérité, grâce à 1848, peut passer aujourd'hui pour un lieu commun. Eh bien! ce qu'est l'agglomération des forces économiques à l'intérieur pour la classe travailleuse, elle le devient au dehors pour les nations voisines ; et réciproquement ce qu'est pour le bien-être d'une nation et pour la liberté des citoyens la répartition égale des instruments du travail et des sources de la richesse, elle le devient aussi pour la communauté des peuples. La cause du prolétariat et celle de l'équilibre européen sont solidaires; toutes deux protestent avec une égale énergie contre l'unité et en faveur du système fédératif. Faut-il dire que le même raisonnement s'applique au gouvernement et à l'armée, et que la confédération la plus brave, disposant du même nombre de soldats, ne pèsera jamais sur ses voisins autant qu'elle ferait si elle se transformait en monarchie unitaire?

Que les Italiens tirent le meilleur parti de leur position géographique, qu'ils développent leur marine, qu'ils exploitent leurs chemins de fer, qu'ils deviennent industrieux et riches : c'est leur droit, et nous n'avons pas, nous autres Français, à nous en préoccuper. A chaque nation son héritage; nous avons le nôtre, qu'il ne tient qu'à nous de faire valoir. Après tout, nous ne pouvons pas prétendre à l'exploitation pas plus qu'à la conquête du globe : il faut laisser ces idées de monopole industriel, commercial et maritime aux Anglais. Ne bâtissons pas notre fortune sur la fourniture de l'étranger : les Anglais, nos rivaux, pourraient nous dire que si, par moments, le privilége de l'exportation produit d'énormes bénéfices, il a pour compensation d'épouvantables misères. Dans l'économie générale, le principal marché de chaque nation est en elle-même; le marché du dehors est un accessoire : ce n'est que par exception qu'il peut primer l'autre. Le développement économique qui se fait remarquer en ce moment par toute l'Europe est une démonstration de cette loi, dont la fédération italienne eût fait une application décisive. Aussi l'Angleterre aristocratique pousse de toutes ses forces à l'unité de l'Italie : elle comprend que, dans tous les cas, la prééminence sur la Méditerranée devant lui échapper, il lui importe d'opposer à la bancocratie et à la centralisation françaises une centralisation et une bancocratie égales.

J'avoue pourtant que si la fédération industrielle, s'organisant en Italie par le fait même de la fédération politique, ne crée pas pour la France unitaire un sujet d'inquiétude légitime ; si l'Italie confédérée, n'ayant rien de commun avec l'Empire français ni par sa constitution, ni par ses aspirations, ne se posant point en rivale, ne peut pas être accusée de nous causer aucun préjudice, son progrès industriel et commercial n'en sera pas moins pour nous une cause de moindre bénéfice, de manque à gagner. Mais quelle conséquence tirer de là? Une seule : c'est que le peuple français, s'il veut conserver son initiative et soutenir dignement la concurrence, devra suivre l'exemple du peuple italien : admettant qu'il garde sa centralisation politique, il fera sagement de préparer tout au moins sa fédération économique. Un tel résultat serait un des plus heureux effets de la fédération, non-seulement pour l'Italie, mais pour la France elle-même et pour toute l'Europe.

Mais c'est aussi ce dont ne se soucient aucunement les partisans français de l'unité italienne, spéculateurs en général, faiseurs d'affaires, pourchasseurs d'actions industrielles et de pots-de-vin, inféodés à la bancocratie. Ceux-ci, pour consolider en France le monopole et se prémunir en même temps contre la concurrence du monopole italien, ne manqueront pas d'organiser, si déjà ce n'est chose faite, une association monstre, dans laquelle se trouveront fusionnées et solidarisées la bourgeoisie capitaliste et toute la gent actionnaire de ce côté-ci et de ce côté-là des Alpes. N'oublions pas que la monarchie constitutionnelle, bourgeoise et unitaire, a pour tendance, en ce qui touche la politique internationale, de garantir d'État à État les classes exploitantes contre les classes exploitées, conséquemment de former la coalition des capitaux contre les salaires, de quelque langue et nationalité qu'ils soient tous. Voilà pourquoi *le Journal des Débats* se trouve d'accord avec *le Siècle, l'Opinion nationale, le Pays, la Patrie* et *la Presse*, sur la question italienne. Ici la couleur politique s'efface devant la conspiration des intérêts (1).

Terminons cette seconde partie. Contre le projet renouvelé des anciens Césars d'une unité italienne, il y avait :

La constitution géographique de la Péninsule;

Les traditions municipales ;

(1) La coalition capitaliste entre la France et l'Italie est aux trois quarts faite : il suffit de jeter les yeux sur la quatrième page des journaux pour s'en assurer. Que sont les emprunts dits italien, piémontais, romain; l'emprunt de la ville de Milan, le canal Cavour, les chemins de fer Lombard, Vénitien, Romain, etc., sinon des valeurs françaises autant et même plus qu'italiennes? Le Parlement de Turin a décidé que les actions du chemin de Naples seraient réservées aux capitaux italiens : *Italia fara da se*. Mais on sait que derrière ces noms indigènes il y aura, comme toujours, des bailleurs de fonds français. Un nouvel emprunt italien, au capital de 500 millions, se prépare : par qui sera-t-il souscrit? Une personne assez au courant de ces sortes de choses me l'assurait dernièrement, par la maison Rothschild. Tôt ou tard on créera en Italie un Crédit foncier et un Crédit mobilier : quels en seront les fondateurs? Les mêmes, ou d'autres leurs pairs, qui ont créé le Crédit mobilier en France et en Espagne. Associer dans une vaste solidarité anonyme les capitaux de tous les pays, c'est ce qui s'appelle accord des intérêts, fusion des nationalités. Qu'en pensent les néo-jacobins?

Le principe juridique, républicain, de la fédération;

L'occasion favorable : l'Autriche vaincue, la France offrant sa garantie;

La question romaine à résoudre, ce qui voulait dire la Papauté à séculariser, l'Église à révolutionner;

La plèbe à émanciper;

Les susceptibilités politiques et commerciales de la France, l'amour-propre de l'Empereur, à ménager;

Le progrès des nations à servir et l'équilibre européen à reformer, par le développement des fédérations.

Si ce qu'on nomme opportunité, en politique, n'est pas un vain mot, j'ose dire qu'elle se trouvait là.

La Démocratie néo-jacobine n'a admis aucune de ces considérations. La géographie a été par elle méconnue; — l'histoire dédaignée; — les principes foulés aux pieds; — la cause du prolétariat trahie; — l'occasion repoussée; — la garantie française méprisée; — la question romaine embrouillée; — la France menacée, compromise; — l'Empereur blessé; — le progrès européen sacrifié, sous prétexte de *nationalité*, à une conspiration d'aventuriers et d'intrigants. Nous connaissons la suite.

Il n'a tenu qu'à Garibaldi, à certain moment de sa carrière, de donner à l'Italie, avec la liberté et la richesse, toute l'unité que comporte entre cités indépendantes un régime de garanties mutuelles, mais que l'on ne trouvera jamais dans un système d'absorption. Il n'a tenu qu'à lui, en suscitant les fédérations de l'Europe à la place de ces *nationalités* à jamais éteintes, de rendre la République partout prépondérante, et d'inaugurer avec une irrésistible puissance la Révolution économique et sociale. Dirai-je qu'il a reculé devant la tâche? A Dieu ne plaise : il eût suffi qu'il l'aperçût pour qu'il voulût l'exécuter. Garibaldi n'a rien compris à son époque, rien par conséquent à sa propre mission. Son aveuglement est le crime de cette démocratie rétrograde qu'il a trop écoutée, de ces entrepreneurs de révolutions, restaurateurs de nationalités, tacticiens de l'aventure, hommes d'État *in partibus*, pour lesquels il a eu trop de déférence. Puisse-t-il, maintenant que son erreur l'a brisé, ne jamais comprendre dans toute sa profondeur la vérité qu'il a méconnue! La perte de ses illusions, il la supporterait en philosophe, en héros; ses regrets lui seraient trop amers.

J'ai dit quels étaient mes principes : ce que j'eusse voulu faire, si j'avais été à la place de Garibaldi et de Mazzini ; ce que j'aurais conseillé, si j'avais eu voix au chapitre; ce que je croyais avoir suffisamment exprimé dans ma dernière publication. MM. les démocrates unitaires sauraient-ils me dire à leur tour ce qu'ils ont voulu et ce qu'ils veulent? Pourraient-ils expliquer ce qu'ils entendent par *Liberté*, *Souveraineté du peuple*, *Contrat social*, et donner une définition de la RÉPUBLIQUE?

TROISIÈME PARTIE

LA PRESSE UNITAIRE

Absque dolo et injuriâ.

CHAPITRE PREMIER.

De la dignité du journaliste. — Influence de l'unitarisme sur la raison et la conscience des écrivains.

J'ai été maltraité dans ma personne par la presse unitaire; je n'userai point vis-à-vis d'elle de représailles. Je veux au contraire lui rendre le bien pour le mal, en lui faisant voir tout à l'heure, par l'exemple de quelques-uns de ses représentants le plus en crédit, quel danger courent la raison et la conscience de l'écrivain, quand il se laisse dominer par un préjugé de nature à affecter l'indépendance de son opinion.

Je lis dans une publication récente de M. Pelletan, *La Tragédie italienne*, page 43 :

Mais, dites-moi, ne trouvez-vous pas étrange et quelque peu fâcheux que la presse démocratique, que la presse voltairienne, fleurisse sa boutonnière de l'ordre deux fois édifiant de Saint-Maurice et de Saint-Lazare, et qu'elle défende le Piémont à outrance avec la livrée du Piémont sur la poitrine? Et quand elle nous insulte, comme elle le fait, parce que nous ne partageons pas son admiration béate pour la politique piémontaise, nous avons bien le droit de lui dire : Otez donc votre ruban, si vous voulez que l'on vous croie!

L'auteur que je cite revient à plusieurs reprises sur ces décorations, dont il avait parlé déjà dans une brochure antérieure, *La Comédie italienne*. Aucune protestation ne s'est élevée contre ses paroles.

Cependant, d'après ce qui m'est revenu, le reproche de M. Pelletan manquerait d'exactitude, au moins en un point, le port de la décoration. Les rédacteurs des feuilles monarchiques, telles que les *Débats*, la *Patrie*, le *Pays*, portent leur décoration; les rédacteurs des journaux démocratiques, comme le *Siècle* et l'*Opinion nationale*, s'en abstiennent. Pourquoi? Ce n'est pas parce que la décoration leur a été donnée par un gouvernement étranger : autrement, il eût été plus simple de la refuser. C'est, dit-on, qu'il ne sied point à des démocrates de porter un insigne monarchique. Singulier scrupule, en vérité!

Ainsi voilà qui paraît avéré :

Des décorations ont été distribuées à des journalistes français par le gouvernement du Piémont, en reconnaissance de leurs articles sur l'unité italienne ;

Parmi ceux qui les ont reçues, les uns, franchement ralliés au principe monarchique, ne font nulle difficulté de s'en parer ; les autres, démocrates ou considérés comme tels, y mettent plus de façon et s'en privent ;

Mais, opinion politique à part, tous sont d'accord qu'une récompense honorifique décernée à des journalistes à raison de leurs publications, même par un gouvernement étranger, n'a rien d'incompatible avec les devoirs de leur profession.

Or, telle est précisément l'opinion que je viens ici combattre.

D'une part, la vérité est absolue ; elle ne souffre ni augmentation ni diminution. Telle elle nous apparaît, telle nous la devons exprimer : *Est, est ; non, non ;* telle nos semblables ont le droit de l'exiger de nous. La vérité gazée, amendée ou illustrée, est un mensonge. — D'autre part, la pratique de la vérité est difficile, aussi difficile que celle de la justice : c'est pourquoi l'homme qui s'est donné pour mission de dire et publier la vérité, doit offrir, pour gage de véracité, le désintéressement le plus parfait, l'indépendance la plus absolue. Telle est la vérité, tel doit être son représentant, aussi incorruptibles l'un que l'autre.

En principe donc, un journaliste ne peut recevoir de qui

que ce soit, en reconnaissance de ses articles, ni gratification ni décoration, et conserver son office. De deux choses l'une : ou bien il renoncera à un témoignage que, par son zèle, son talent, sa haute probité, il peut avoir mérité ; ou, s'il croit devoir l'accepter, il donnera sa démission. Un journaliste ne peut être décoré, même par ses concitoyens, qu'après sa mort. L'idée d'une rémunération quelconque, pécuniaire ou honorifique, en sus de l'indemnité due à l'écrivain à raison de son travail, est incompatible avec son mandat. En elle-même, cette rétribution porte atteinte à son désintéressement et à son indépendance ; à plus forte raison si elle a été offerte par une partie intéressée et dans une cause douteuse.

Certes, la mission de journaliste est pénible : c'est ce qui en fait l'honorabilité. L'homme qui se consacre à la manifestation de la vérité doit être prêt à tout risquer pour elle : fortune, affections, réputation, sécurité. Il faut qu'il rompe toutes les attaches de son cœur et de son esprit, qu'il foule aux pieds, popularité, faveur du pouvoir, respect humain. Où est-il le héraut véridique, l'orateur incorruptible, l'écrivain sans peur et sans reproche? Quand je considère les tribulations qui l'attendent, les séductions et les piéges qui l'enveloppent, le martyre suspendu sur sa tête, je ne sais plus si je puis me fier aux noms même les plus saints : Socrate, Confucius, Jésus-Christ.

Telle n'est pas la règle de conscience de nos journalistes, et il faut convenir que dans les conditions où ils sont placés, sous l'influence de préjugés qu'ils partagent, d'intérêts dont ils ont leur part, il est difficile d'obtenir cette haute indépendance, cette véracité sans tache qui sont les vertus par excellence du publiciste comme de l'historien. Leur vérité n'est jamais que relative, leur vertu une demi-vertu, leur indépendance une indépendance qui a besoin, pour se soutenir, d'une suffisante et préalable indemnité.

Examinons ce qu'est ajourd'hui une entreprise de journalisme.

Une société se forme pour la publication d'un journal. Elle se compose des citoyens les plus honorables ; elle sera anonyme ; la rédaction demeurera, autant que possible, collective ; toute opinion, toute prépondérance individuelle, est récusée d'avance : que de garanties d'impartialité !... Eh bien ! cette compagnie anonyme, ce ministère de publicité affranchi de toute influence particulière, est une association de mensonge, où la collectivité de la rédaction ne sert qu'à dissimuler l'artifice, tranchons le mot, la vénalité.

D'abord, il faut à cette société un capital ; ce capital est fourni par actions. C'est une société de commerce. Dès lors la loi du capital devient la dominante de l'entreprise ; le profit est son but, l'abonnement sa préoccupation constante. Voilà le journal, organe de la vérité, fait industrie, boutique. Pour accroître ses bénéfices, pour conquérir l'abonné, le journal devra ménager, caresser le préjugé ; pour assurer son existence, il ménagera davantage encore le pouvoir, soutiendra sa politique en ayant l'air de la censurer ; joignant l'hypocrisie à la couardise et à l'avarice, il se justifiera en alléguant les nombreuses familles qu'il fait vivre. Fidélité, à la vérité? — non, à la boutique : tel sera, bon gré mal gré, la première vertu du journaliste.

Entrepreneur d'annonces et de publications, le journaliste pourrait mettre sa responsabilité à couvert, en bornant son ministère à une simple insertion. Mais les abonnés attendent mieux de lui : ce sont des appréciations qu'ils demandent, c'est par là que le journal se rend surtout intéressant. Donc, si le journal s'interdit toute espèce de jugement défavorable sur les choses qu'il annonce, parce que ce serait éloigner de lui la branche la plus lucrative de son commerce, il y aura cependant certains objets, certaines entreprises, qui mériteront son suffrage, et que, moyennant salaire, il recommandera au public. Toute la question sera pour lui de bien placer ses recommandations et de s'arranger de manière à n'y pas contredire. Constance dans les amitiés, fidélité et discrétion à la *clientèle* : telle est la probité du journaliste. C'est celle du commis qui se ferait scrupule de dérober un centime à la caisse, et qui traite de Turc à Maure le chaland. De ce moment vous pouvez compter que la prévarication et l'infidélité président à la confection de la feuille. N'attendez plus aucune garantie de cette officine, succursale des compagnies et établissements qui la subventionnent, trafiquant de ses réclames, levant tribut, à l'aide de ses comptes-rendus ou bulletins, sur le monde entier, bourse, commerce, industrie, agriculture, navigation, chemins de fer, politique, littérature, théâtre, etc. C'est toute une alchimie que d'extraire la vérité de la comparaison de ses articles avec ceux de ses concurrents.

C'est bien pis lorsque, chose qui ne manque jamais d'arriver, cette société soi-disant formée pour le service de la vérité, épouse une opinion politique et devient l'organe d'un parti. Vous pouvez la considérer définitivement comme une fabrique de fausse monnaie et une cathèdre d'iniquité. Tout moyen lui est bon contre l'ennemi. Jamais gazette démocratique parla-t-elle avec convenance d'un gouvernement monarchique, et jamais feuille royaliste rendit-elle justice aux aspirations de la démocratie? Quels jugements que ceux portés par les libéraux et les cléricaux les uns contre les autres! Quelle critique que celle de ces écrivains amateurs, sans spécialité, souvent sans études, payés pour lire et enterrer toutes sortes d'écrits, et traitant la justice littéraire comme une amplification de rhétorique ou une invective de club! Plus le journal témoigne de violence et de mauvaise foi, plus il s'imagine avoir fait acte de vertu. Fidélité au parti, comme à la boutique et à la clientèle, n'est-ce pas sa loi suprême?

La presse périodique a reçu de nos jours le plus cruel outrage qui puisse être infligé à des journalistes, quand le gouvernement a décidé que les comptes-rendus des chambres seraient fournis aux journaux par la questure. Sans doute je ne prétends point que la questure soit infaillible, ni le *Moniteur* lui-même; ce n'est pas par de semblables mesures que je voudrais réformer la presse. Je dis que le châtiment a été mérité. L'abus du travestissement, comme celui de la réclame et de l'éreintement, était devenu intolérable; et quand les journaux se plaignent des entraves du pouvoir, on peut leur répondre qu'ils ont fait eux-mêmes leur destin. Qu'ils traitent le public et la vérité comme ils voudraient que le gouvernement les traitât, et j'ose le leur prédire : la vérité serait bientôt libre en France et la presse avec elle.

On doit comprendre à présent, d'après cette monographie fort écourtée du journal, comment certains rédacteurs des principaux journaux de Paris ont été conduits à accepter la décoration du gouvernement piémontais. Notre système politique et social est ainsi fait, que toute vie, toute profession, toute entreprise, relève nécessairement d'un intérêt, d'une coterie, d'une corporation, d'une opinion, d'un parti, d'une clientèle, en un mot d'un groupe. Dans une situation pareille, l'écrivain est toujours dans la vérité et la probité relative ; il n'y a pas pour lui de vérité ni de vertu vraie. Pour servir la vérité sans partage, il faudrait s'affranchir de toutes les servitudes qui composent la presque totalité de l'existence, rompre en visière à tous ces groupes de hauts et puissants intérêts, briser toutes ces unités. Chose impossible, tant que le système politique et social n'aura pas été réformé de fond en comble.

Les choses étant ainsi, l'entrepreneur de publicité se demande naturellement pourquoi, après maints services rendus par lui à son opinion, à son parti, disons-le même, à ses concitoyens, à sa patrie, il n'en recevrait pas, soit une distinction honorifique, soit même un émolument?

Pourquoi il refuserait une récompense d'une cause étrangère, mais analogue à celle qu'il est chargé dans son propre pays de défendre et s'y rattachant par un lien solidaire? Quoi de plus simple, par exemple, que les organes de l'unité, tels que les *Débats*, le *Pays*, la *Patrie*, le *Siècle*, l'*Opinion Nationale*, etc., considérant la monarchie italienne comme une contre-partie de la monarchie française, soit de la république une et indivisible, acceptent la décoration du roi d'Italie?

Et c'est à quoi je réponds, non pas, comme M. Pelletan, en faisant ressortir l'inconvenance d'une décoration monarchique placée sur une poitrine de démocrate, mais au nom de la vérité même, qui, absolue de sa nature, exige de celui qui s'en fait l'apôtre une garantie d'indépendance également absolue.

En veut-on une preuve irrécusable? Je suppose qu'au lieu de décoration il s'agisse d'une subvention, comme le bruit en a couru. Ceux qui, en toute sécurité de conscience, ont reçu la décoration de Saint-Lazare, eussent-ils accepté de même une somme d'argent? Non, certes; et si je me permettais de les en accuser, je serais poursuivi par eux en diffamation. Remarquez pourtant que la subvention pourrait se justifier de la même manière que la décoration; que tout ce qu'on peut dire en faveur de celle-ci, on pourrait le répéter en faveur de celle-là; que dans une exacte logique, enfin, il y a parité entre les deux faits. Pourquoi donc, par une inconséquence qui témoigne de leur honnêteté, les mêmes hommes mettent-ils une si grande différence entre l'un et l'autre? C'est qu'en fin de compte, tout en reconnaissant qu'ils ne représentent qu'une vérité relative, ce dont témoigne leur décoration, ils comprennent que leur véritable mandat est celui d'une vérité absolue; que cette vérité absolue, bien qu'inaccessible dans le milieu où ils vivent, n'en conserve pas moins ses droits; que le public entend s'y référer, et que s'il tolère que les journaux d'après lesquels il forme son opinion recueillent de leurs bons offices un ruban, il ne permettrait pas qu'ils reçussent du numéraire. Il y a là une transaction de conscience qu'excuse l'état des mœurs, mais que ne saurait admettre une morale, je ne dis pas rigide, mais tant soit peu rationnelle.

Pour moi, qui fais profession, non pas de rigorisme, mais d'exactitude dogmatique; moi qui ai foi dans un système où la justice, la vérité et l'indépendance seraient le plus grand intérêt du citoyen et de l'État, je conclus également, en ce qui touche les journaux, et contre les subventions, et contre les décorations. Je dis à Messieurs de la presse unitaire : Vous ne représentez point le droit, mais des intérêts; vous n'êtes pas plus des hommes de vérité que de liberté. Vous êtes les représentants de l'équivoque et de l'antagonisme; et quand vous vous permettez de m'inculper à propos de mes opinions fédéralistes, que personne n'a ni décorées, ni subventionnées, et que je défends à mes risques et périls, vous n'êtes pas mes pairs. Car, sachez-le bien : une presse impartiale, probe et véridique, ne peut pas se trouver dans ce système d'intérêts centralisés où se meut votre pensée; où le pouvoir, objet de la compétition des partis, est dirigé par une raison d'État qui est autre chose que la vérité et le droit ; où par conséquent la vérité et le droit, variant au gré des intrigues, sont choses vénales, la raison et la conscience facultés mercenaires. Une presse sans reproche, telle que la suppose la liberté et que le progrès des institutions l'exige, ne peut exister que là où la justice est la loi suprême de l'État, le pivot de tous les intérêts; elle ne peut exister que dans le système fédératif.

La vérité comprise dispose à l'indulgence : je ne serai donc pas aussi sévère que M. Pelletan. Je ne dirai pas comme lui à messieurs les rédacteurs de la presse démocratique : *Otez votre ruban, si vous voulez qu'on vous croie.* Je leur dirai plutôt : Mettez votre ruban, si vous y tenez, afin que l'on vous connaisse ; faites mieux encore, acceptez toutes les subventions qui vous seront offertes, pourvu que vous en donniez publiquement quittance; et vous conserverez votre honorabilité, ce sera pour vous tout bénéfice. Le public saura, il est vrai, que vous parlez comme orateurs gagés du Piémont, non comme journalistes libres; il se tiendra en garde contre votre parole; mais enfin il vous lira comme s'il lisait une note de l'ambassade piémontaise, et vous aurez encore la chance d'être crus. L'avocat reçoit ses honoraires comme le médecin, et ni sa réputation ni l'autorité de sa parole n'en souffrent. Jules Favre, plaidant pour Orsini les circonstances atténuantes, n'était pas pour cela complice du régicide. Pourquoi vous, publicistes officieux, ne jouiriez-vous pas du même avantage ?... J'en jurerais presque : ceux que M. Pelletan accuse ne sont coupables que d'inadvertance. Dans le milieu unitaire où se meut leur pensée, il était difficile qu'ils eussent la notion exacte de leurs droits et de leurs devoirs, et il me suffira de les mettre en garde contre l'équivoque. Parlez-vous, Messieurs, comme journalistes ou comme avocats? L'un est aussi respectable que l'autre : mais expliquez-vous, car de ces deux choses également respectables la confusion ferait une infamie.

CHAPITRE II.

Le Siècle. — Hallucinations unitaires de M. Delort.

Allons, M. Taxile Delort, parlez le premier. Faites votre confession, si, ce que je ne veux pas présumer, vous avez quelque chose à confesser. Vous avez entendu le reproche de M. Pelletan ; vous savez les bruits qui courent, et je viens de vous dire à quelles conditions, si les faits allégués sont vrais, vous pouvez les rendre innocents. Vous m'avez appelé, à propos d'une brochure sur l'unité italienne, *Janicot*. Janicot, dans votre opinion, c'est sans doute pas grand'chose : cependant je ne vous rendrai pas injure pour injure, et me garderai de vous traiter de vendu. Je me contente de vous adresser cette simple question : Êtes-vous, oui ou non, décoré de Saint-Maurice et de Saint-Lazare? Si ce n'est vous, est-ce M. Edmond Texier, ou M. de la Bédollière, ou M. Léon Plée, ou M. Havin? L'êtes-vous tous, ou n'y a-t-il personne? Je ne vous parle pas de subvention : c'est un soupçon dont je ne veux charger qui que ce soit. Parlez donc, et franchement. Vous étiez en 1848, s'il m'en souvient, républicain, socialiste même, et quelque peu mon collaborateur au *Peuple*. Que faites-vous d'abord au *Siècle?* De tout temps on vous a regardé comme un parangon d'intégrité et de puritanisme, et vous l'avez fait voir, en montrant aux lecteurs du *Siècle*, au bénéfice du Piémont et à mes dépens, comme quoi je ne suis qu'un *Janicot*. Eh bien, citoyen Delort, décoré ou non décoré, je vais vous faire voir que l'amour de l'unité n'agit pas seulement sur la conscience du journaliste, qu'il affecte aussi l'entendement, et qu'en ce qui vous concerne, il vous a tout au moins perclus l'esprit.

Contre mon opinion fédéraliste, opinion qui ne date pas d'hier, M. Delort a cru pouvoir citer de moi des paroles dont il m'aurait fort obligé de m'indiquer la source, car j'ai le malheur de ne me relire jamais, et ce que j'oublie le mieux ce sont mes propres livres :

Il faut que la RÉPUBLIQUE dise à l'Autrichien : *Je veux que tu sortes de l'Italie*, et l'Autrichien en sortira ; — elle dira au Scythe : « Je veux que tu laisses ma Pologne chérie, » et le Scythe reprendra la route du désert.

Il m'est impossible aujourd'hui de deviner ce que le ton de ce passage pouvait emprunter à l'ouvrage d'où il est extrait. Mais quel rapport y a-t-il entre cette apostrophe de la RÉPUBLIQUE à l'Autrichien et au Scythe, et *l'unité* italienne? Je dis que la République, la République seule, entendez-vous, et une République fédérale encore, pourrait rendre la liberté aux Italiens et aux Polonais; et M. Taxile Delort, ancien républicain, tire de là un argument en faveur de la monarchie de Victor-Emmanuel ! Ces pauvres piémontistes ! Ils ne savent plus même comprendre ce qu'ils citent : quand on leur dit République ou Fédération, ils entendent unité et royaume !...

Autre citation de M. Delort, toujours sans indication de l'ouvrage :

L'in surrection des nationalités italienne, hongroise, polonaise, croate, qu'est-elle sinon la négation de cette grande féodalité des nat ions créée hors de tout droit et de toute loi par la Sainte-Alliance ?

Assurément je nie *la grande féodalité* des nations, aussi bien celle du moyen âge que celle du siècle présent; je nie la féodalité nobiliaire et la féodalité industrielle; je nie la féodalité des États, et pourquoi? Sans doute parce que je suis fédéraliste. A quoi bon alors me rappeler cette phrase? Est-ce que je la désavoue, et pourriez-vous me dire en quoi elle vous sert? Mais vous qui faites la *nationalité* synonyme d'UNITÉ, et qui par l'unité revenez avec tant de précision, quoique républicain, à la MONARCHIE, que faites-vous que de reformer cette grande féodalité dont la condition élémentaire est l'unité et la formule supérieure la Sainte-Alliance?

N'est-ce pas le même Proudhon, poursuit M. Delort, qui écrivait à la même époque : — La Révolution en Europe est identique et universelle; la contre-révolution est pareillement identique et universelle. Toutes les questions qui se débattent en ce moment en France, en Hongrie, à Rome, et par toute l'Allemagne, sont au fond la même question. Leur solidarité, leur identité est évidente : tout le monde le sent, le voit, le proclame.

Eh ! je ne pense pas autrement aujourd'hui. Je suis parfaitement convaincu, par exemple, que la question polonaise ne peut pas se résoudre autrement que la question italienne, c'est-à-dire par la fédération, et c'est pour cela que je suis radicalement opposé à ce que l'on appelle aujourd'hui restauration de la Pologne, et qui n'est autre que la reconstitution d'une grande unité politique au profit d'une aristocratie terrienne justement condamnée par l'histoire. Mais, encore une fois, qu'est-ce que le client du *Siècle*, le roi galant homme, peut avoir à gagner à cela ?

M. Delort cite toujours, intrépidement :

Partisan ardent du principe des nationalités en 1849, M. Proudhon se montrait l'adversaire acharné du Saint-Siége : il demandait l'établissement immédiat de la RÉPUBLIQUE *chrétienne*, dont le centre ne sera plus désormais à Rome, mais, comme le voulait l'Empereur, à Paris.

Passons sur l'épithète de *chrétienne*, qui, en 1849, ne scandalisait personne, pas plus qu'elle ne scandalise aujourd'hui M. Delort, et qui sous ma plume prenait une extension que l'orthodoxie ne lui accorde certainement pas. Je demande encore quel rapport il y a entre la RÉPUBLIQUE spirituelle, que je prédisais alors, que j'affirme toujours, et qui dans mon esprit ne signifia jamais que la Révolution et la Justice, et l'unitarisme de M. Delort? Où est, de ma part, la contradiction? De ce que, comme justicier et révolutionnaire, je suis opposé à l'Église, allez-vous tirer la conséquence que je dois voter avec vous le transfert des États du Saint-Père à Victor-Emmanuel? Quelle logique !

Dernière citation, d'après M. Delort :

L'abolition du pouvoir temporel des Papes, qu'est-ce autre chose que la Démocratie faisant, dans la ville des rois, des consuls, des empereurs et des papes, son entrée solennelle ? A un point de vue plus élevé, la chute de la puissance temporelle des Papes indique le retour définitif de l'humanité à la philosophie, l'abjuration du catholicisme, qui, une fois détaché de la terre, rentrera dans le ciel, d'où la volonté de Charlemagne l'a fait descendre.

Admirez l'artifice oratoire de M. Taxile Delort. Les abonnés du *Siècle* sont d'honnêtes libéraux qui entendent rester dans les principes de la Révolution; peu s'en faut même qu'ils ne se croient républicains : du reste, n'y entendant point malice. Pourvu qu'on leur parle de temps en temps *révolution*, *démocratie*, *quatre-vingt-neuf*, *liberté*, etc., ils sont contents, ne chicanent pas sur l'application. Guerre de Crimée, révolution; guerre de Lombardie, unité italienne, révolution; expulsion du Pape, révolution, et révolution, ron, ron. Citez-leur, à travers ce gâchis, quelques phrases d'un auteur où les mots de révolution, démocratie, liberté, abolition de la puissance temporelle et spirituelle de l'Église soient prononcés sur un diapazon un peu tendu : point de doute, cet écrivain révolutionnaire est de l'avis du *Siècle* sur la création du nouveau royaume, c'est un partisan de l'unité, un ami de Victor-Emmanuel. Mais voici que vous apprenez à ces excellents abonnés que le même écrivain proteste contre le royaume au nom de la fédération : oh! alors, ce doit être un impudent renégat, c'est un contre-révolutionnaire.

Quoi! vous comptez assez sur la stupidité des lecteurs du *Siècle* pour leur présenter comme un argument en faveur de l'unité italienne et un témoignage des contradictions de mon esprit les passages les plus foudroyants que j'aie jamais écrits contre votre thèse! Je l'avoue, l'abolition de la puissance temporelle dans l'Église impliquait dans mon esprit, à l'époque où j'écrivais ce passage, l'abolition de la spirituelle : c'est pour cela que j'ai marqué la chute de la puissance temporelle des Papes en présence de la Démocratie triomphante comme le signe précurseur de la déchéance du catholicisme. Mais la royauté piémontaise n'est pas la Démocratie devant laquelle, selon la pensée que vous dénoncez, doit s'éclipser la Papauté; mais l'usurpation des États de l'Église n'est pas l'exclusion de l'Église de toute participation à la puissance temporelle; mais ni le *Siècle* ni personne parmi les unitaires n'appelle de ses vœux cette exclusion, personne n'admet qu'à la spiritualité de l'Évangile puisse succéder une spiritualité de la Révolution. Au contraire on demande, et M. Taxile Delort comme les autres, le droit de cité pour l'Église, offrant de lui rendre en honneurs, pensions, influence, propriétés, etc., tout ce qu'elle aura perdu par le retrait de son apanage. Donc, que me reproche M. Taxile Delort? S'il y a contradiction quelque part, ce n'est pas chez moi, qui, dans ma brochure sur l'unité italienne, me suis abstenu de formuler aucune requête ni pour ni contre l'Église; c'est plutôt dans le *Siècle*, qui tantôt fait acte de piété chrétienne et vote des honneurs à l'Église, tantôt provoque la destitution du Pontife-Roi. Ce qui serait logique de la part du *Siècle*, ce serait qu'à la place d'une mesure de spoliation il proposât une loi de justice qui, séparant la société de toute religion, satisfît mieux que l'Évangile lui-même aux besoins moraux des peuples; qui, organisant l'enseignement supérieur, non plus seulement pour *cent vingt-sept mille quatre cent soixante-quatorze* sujets privilégiés, mais pour une masse de SEPT MILLIONS ET DEMI d'enfants de l'un et de l'autre sexe, détruisît enfin tous les foyers d'ignorance et déracinât le préjugé. Ce qui serait logique de la part du *Siècle*, ce serait de demander en conséquence l'abolition du concordat, la suppression du budget ecclésiastique, le renvoi du Sénat des cardinaux, la reprise des propriétés données à l'Église sous un ordre d'idées qui désormais n'existerait plus. Alors le *Siècle* pourrait se moquer de mes démonstrations antichrétiennes; il aurait sur moi l'avantage de la théorie et de la pratique; et on le croirait animé du véritable souffle révolutionnaire. Ayez donc le courage, Messieurs du *Siècle*, je ne dis pas de votre impiété, mais de votre rationnalisme, si tant est que dans votre polémique contre la Papauté il y ait rien de rationnel. Hors de là, n'espérez pas me rallier à votre intrigue piémontaise: car autant je place le droit de la Révolution et la pure morale de l'humanité au-dessus de l'Église, autant et mille fois plus bas au-dessous de la foi du Christ je vous place vous-mêmes, avec votre unité, votre voltairianisme et toutes vos hypocrisies.

De toutes les critiques que l'on a faites de ma dernière brochure, celle qui m'a le plus peiné, à raison du nom de l'auteur, est celle de M. Taxile Delort. On vient de voir ce qu'elle pèse. Le citateur a vu ou voulu voir dans mes paroles le contraire de ce que j'y ai mis : voilà tout. — Autrefois, quand M. Delort travaillait au *Charivari*, on le trouvait sérieux, froid, et pas gai ; d'où l'on a conclu que sa place était à un journal grave. Depuis que M. Havin l'a appelé, il semble devenu gouailleur, il papillonne, il fait concurrence à son confrère bouffe M. Edmond Texier : aussi on le trouve léger même pour les abonnés du *Siècle*. *Inventus est minus habens!* La diminution d'eux-mêmes, tel est le châtiment de tous ceux qui ont épousé la cause de l'unité.

CHAPITRE III.

L'Opinion nationale. — Politique a bascule de M. Guéroult.

Lorsque je demande à un journaliste de la presse démocratique : *Êtes-vous décoré de l'ordre de Saint-Lazare?* — le lecteur ne doit pas supposer que ma question équivaille dans ma pensée à une accusation de corruption, et que celui que j'interpelle soit indirectement désigné par moi comme un écrivain vénal : il s'agit de tout autre chose. En ce qui me concerne, je le répète, je ne crois pas aux subventions, par l'excellente raison que, si le fait était vrai, il se dissimulerait, et que je ne pourrais le dénoncer sans m'exposer à une poursuite en calomnie. Quant aux décorés, je n'en connais aucun. Tout ce que je puis dire, c'est que le reproche a été articulé publiquement, qu'aucune protestation ne s'est élevée; que, parmi les décorés, les uns portent leur décoration, les autres s'en abstiennent par une pure considération de parti; que tous, du reste, n'ont fait aucune difficulté de l'accepter. D'après ma manière de voir c'est là une chose grave. Tout particulier a le droit de recevoir une décoration, voire même une pension, d'un souverain étranger. Mais le journal est une fonction quasi-publique, le journaliste une sorte d'écrivain juré : une preuve, c'est l'autorisation qu'il doit obtenir et le cautionnement qu'on exige de lui; c'est surtout la confiance implicite des lecteurs. Dans la rigueur du droit, un journaliste ne doit recevoir ni distinction honorifique ni récompense pécuniaire de qui que ce soit, pas même du gouvernement de son pays. Il ne doit connaître d'autre faveur que celle de l'opinion, d'autre argent que celui de ses abonnés. C'est une question de foi publique, non de moralité privée; et c'est en ce sens que je continue mes interpellations, sans acception ni exception de personne.

M. Guéroult a bien voulu me consacrer dans son journal deux ou trois articles. En homme qui sait son métier, il a commencé par me plaisanter sur la *thèse* et *l'antithèse*, oubliant que son patron, M. Enfantin, s'est fort occupé de ces curiosités métaphysiques et ne s'en est pas tiré heureusement. Puis il a fait de mon caractère une description peu flattée; il a ri de ma *tendresse* subite pour ce pauvre Pie IX, qui n'aura bientôt plus pour le défendre, dit-il, que M. Guizot le protestant, M. Cohen le juif et M. Proudhon l'athée. Il a expliqué mon fédéralisme actuel par mon anarchie d'autrefois : bref, il a fait de son mieux pour démolir en moi l'idée par la déconsidération de l'écrivain.

Puisqu'à propos de fédération et d'unité M. Guéroult a cru devoir rechercher mes antécédents de controversiste, il ne trouvera pas mauvais que je dise aussi quelque chose des siens : c'est de bonne guerre !

M. Guéroult est de l'école bancocratique, androgynique et pancréatique de M. Enfantin, laquelle semble avoir pris pour règle, depuis la catastrophe de Ménilmontant, de servir indifféremment toutes les opinions et tous les gouvernements. C'est pour cela que le saint-simonisme, devenu enfantinien, a toujours entretenu des rédacteurs dans la plupart des journaux : M. Chevalier aux *Débats*, M. Jourdan au *Siècle*, M. Guéroult à *la République*, d'où il fut expulsé après le coup d'État, aujourd'hui à *l'Opinion nationale;* M. Émile Barraut je ne sais plus où, d'autres encore à gauche et à droite. Ces tirailleurs en parties doubles valent bien les *thèses* et les *antithèses* de M. Proudhon.

Quelle est actuellement la politique de M. Guéroult?

Après le 2 Décembre, le parti bonapartiste est arrivé en

masse au gouvernement. De même que l'émigration après 1814, on peut dire sans injure que ce parti était à la fois vieux et jeune : vieux, en ce qu'il ne savait plus, en fait de politique, que la gloire et la victoire, comme l'émigration ne savait que la foi et le roi ; jeune, en ce que les questions à l'ordre du jour étaient nouvelles pour lui et qu'il avait à faire son apprentissage. De là, en partie, les oscillations du gouvernement impérial, oscillations ordinaires à tous les gouvernements novices ; de là aussi la formation dans le parti de deux tendances, de deux politiques, l'une inclinant de préférence à la conservation, l'autre affichant des sentiments démocratiques, des prétentions à la Révolution. Plus d'une fois, dans ses avertissements aux journaux, le gouvernement impérial a déclaré qu'il ne subirait aucune influence, et nous devons tenir le fait pour certain. Quant au parti, on peut le comparer, dans son ensemble, à cet homme qui marchait sur la Seine avec un seau à chaque pied.

Par exemple, la question de l'unité italienne se pose devant l'arbitrage impérial. Les bonapartistes de la résistance protestent, allèguent le respect des couronnes, la légitimité des dynasties, l'exorbitance des prétentions piémontaises, le danger de l'agitation révolutionnaire. Les bonapartistes du mouvement se déclarent, en vertu du principe de *nationalité* et des traditions jacobiniques, pour l'agglomération. Entre la fraction de gauche et la fraction de droite, que fait le centre, le gros du parti ? On va, en attendant la décision de Sa Majesté, de M. Thouvenel à M. Drouyn de l'Huys ; on donne raison tantôt à *la Patrie* et au *Pays* contre *la France,* tantôt à *la France* contre *l'Opinion nationale* et *la Patrie*... Personne n'examine ni le droit inauguré en 89, ni l'intérêt économique des masses, ni le progrès de la civilisation, ni la sûreté de l'Europe; à plus forte raison personne n'élève la voix en faveur de la théorie qui seule pourrait résoudre le problème, la Fédération.

Ou bien, c'est l'existence de la Papauté qui se trouve mise en question par le fait même de l'unité italienne. De nouveau le parti bonapartiste se scinde : MM. de la Guéronnière et de la Rochejaquelein, unis aux cardinaux, prennent la défense du pouvoir temporel, que MM. Piétri et de Persigny sabrent à outrance. Nul ne songe à examiner la question ni du point de vue de la morale éternelle contenue dans les principes de la Révolution, ni de celui du principe fédératif, seul capable de faire exacte justice des prétentions du Pontificat. Loin de là, chacun proteste de son respect pour le catholicisme, ce qui résout implicitement la question en faveur du Pape-roi : seulement tandis que les uns demandent si la puissance temporelle n'est pas une cause de défaillance pour l'Église, les autres soutiennent que c'est pour elle une garantie indispensable. Au fond, il n'y a de sérieux dans ce débat que la convoitise du Piémont qui, contre droit et raison, après avoir pris les États de Naples, Toscane, etc., veut avoir encore ceux de l'Église, et qui pense avoir conquis le suffrage impérial, en intéressant à sa cause une des fractions du bonapartisme.

M. Guéroult s'est jeté dans cette mêlée : qu'y fait-il? de la bascule. Il n'oserait le nier, lui qui, tout en faisant au catholicisme une guerre de diffamation plutôt que de controverse, reproche à MM. Renan et La Roque, aussi bien qu'à moi-même, d'être *athées :* comme si dans la philosophie, comme si dans la pensée de la Révolution, athéisme et théisme, matérialisme et spiritualisme étaient autre chose que de simples aspects métaphysiques. A propos de la pièce de M. Émile Augier, M. Guéroult a eu la bonne fortune de se faire donner un avertissement : le voilà passé victime de la persécution cléricale. Mais soyez tranquilles : M. Guéroult a la protection du bonapartisme voltairien qui assistait à la représentation du *Fils de Giboyer*, et qui ne laissera pas tomber un cheveu de la tête de son journaliste (1).

J'ai soutenu l'indépendance de la Belgique, une nationalité aussi respectable qu'une autre, contre l'appétit des annexionistes, parmi lesquels on compte au premier rang M. Guéroult. Pour récompense, j'ai obtenu, quoi ? la faveur du palais de Laeken ? l'ordre de Léopold ? non, j'ai reçu un charivari. Toute la presse libérale belge a crié sur moi

(1) En citant le nom de M. Émile AUGIER à côté de celui de M. *Guéroult*, je n'entends point les envelopper dans la même désapprobation. L'auteur dramatique saisit au vol les vices et les ridicules de son temps : c'est son droit, et ce n'est pas, j'aime à le croire, la faute de M. Augier si l'on fait servir son œuvre, que je n'ai ni vue ni lue, à des manœuvres politiques. M. Guéroult, donnant son adhésion à la dynastie afin de pouvoir d'autant mieux tirer sur l'Église et servir sa secte, n'est pas dans le même cas. Une chose pourtant m'étonne, c'est de voir certain parti applaudir avec tant d'enthousiasme le même écrivain qui naguère, dans *les Effrontés*, dont *le Fils de Giboyer* est une suite, lui infligea de si rudes étrivières. Les applaudissements donnés à *Giboyer fils* auraient-ils pour but de faire oublier *Giboyer père ?*

haro ! Il est vrai que j'invoquais en faveur de l'indépendance belge la politique de fédération, et que depuis quelque temps le libéralisme belge et le gouvernement du roi Léopold, par une contradiction que tout le monde a remarquée, semble incliner aux idées unitaires... Au demeurant, je comprends qu'un publiciste prenne parti pour l'unité contre la fédération : question livrée aux disputes. J'admets même, en dépit de l'étymologie, que le martyre n'est pas un témoignage certain de la vérité, pas plus que la vénalité du témoin n'est une démonstration du faux témoignage : mais j'ai le droit de savoir si l'écrivain que je lis parle comme avocat ou comme professeur. M. Guéroult, seriez-vous point décoré de l'ordre de Saint-Lazare ?

Abordant la question au fond, M. Guéroult a-t-il du moins fourni en faveur de la cause qu'il défend des raisons plausibles ? A-t-il détruit mes arguments en faveur du Fédéralisme ? Ses façons de raisonner sont des plus singulières. Si je fais intervenir la géographie et l'histoire, M. Guéroult traite ces considérations de *lieux communs*. Soit : j'accepte le reproche. Je n'ai pas plus inventé la géographie que l'histoire ; mais jusqu'à ce que M. Guéroult ait prouvé que les traditions historiques et les conditions géographiques de l'Italie conduisent à un gouvernement unitaire, ou qu'il ait changé les unes et les autres, je tiendrai mes raisons pour solides, précisément parce que ce sont des lieux communs.

Il prétend que l'Italie unifiée, devenant ingrate et hostile, ne pourrait rien contre nous. Sans avoir étudié la stratégie, je crois que le contraire résulte de la simple inspection des frontières. Faut-il être un grand naturaliste pour dire, à la vue d'un quadrupède armé d'ongles et de dents, comme le lion, que cet animal est organisé pour le carnage, destiné à se repaître de chair vivante et à s'abreuver de sang? Il en est ainsi de l'Italie, armée jusqu'aux dents du côté de la France, inoffensive pour nous alors seulement qu'elle est divisée. M. Guéroult soutient, il est vrai, que cette armature est à la destination de l'Autriche; quant à la France, la similitude des principes en fait une sœur de l'Italie. Douce fraternité! Malheureusement l'expérience, autre lieu commun, donne à ces deux assertions le plus éclatant démenti. C'est avec la patrie de Brennus que l'Italie a toujours été en guerre; c'est de ce côté qu'elle a toujours redouté l'invasion; c'est contre la France qu'après la mort de Louis-le-Débonnaire la politique romaine appela les Allemands à l'empire; c'est par l'effet de cette antipathie de la nation italienne contre la nôtre que l'on s'est jeté à corps perdu dans l'unité, et que l'Autriche se trouve encore aujourd'hui en possession de l'État de Venise; c'est contre la France, enfin, que la maison de Savoie a constamment dirigé sa politique.

Vous parlez de la *similitude des principes*. Mais, à l'heure qu'il est, il y a plus de similitude de principes entre l'Autriche et le Piémont, constitutionnels tous deux, qu'entre celui-ci et la France impériale; et c'est encore un lieu commun que, si l'Autriche consentait moyennant indemnité à rendre Venise, la plus tendre amitié unirait les cours de Vienne et de Turin. Peut-être M. Guéroult entend-il par *similitude de principes*, que la France revenant aux mœurs constitutionnelles, un traité de garantie mutuelle unirait les intérêts capitalistes de France, d'Italie et d'Autriche ? J'ai montré précédemment que cette consolidation du *bourgeoisisme*, comme disait Pierre Leroux, est dans les données de la monarchie constitutionnelle. Dans ce cas ne parlons plus ni de *nationalité* ni de *démocratie ;* laissons surtout de côté la devise saint-simonienne, qui considérait *l'émancipation de la classe la plus nombreuse et la plus pauvre* comme la fin de la Révolution. L'unité italienne, se mariant dans ces conditions à l'unité française et à l'unité autrichienne, et formant avec elles trinité, se trouverait alors tournée, contre qui ? contre le prolétariat des trois pays. Dira-t-on que je calomnie les sentiments démocratiques et socialistes de M. Guéroult ? Mais ici le passé et le présent répondent de l'avenir : le saint-simonisme, qui le premier par la bouche de Saint-Simon dénonça la féodalité industrielle, s'est donné pour mission, en la personne de M. Enfantin et de ses disciples, de la réaliser. C'est pour cela que nous l'avons vu opérer sa conversion, d'abord vers la monarchie de juillet, puis vers le deuxième Empire : en sorte que du républicanisme transitoire de M. Guéroult il ne reste rien, pas même une intention.

M. Guéroult reproche au gouvernement fédératif de multiplier les états-majors. L'objection de sa part manque de sincérité : c'est le contraire, il le sait, qui est vrai. Qui croira qu'un adepte de M. Enfantin, un de ces sectaires qui ont tant contribué, depuis vingt ans, à multiplier les grandes compagnies, se plaigne sérieusement de ce qui fait le charme de tout ce qu'il aime, les sociétés par actions et les grandes unités politiques? J'ai rappelé dans ma dernière brochure, d'après la statistique budgétaire des différents États de l'Europe, et M. Guéroult connaît ces documents aussi bien que moi, que les frais généraux de gouvernement progressent en raison directe et géométrique de la centralisation, en sorte que, la moyenne de contribution par tête étant de 15 fr. 77 dans le canton de Vaud, plus la contribution fédérale qui revient aussi par tête à 6 fr. 89, total 22 fr. 66; — cette même moyenne s'élève à 30 francs en Belgique et à 54 en France. Cependant nous voyons qu'en Suisse, pour une population de 2,392,760 habitants, il existe vingt-cinq gouvernements cantonnaux, plus le gouvernement fédéral, total *vingt-six* états-majors, comme dit M. Guéroult. Je ne connais pas les budgets des autres cantons; mais en les supposant tous égaux à celui de Vaud, l'un des cantons les plus peuplés et les plus riches, on aurait pour dépense totale de ces vingt-six gouvernements une somme de 53,821,531 fr. 20 c. En France, pour une population de 38 millions d'âmes, c'est-à-dire seize fois plus considérable que celle de la Suisse, il n'y a qu'un seul État, un seul gouvernement, un seul état-major; mais il coûte, d'après les prévisions du dernier budget, *deux milliards soixante-huit millions*, soit, par tête, 54 fr. 40. Et dans ce budget, les dépenses des communes, celles de la ville de Paris, par exemple, dont les taxes d'octroi s'élèvent ensemble à 75 millions, et qui fait des dettes, ne sont pas comprises. Voilà à quoi M. Guéroult aurait essayé de répondre s'il avait été de bonne foi. Mais ce qui est bon à savoir n'est pas toujours bon à dire, et M. Guéroult a trouvé plus simple de rejeter sur le fédéralisme le témoignage à charge que j'avais apporté contre l'unité. C'est ainsi que se font les affaires et que se rédigent les journaux.

M. Guéroult insiste, avec une affectation particulière, sur le reproche d'anarchie, qu'il va jusqu'à confondre avec la fédération. Aussi bien que M. Taxile Delort, M. Guéroult sait à quel public il s'adresse. Ce que la Papauté est pour les lecteurs du *Siècle*, d'ailleurs excellents chrétiens, l'anarchie l'est, paraît-il, pour les abonnés de l'*Opinion nationale*, d'ailleurs parfaits démocrates. — Serons-nous donc toujours le même peuple ignorant et fat? On raconte que lorsque les Vénitiens envoyèrent des ambassadeurs faire des excuses à Louis XIV, certain bourgeois de Paris pensa mourir de rire en apprenant que les Vénitiens étaient une nation qui vivait en république, et que la république était un gouvernement sans roi. A qui de M. Guéroult ou de ses lecteurs faut-il que j'apprenne que l'anarchie est le corollaire de la liberté; qu'en théorie, elle est une des formules *à priori* du système politique au même titre que la monarchie, la démocratie et le communisme; qu'en pratique elle figure pour plus de trois quarts dans la constitution de la société, puisque l'on doit comprendre, sous ce nom, tous les faits qui relèvent exclusivement de l'initiative individuelle, faits dont le nombre et l'importance doivent augmenter sans cesse, au grand déplaisir des auteurs, fauteurs, courtisans et exploiteurs des monarchies, théocraties et démocraties; que la tendance de tout homme laborieux, intelligent et probe, fut de tout temps et nécessairement anarchique, et que cette sainte horreur qu'inspire l'anarchie est le fait de sectaires qui, posant en principe la malignité innée et l'incapacité du sujet humain, accusant la libre raison, jaloux de la richesse acquise par le libre travail, se méfiant de l'amour même et de la famille, sacrifiant, les uns la chair à l'esprit, les autres l'esprit à la chair, s'efforcent d'anéantir toute individualité et toute indépendance sous l'autorité absolue des gros états-majors et des pontificats.

Après ce simulacre de réfutation, M. Guéroult se met à scruter les mystères de ma conscience. Suivant lui, la pensée qui m'a fait écrire aurait été une inspiration du plus infernal machiavélisme.

Quel est donc l'intérêt qui le pousse? s'écrie-t-il en parlant de moi. Est-ce l'intérêt de la religion ? Est-ce la tendresse qu'il porte à l'Empire et à la dynastie? Sa pudeur naturelle n'admettrait pas cette explication. En religion, il est athée; en politique, il est partisan de l'anarchie, autrement dit de la suppression de toute espèce de gouvernement... Or, M. Proudhon est trop honnête homme pour travailler à autre chose qu'à ses idées. Faut-il donc supposer qu'en défendant le pouvoir temporel, il espère travailler au progrès de l'athéisme ? Qu'en liant indissolublement la cause de l'Empereur et celle du Pape, il espère les compromettre et les entraîner tous deux dans la même ruine, et faire fleurir la sainte anarchie sur les débris de l'Église ? Cela serait bien machiavélique, mais ne serait point du tout bête; et comme M. Proudhon n'écrit pas pour écrire, qu'il a un but en écrivant, nous hasardons cette interprétation jusqu'à ce que *la France* nous en indique une meilleure...

Là-dessus M. Guéroult, qui tient à prouver que c'est lui, le critique respectueux de la pensée de Villafranca, qui est le véritable ami de l'Empire, non pas moi qui ai méchamment recueilli cette idée, qui ensuite l'ai perfidement commentée et sataniquement développée, M. Guéroult continue sur ce mode :

Si, tout en critiquant les actes de ce gouvernement plus souvent que nous n'aimerions à le faire, nous respectons son principe, et si nous croyons qu'il a devant lui une grande mission à remplir, c'est précisément parce que, basé sur la volonté nationale, continuant le premier Empire, non dans ses excès militaires, mais dans son rôle d'organisateur des principes de 89, il est aujourd'hui, de toutes les formes de gouvernement en perspective, celle qui peut le mieux, sans crise, sans bouleversement intérieur, sans cataclysme extérieur, favoriser l'élévation morale, l'émancipation intellectuelle des classes laborieuses et leur avénement au bien-être; c'est lui qui, populaire et démocratique par son origine, peut le mieux faire triompher en Europe, graduellement et à mesure que les événements le permettront, les principes qui ont prévalu en France et qui font seuls sa force et sa légitimité...

Lors donc que M. Proudhon essaye de lier indissolublement la destinée de l'Empire fondé sur le suffrage universel avec celle du pouvoir temporel repoussé par le vœu des Romains et de toute l'Italie, il fait son métier d'ENNEMI de l'Empire, son rôle d'apôtre de l'anarchie; il essaye de compromettre l'Empire avec le passé pour le brouiller plus sûrement avec l'avenir. Ce que faisant, M. Proudhon remplit son rôle et joue son jeu.

M. Guéroult aurait pu se dispenser à mon égard de cette espèce de dénonciation. Je le tiens, jusqu'à nouvel ordre, pour ami dévoué de l'Empire, et ne songe point à lui disputer le privilége des grâces princières ni en Italie, ni en France, pas plus que je ne dispute aux catholiques la faveur des bénédictions papales. Mais je me serais fort bien passé d'être signalé, à propos du traité de Villafranca, comme *ennemi de l'Empire et de la dynastie.* Assez de méfiances me poursuivent, sans que l'on y ajoute les risques de la colère impériale.

Ce que j'ai dit des rapports de la Papauté et de l'Empire est-il donc si difficile à comprendre que M. Guéroult, après s'être creusé le cerveau, n'y ait pu découvrir qu'une affreuse chausse-trape tendue par le plus noir des conspirateurs? Mais j'ai parlé comme l'histoire. J'ai dit que toute institution, comme toute famille, a sa généalogie; que Napoléon Ier ayant rouvert les églises, signé le Concordat, fermé la bouche aux Jacobins en leur jetant titres, décorations et pensions, créé sous le nom d'Empire une monarchie qui tenait à la fois de la Révolution et du droit divin, de la démocratie et de la féodalité, avait renoué à sa manière la chaîne des temps; que son plan avait été de continuer, sous des formes et dans des conditions nouvelles, la tradition, non-seulement de Charlemagne, mais de Constantin et de César; que sa pensée avait été comprise et acclamée lorsque ses soldats, après Friedland, le saluèrent empereur d'Occident; que sous ce rapport Napoléon Ier était devenu plus que le gendre, mais le véritable héritier de l'empereur germanique; qu'il avait mis sa pensée dans tout son jour, lorsqu'il s'était donné en quelque sorte pour collègue le czar Alexandre, chef de l'Église grecque et continuateur de l'empire de Constantinople; qu'en dehors de cette donnée historique, la constitution impériale était dépourvue de sens. Sans doute je ne partage point ces idées de Napoléon Ier ; mais il n'en est pas moins vrai qu'en conséquence de ces idées Napoléon III ne peut aujourd'hui ni permettre, comme empereur, la formation de l'unité italienne et la dépossession du Pape, ni organiser, comme représentant de la Révolution, le système fédératif. S'ensuit-il que j'aie menti à l'histoire, calomnié l'idée napoléonienne, et que je doive être signalé comme *ennemi de l'Empire et de la dynastie?*

Et moi aussi j'ai une tradition, une généalogie politique à laquelle je tiens comme à la légitimité de ma naissance ; je suis fils de la Révolution, qui fut fille elle-même de la Philosophie du dix-huitième siècle, laquelle eut pour mère la Réforme, pour aïeule la Renaissance, pour ancêtres toutes les Idées, orthodoxes et hétérodoxes, qui se sont succédé d'âge en âge depuis l'origine du christianisme jusqu'à la chute de l'empire d'Orient. N'oublions pas, dans cette génération splendide, les Communes, les Ligues, les Fédérations, et jusqu'à cette Féodalité, qui par sa constitution hiérarchique et sa distinction des castes fut aussi, dans son temps, une forme de la liberté. Et de qui est fils le christianisme lui-même, que je ne sépare pas de cette généalogie révolutionnaire? Le christianisme est fils du judaïsme, de l'égyptianisme, du brahmanisme, du magisme, du platonisme, de la philosophie grecque et du droit romain. Si je ne croyais à l'Église, s'écrie quelque part saint Augustin, il voulait dire à la tradition, je ne croirais pas à l'Évangile. Je dis comme saint Augustin : Aurais-je confiance en moi-même et croirais-je à la Révolution, si je n'en retrouvais dans le passé les origines?

M. Guéroult n'entend rien à ces choses. L'enfantinisme, duquel il est sorti, et dont ni lui ni son auteur M. Enfantin ne sauraient montrer la filiation historique et philosophique, l'enfantinisme, qui a fondé la promiscuité du concubinat, glorifié la bâtardise, inventé le panthéisme de la chair, fait de l'adultère une fraternité, et qui s'imagine que les institutions humaines éclosent, comme les rotifères de M. Pouchet, de la boue des gouttières; l'enfantinisme, dis-je, est le communisme dans ce qu'il a de plus grossier, l'unité dans ce qu'elle a de plus matériel; comme tel, il est l'ennemi juré de toute descendance authentique; il a horreur des générations saintes, des noms patronymiques et des religions domestiques; les fils de famille ne sont pas pour lui des *liberi*, comme disaient les Romains, c'est-à-dire des enfants de la Liberté, ce sont des enfants de la Nature, *nati*, *naturales;* ils ne sont point à leurs parents, mais à la communauté, *communes :* ce qui n'empêche pas à l'occasion les enfantiniens, et pour peu que cela leur serve, de se dire dynastiques. Car la dynastie, après tout, si elle est loin de la théocratie enfantinienne, n'en représente pas moins, quoique d'une manière très-imparfaite au gré de la secte, l'Autorité et l'Unité, hors desquelles point de salut. Du droit la notion n'existe pas dans cette école de chair : ce qu'elle estime dans la démocratie, c'est l'anonyme; ce qu'elle aime dans un gouvernement, c'est la concentration; ce qui lui plaît dans l'empire fondé par Napoléon Ier et restauré par Napoléon III, ce n'est pas cette série traditionnelle, illusoire selon moi, mais pleine de majesté, dont il serait le développement, ce sont les coups de main qui mirent fin à la république et imposèrent silence à la pensée libre ; ce qu'elle apprécie dans l'unité italienne, enfin, c'est qu'elle se compose d'une suite d'expropriations. J'ai demandé à M. Guéroult s'il était décoré de l'ordre de Saint-Lazare : j'eusse mieux fait de demander à Victor-Emmanuel s'il aspirait à régner par la grâce de M. Enfantin.

CHAPITRE IV.

La Presse, la Patrie, le Pays, les Débats, l'Écho de la Presse, la Revue Nationale.

Tout le monde reconnaît à M. Peyrat un remarquable talent d'invective, et un art plus grand encore d'embrouiller les questions au moyen d'une phraséologie tempêtueuse et d'une érudition indigeste. Il dit que j'ai été *le fléau de la démocratie* en 1848, me compare à Hébert, traite mon argumentation de *pitoyable ;* et, après avoir affirmé que l'unité est nécessaire à l'Italie pour *combattre l'Autriche*, que *les petits États s'en vont,* que *la tendance est aux grandes unités,* comme un lion superbe qu'aurait éveillé un mulot, il me jette loin de lui. Que voulez-vous que je réponde à ce sabreur, pour qui ni la géographie, ni l'histoire, ni le droit public et le droit des gens ne sont de rien ; qui, dans toute sa vie, n'a pas réfléchi cinq minutes sur le système fédératif pas plus que sur la Charte de 1814 ou sur la Constitution de 93, et qui voit le progrès et la Révolution dans l'unité et le bon plaisir des vieux jacobins? — Êtes-vous décoré, M. Peyrat, de l'ordre de Saint-Maurice et de Saint-Lazare ?

A M. Peyrat vient de succéder dans la direction de la *Presse* M. de Girardin. Comme il ne fait que d'arriver, je dois changer la forme de mon interpellation : M. de Girardin aurait-il envie du ruban ?

L'ancien rédacteur de la *Pressé* a reparu plus vif que jamais. Six années de retraite ne l'ont point vieilli : c'est toujours la même pétulance, le même entrain, la même bravoure. Sa rentrée a rendu un peu de vie aux journaux. Ses propositions ont amusé, intéressé le public. Vétéran de la Liberté, qu'il a choisie pour devise, comment ne s'est-il pas déclaré tout d'abord fédéraliste ?... C'est lui qui, il est vrai, disait en 1848 : J'aimerais mieux trois mois de Pouvoir que trente ans de journalisme. D'où l'on peut conclure que la Liberté de M. de Girardin est cousine-germaine de la centralisation ! C'était déjà chose hardie de soutenir l'unité italienne en 1860, alors que, Naples *conquise* par Garibaldi, tout le monde croyait cette unité faite. M. de Girardin n'hésite pas à la prendre sous sa protection, quand elle croule de toutes parts. La solution qu'il propose consiste à peu près en ceci : Au nom de la Liberté et de l'Unité, un décret de l'Empereur séparerait l'Église de l'État, supprimerait le budget des cultes, retirerait l'enseignement populaire des mains du clergé, exclurait les cardinaux du Sénat. Cela fait, et le gouvernement impérial devenu anti-chrétien comme autrefois le gouvernement directorial, rien de plus simple que de rappeler nos soldats de Rome, de donner carte blanche au général Cialdini, et de laisser le Saint-Père à la garde de la Providence... Une partie de ce que tout à l'heure je mettais au défi *le Siècle*, en la personne de M. Taxile Delort, d'essayer. Eh ! M. de Girardin, vos tendances valent mieux que vos théories : nous pourrions presque nous entendre.

Remarquez pourtant une chose. Si l'Empereur revient, en ce qui concerne l'Église, au *statu quo* de 1795-1802, il faut qu'il suive la donnée jusqu'au bout. Une idée ne va jamais seule, et la politique ne supporte pas de scission. Le Consulat impliquait la réouverture des églises, lisez plutôt M. Thiers : on peut même dire qu'une des causes du succès du 18 Brumaire et de la popularité du Consulat fut que le Directoire ne pouvait, par son principe, donner satisfaction à la piété publique. Rompre avec l'Église, comme le propose M. de Girardin, ce serait donc abjurer la tradition impériale, recommencer en sens inverse le 18 Brumaire et le 2 Décembre, abolir le principe dynastique, rétablir, avec la constitution de 1848, la liberté de la presse, le droit d'association et de réunion, la liberté de l'enseignement; exécuter, enfin, par dessus une révolution politique, une révolution économique, sociale, morale, quatre fois autant de besogne qu'en entreprirent en 89 les États-Généraux, en 93 la Convention, en 99 le premier Consul. Rompre avec l'Église, en un mot, ce serait attenter à cette belle unité, objet du culte de M. de Girardin, et mettre en péril le système impérial.

M. de Girardin se sent-il assez fort, de tête et de cœur,

pour soutenir une pareille tâche? J'ose répondre que non. Mais alors son projet de solution se réduit à zéro : il a parlé pour ne rien dire. Après avoir fort bien compris que la question papale traîne à sa suite la question religieuse, il s'est gravement trompé s'il s'est imaginé que, pour résoudre celle-ci, il suffirait de mettre par décret impérial le clergé hors le budget et la propriété, les cardinaux hors le Sénat, l'Église hors l'école, la religion hors la politique. C'est le cas de lui rappeler le mot : *Chassez-les par la porte, ils rentreront par la fenêtre.* Êtes-vous en mesure de remplacer la religion, que sans doute votre intention n'est pas de proscrire? Et si vous n'êtes en mesure d'opérer ce remplacement, pouvez-vous, Monsieur de Girardin, empêcher, sous un régime de liberté, les réunions et associations religieuses? Pouvez-vous fermer les écoles libres? Pouvez-vous exclure du droit de suffrage, des candidatures et des emplois, les ecclésiastiques?... Décrétée d'ostracisme par le gouvernement, l'Église va donc, en vertu de la législation et de la liberté, reparaître, quoi que vous fassiez, dans le temporel, dans l'État, dans le gouvernement. Elle s'y rétablira d'autant plus fortement que vous vous serez montré plus incapable de remplacer son ministère dans les régions élevées de l'ordre moral. Vous vous apercevrez alors que la question religieuse ne se résout pas par ordonnance, non plus que la question de l'unité italienne ne se peut résoudre en donnant Naples, Rome et Venise à Victor-Emmanuel.

Est-ce sérieusement, d'ailleurs, que l'on propose à un chef d'Empire sorti de deux coups d'État contre la Révolution, allié par le sang à presque toutes les familles princières de l'Europe, fils aîné de l'Église, dévoué aux intérêts capitalistes, d'adopter une pareille politique? Oh! quand j'ai dit que l'Empire était solidaire de la Papauté; que leurs destinées, en dépit de leurs querelles, étaient inséparables, j'étais profondément dans le vrai. L'Empereur sans Église, comme le veut M. de Girardin, ce serait Robespierre tout pur, à moins que ce ne fût Marat : Robespierre suivant à pied, un bouquet à la main, la procession de l'Être Suprême, six semaines avant le 9 thermidor; Marat, le jour de son triomphe, porté par les bras nus, deux mois avant la visite de Charlotte Corday. Il me semble entendre l'Empereur s'écrier comme le Pape : *Non possumus !*

M. de Girardin, comme tous les unitaires, croit peu aux idées; il se moque des discussions de la presse et de la tribune et n'a foi qu'aux expédients, à ce qu'il nomme, avec ses vieux ennemis les Jacobins, politique d'*action*. Au point de vue de l'unité, là où le salut des intérêts, celui de la dynastie, sont la loi suprême, où le Pouvoir est d'accord avec la classe dominante, où la question d'Église est associée à la question d'État, M. de Girardin peut avoir raison : l'influence d'une presse d'opposition est peu redoutable. En fait de mensonge, le plus gros est engendré par la plus grande masse d'intérêts, et celui-là absorbe et annulle tous les autres. Quant à la vérité, elle est de si peu de chose, qu'elle n'inquiète personne.

Mais ces coalitions gigantesques sont, malgré la nécessité qui les provoque, ce qu'il y a de plus instable; et quand la scission éclate, l'anarchie des esprits trouve dans la presse son auxiliaire le plus puissant. Alors la vérité, comme si elle voulait se venger, prend un aspect terrible; alors aussi les intérêts s'unissent de nouveau contre elle; vite on fait appel à la compression, et l'on rentre dans l'ordre par la porte du despotisme. Mais la vérité finira par avoir son jour : *Et bienheureux*, dit Jésus-Christ, *ceux qu'elle ne scandalisera pas!...*

Après *la Presse*, voici *l'Écho de la presse*, *le Pays*, *la Patrie*, journaux dévoués à l'Empire, dont la fidélité pour cette raison ne doit pas plus être soupçonnée que celle de la femme de César. Acharnés contre le pouvoir temporel du Pape, d'autant plus favorables au Royaume, ces journaux, au moins en ce qui touche la question romaine, appartiennent à la partie soi-disant avancée du parti bonapartiste. De savoir s'ils sont décorés de Saint-Lazare n'est pas ce qui m'inquiète : on m'assure d'ailleurs qu'ils ne s'en cachent pas. Mais voici ce que je voudrais.

L'article 12 de la Constitution fédérale Suisse, réformée en 1848, porte :

« Les membres des autorités fédérales, les fonctionnaires civils et militaires de la Confédération, et les représentants ou les commissaires fédéraux, ne peuvent recevoir d'un gouvernement étranger ni pensions ou traitements, ni titres, présents ou décorations. — S'ils sont déjà en possession de pensions, de titres ou de décorations, ils devront renoncer à jouir de leurs pensions et à porter leurs titres et leurs décorations pendant la durée de leurs fonctions. »

Serait-ce trop exiger, sous un gouvernement unitaire, là où aucune publication périodique, traitant de matières politiques, ne peut exister sans autorisation et cautionnement, que de demander, 1° qu'à l'instar de ce qui se pratique en Suisse, les journalistes ne pussent recevoir ni décoration ni subvention d'un gouvernement étranger; 2° que sous ce rapport ils fussent assimilés aux fonctionnaires publics? Nous y gagnerions du moins de n'être pas exposés à voir les journaux du gouvernement défendre l'étranger contre le pays, et porter une décoration antinationale.

Le *Journal des Débats* m'a de tout temps réservé l'honneur de ses diatribes les plus envenimées; pour moi seul il perd son sang-froid et oublie son atticisme. Que lui ai-je fait? Il ne m'a jamais inspiré ni colère ni haine.

L'attitude de ce grave et académique journal, prenant tout à coup parti pour l'unité piémontaise, m'a d'abord surpris. En y réfléchissant, j'ai trouvé sa conduite assez naturelle; puis, en y réfléchissant davantage, je suis demeuré perplexe. Ce n'est pas chose facile de jeter la sonde dans la politique des *Débats*.

D'abord, le *Journal des Débats* passe pour dévoué à la famille d'Orléans, unie par la plus étroite parenté aux Bourbons de Naples. Comment, et c'est ce qui a causé ma surprise, le *Journal des Débats* a-t-il pu donner son approbation à un fait qui porte si gravement atteinte à la dynastie de Bourbon, par suite à la dignité de celle d'Orléans? D'autres prétendent qu'il est, ou peu s'en faut, rallié à l'Empire. Dans ce cas, sa position est la même que celle du *Pays* et de la *Patrie* : comment, ayant à défendre la prépotence française, donne-t-il son appui à l'unité italienne? Comment ne suit-il pas l'exemple de la *France?...* — Mais d'autre part le *Journal des Débats* est inviolablement attaché au système des grandes monarchies constitutionnelles, bourgeoises et unitaires, dont les princes d'Orléans ne sont après tout qu'un symbole; et il se dit que, symbole pour symbole, un Bonaparte vaut en définitive un d'Orléans. On peut même dire, à la louange des *Débats*, que chez lui le respect du principe, je veux dire l'intérêt bourgeois, l'emporte sur l'affection pour les personnes. Ce second raisonnement m'a paru aussi logique, concluant et naturel que le premier. A présent, que décider?

Le *Journal des Débats* a été depuis 1830 et après 1848 l'organe le plus acharné de la réaction : c'est sa gloire. Si la République revenait aux affaires, il se pourrait qu'il eût plus d'un compte à régler avec elle. Comment la feuille de MM. Molé, Guizot, Thiers, Falloux, etc., s'est-elle déclarée pour le royaume d'Italie, une création révolutionnaire? Cela de nouveau m'a surpris. — Mais le *Journal des Débats* a contribué à la révolution de juillet; il en a été un des principaux bénéficiaires. S'il fait cas de la légitimité, l'usurpation ne lui déplaît nullement. Dans une circonstance comme celle-ci, où il s'agissait à la fois de conserver et de prendre, on pouvait se décider pour l'un ou l'autre parti, comme dit M. Guizot. Le motif justifiait tout. Notez d'ailleurs que Napoléon III, au gouvernement duquel on dit que le *Journal des Débats* s'est en dernier lieu rallié, est, comme Louis-Philippe, tout à la fois la conservation et la Révolution. Quel est donc le motif qui a déterminé le *Journal des Débats* en faveur du Piémont? Est-ce un motif de réaction ou un motif de révolution? Est-ce l'un et l'autre en même temps?

Le *Journal des Débats* soutenait en 1846 le *Sunderbund*, en 1849 l'expédition contre Rome : comment peut-il combattre aujourd'hui les droits du Saint-Père? — Mais le *Journal des Débats* est voltairien autant que chrétien, janséniste autant que jésuite, bourgeois et unitaire autant que dynastique, révolutionnaire autant que conservateur et ami de l'ordre. Qui sait? Peut-être est-il convaincu que la religion gagnerait à la dépossession du Pape. Quoi de plus simple alors que, dans l'intérêt de la grande coalition bourgeoise comme dans celui du triomphe de l'Église, il ait sacrifié le temporel du Saint-Père à l'unité italienne? De quelque côté que vous vous tourniez, le *Journal des Débats* vous présente une raison. Quelle est sa raison, enfin, sa vraie raison? *Quærite, et non invenietis.*

Avant 1848, *le Journal des Débats* était presque le seul organe de M. Guizot, l'austère; mais il était en même temps celui de MM. Teste, Cubières et Pellaprat... — C'est un malheur : nul ne peut répondre de la vertu de ses amis; à chacun ses fautes.

Les gens qui lisent les *Débats* et qui en suivent la direction, admettent volontiers deux morales, la *grande* et la *petite*. En combinant ces deux morales on pourrait résumer toute la politique des *Débats* dans cette formule de juste-milieu transcendant et de haute doctrine :

FAUT DE LA VERTU, dit le proverbe, PAS TROP N'EN FAUT :
Faut de la religion, pas trop n'en faut;
Faut de la justice, pas trop n'en faut ;
Faut de la bonne foi, pas trop n'en faut ;
Faut de la probité, pas trop n'en faut ;
Faut de la fidélité aux princes, pas trop n'en faut ;
Faut du patriotisme, pas trop n'en faut ;
Faut du courage civique, pas trop n'en faut;
Faut de la pudeur, pas trop n'en faut....

La litanie ne finirait pas.

Les âmes timorées trouveront ce système peu édifiant. Quelle sorte d'impudence, en effet, quelle lâcheté, quelle félonie, quelle trahison, quelle scélératesse, quel crime contre Dieu et contre les hommes ne se peuvent justifier par ce moyen terme entre la *grande* et la *petite* morale? Mais, après tout, on n'est pas obligé à plus de foi que le charbonnier, ni à plus de sagesse que les proverbes.

Le *Journal des Débats* tranche du grand seigneur ; il en affecte l'élégance et s'en arroge l'impertinence, se piquant d'être, entre ses confrères, un modèle de bon ton et de bon goût. Ici, j'arrête court le *Journal des Débats*. Ces façons aristocratiques

N'en imposent qu'aux gens qui ne sont pas d'ici,

comme dit Alceste. C'est de l'argot travesti. On sait, depuis la révolution de juillet, — n'est-ce point le *Journal des Débats* lui-même qui l'aurait dit? — qu'il y a canaille en haut et canaille en bas.

Pour le surplus le *Journal des Débats* en use avec le fédéralisme italien comme le *Pays* et la *Patrie* : il ne discute pas, chose pédantesque, il *éreinte.*

Demander au *Journal des Débats* s'il est décoré de Saint-Lazare, après tout ce que j'ai dit sur le principe unitaire en général et sur l'unité italienne en particulier, après ce que chacun sait des sentiments monarchiques, religieux, bourgeois et voltairiens des *Débats* et de ses antécédents, serait une question sans portée. Pourquoi refuserait-il la décoration ? Est-il démocrate ? La cause de l'unité n'est-elle pas sa cause ? Celle de la monarchie constitutionnelle sa cause? Quand *le Journal des Débats* défend ces grandes causes, il combat *pro aris et focis;* quoi d'étonnant qu'il reçoive, ici-bas, sa récompense ?

Mais, sans qu'il soit besoin de remonter bien haut dans l'histoire des *Débats*, on pourrait prouver que la cause de la Papauté est aussi sienne, celle des dynasties légitimes et quasi-légitimes, encore sienne. Le *Journal des Débats* pourrait porter l'ordre de Saint-Grégoire aussi bien que celui de Saint-Lazare, la croix de Saint-Louis aussi bien que l'étoile de la Légion d'honneur : qui sait s'il ne les possède pas toutes ? Avant que la solidarité bourgeoise fût fondée, avant qu'on eût imaginé la fusion des capitaux, avant la monarchie constitutionnelle et le suffrage restreint; antérieurement à cette centralisation savante qui, résolvant toute activité locale et toute énergie individuelle dans une force de collectivité irrésistible, rend l'exploitation des multitudes si facile et la Liberté si peu redoutable, l'Église avait fait de l'unité un article de foi, et enchaîné d'avance, par la religion, le peuple au salariat. Avant que la féodalité financière existât, la charte de 1814 avait dit : « L'ancienne noblesse reprend ses titres, la nou« velle conserve les siens. » Le *Journal des Débats* ne l'a point oublié : c'est ce qui motiva jadis son respect pour l'Église et son dévouement à la dynastie légitime. Je demande donc au *Journal des Débats* si, en acceptant la décoration de Saint-Lazare et se prononçant implicitement pour la royauté piémontaise contre la Papauté, il juge désormais l'Église inutile, voire même compromettante pour son système ; s'il croit que la dynastie d'Orléans, comme celle de Bourbon, est usée; si, par conséquent, il a fait élection d'un autre principe, l'idée napoléonienne, par exemple, ou celle de Mazzini, *Dio e popolo*, ou toute autre; ou bien, s'il se réserve de suivre purement et simplement l'unité partout où elle ira, sous quelque drapeau qu'elle apparaisse, conformément à la maxime de Sosie :

> Le véritable Amphitryon
> Est l'Amphitryon où l'on dîne ?

J'ai dit en commençant que l'unité italienne m'avait paru n'être, pour les habiles, rien de plus qu'une *affaire*. Remarquez en effet que tout ce journalisme, qui a pris si chaudement parti pour le royaume d'Italie, est un journalisme d'affaires, et sa politique une politique d'affaires : cela explique tout. *Le Siècle,* journal d'affaires ; *la Presse*, journal d'affaires; *l'Opinion nationale,* journal d'affaires; *la Patrie, le Pays, les Débats*, journaux d'affaires. Est-ce que MM. Mirès, Millaud, Solar, Havin, Bertin, Delamarre, etc., propriétaires desdits journaux; est-ce que les saint-simoniens Guéroult, Jourdan, Michel Chevalier, etc., sont des hommes politiques? J'ai donc eu raison de dire que l'unité italienne n'avait été pour la presse française, démocratique et libérale, qu'une affaire, affaire cotable, escomptable, pour quelques-uns déjà escomptée, mais dont les actions à cette heure dégringolent. Ah! les badauds de la Démocratie m'ont demandé si je ne rougissais pas des applaudissements de la presse légitimiste et cléricale. Si cette apostrophe avait quelque portée, je la renverrais à Garibaldi. Je lui demanderais s'il n'a pas honte, lui, le patriote par excellence, de se voir patroné par la presse boursière, presse pour qui le droit et le patriotisme, l'idée et l'art sont matière vénale; qui, transportant dans la politique les mœurs de la société anonyme, embrassant l'Italie tout entière dans le réseau de ses spéculations, après avoir épuisé toutes les formes du *puff*, s'est fait de la démocratie et de la nationalité une double réclame?

L'article de *la Revue nationale* surpasse tous les autres par sa violence et son âcreté. Il y règne un accent de personnalité et de haine que je ne conçois pas, puisque l'auteur m'est inconnu. Cet article est signé Lanfray. Qui est M. Lanfray? Un zélateur de la république unitaire, un de ces fougueux démocrates que distingue surtout leur horreur du socialisme, à qui l'idée d'une réforme économique et sociale donne le frisson, et qui dans leur délire de réacteurs se préparent à de nouvelles journées de juin. Déjà ils se croient au moment de saisir le pouvoir, et ils dressent leur liste de proscription. A la bonne heure, M. Lanfray. Mais pourquoi crier, pourquoi injurier? Avez-vous peur que vos amis n'oublient votre zèle, ou que moi-même je ne vous perde de vue? Tranquillisez-vous, digne journaliste : des noms comme le vôtre, il suffit de les marquer d'une croix pour dire ce qu'ils valent et les mettre à leur place. M. Lanfray a écrit contre l'Église un pamphlet qui ne vaut pas celui de M. About, et il se croit homme politique! Il me reproche d'écorner *nos gloires*: quelles gloires? Qu'il les nomme, afin qu'une autre fois je leur rende justice en y ajoutant la sienne. Il me fait un crime d'employer, en parlant de l'Empereur, le style officiel. Qu'il me donne donc l'exemple, lui qui a trouvé le secret de publier, avec l'autorisation du gouvernement de l'Empereur, une *Revue*, tandis que moi depuis dix ans je n'ai pu l'obtenir. Il se plaint que j'aie appelé les gens de son opinion *imbéciles*. La citation n'est pas exacte, j'ai dit aussi *intrigants* : c'est à choisir. Il existe même des sujets auxquels conviennent les deux épithètes. Oui, imbéciles ceux qui, aspirant au développement de la Révolution et faisant parade de leur patriotisme, n'ont pas vu que l'unité italienne était un complot dirigé tout à la fois contre l'émancipation du prolétariat, contre la liberté et contre la France; intrigants ceux qui, pour des motifs d'ambition ou de spéculation maintenant percés à jour, ont surpris, en faveur de Victor-Emmanuel, la simplicité des masses, toujours faciles à entraîner avec des phrases et des cocardes. M. Lanfray est-il décoré de Saint-Lazare ?... La réprimande qu'il adresse à ce sujet à M. Pelletan est lourde et entortillée : il est vrai que c'est la qualité habituelle de son style.

CHAPITRE V.

LE TEMPS, L'INDÉPENDANT DE LA CHARENTE-INFÉRIEURE, LE JOURNAL DES DEUX-SÈVRES. — SERVITUDE MENTALE DE M. NEFFTZER.

C'est chose difficile, pour ne pas dire impossible, dans notre libéral pays de France, de conserver l'indépendance de ses opinions, depuis surtout qu'une certaine Démocratie, confite en Unité, Autorité et Nationalité, s'est constituée la gardienne et l'oracle de la pensée libre. A qui le voudrait sérieusement, il n'y aurait même pas sûreté. L'influence de cette Méduse se fait sentir jusque dans les feuilles qui ont pris à tâche de s'en affranchir, mais dont le tremblant génie ne peut soutenir la fascination de ses regards. En bonne démocratie on ne raisonne pas : le vent souffle on ne sait d'où ; les girouettes tournent, et voilà l'opinion faite. La masse suit sans réflexion, pensant comme un seul homme, parlant comme un seul homme, se levant et s'asseyant comme un seul homme. Les consciences les meilleures, les intelligences les plus saines suivent à leur tour, saisies comme par une fièvre endémique : cela s'appelle *courant d'opinion*. Devant ce courant tout cède, les uns par humeur moutonnière, les autres par respect humain. Miracle d'unité! On connaîtrait mal la Démocratie et le secret de ses reculades, si l'on ne se rendait compte de ce phénomène. L'exemple que je vais citer est des plus curieux.

Lors de la fondation du *Temps*, le rédacteur en chef, M. Nefftzer, déclara au ministre dans sa demande d'autorisation et prévint le public que l'intention du nouveau journal était de se tenir *en dehors de tous les partis*.

En thèse générale, une pareille profession de foi est une banalité, quand ce n'est pas un acte de couardise ou de courtisanerie. Le rédacteur en chef du *Temps* avait certainement des motifs plus élevés : quels étaient ces motifs Contre qui, en particulier, était dirigée sa déclaration?

M. Nefftzer n'est point légitimiste, on le savait; il n'est pas orléaniste, on le savait. La manière dont il avait en dernier lieu dirigé *la Presse* prouvait qu'il n'était pas davantage bonapartiste ou ministériel, habitué des Tuileries ou du Palais-Royal. En matière ecclésiastique, l'éducation de M. Nefftzer, ses relations l'eussent rapproché du protestantisme plus que de la foi orthodoxe, s'il ne se fût dès longtemps fait connaître pour un esprit exempt de *préjugé*. Pour le surplus M. Nefftzer pouvait se dire, autant qu'homme du monde, ami de la liberté, partisan du progrès, dévoué à l'amélioration du sort des classes laborieuses. Or, quand un écrivain de la presse quotidienne n'est ni légitimiste, ni orléaniste, ni bonapartiste, ni clérical, ni bancocrate, comme M. Nefftzer ; quand d'autre part il s'annonce comme franchement libéral, ami du progrès et des sages réformes, et qu'en même temps il déclare *ne se rattacher à aucun parti*, cela signifie clairement qu'il est encore moins du parti démocratique que d'aucun autre, puisque, sans le soin qu'il prend de nier son affiliation, c'est à ce parti qu'on le rattacherait. *Le Temps* n'appartient point à la Démocratie, en tant que la Démocratie forme parti, c'est-à-dire Union ; son dessein était de garder l'indépendance : voilà ce qu'a voulu dire M. Nefftzer, à peine de n'avoir rien dit du tout. Et maintes fois *le Temps* a prouvé, par ses discussions avec *le Siècle, l'Opinion Nationale* et *la Presse*, que telle était en effet la pensée de son rédacteur en chef.

Ainsi, notons cela : Pour conserver sa liberté, en France, pour avoir une opinion franche, indépendante, il ne suffit pas de se séparer des dynasties, des Églises et des sectes, il faut encore, il faut surtout s'éloigner des démocrates.

Mais dire et faire sont deux. M. Nefftzer, je le crains, n'a pas réfléchi que, n'étant du parti de personne, il était condamné à être du sien : ce qui supposait de sa part l'indication du but et de l'objet de son journal, de la politique qu'il se proposait de suivre, en un mot, de ses principes. Parler au nom de la liberté, de la science, du droit, c'est vague ; tous les partis en font autant. Se définir, c'est exister. Or, j'en demande pardon à l'honorable rédacteur, il ne s'est pas défini ; on ne lui connaît pas d'idée propre ; son journal n'a pas d'objectif, comme disent les militaires. Bien plus, il s'est prononcé, au moins en politique, pour l'Unité, sans réfléchir que la liberté dont il prétendait suivre la tradition de même que la philosophie, c'est la séparation. Le résultat a été que, bon gré malgré, il est retombé dans le jacobinisme.

Le Temps a bien voulu consacrer quelques articles à discuter mon opinion sur l'Italie : j'attendais de lui quelque chose d'original. Qu'a-t-il trouvé pour sa part? Rien que ce que lui a fourni la démocratie tant officielle que non-officielle. *Le Temps* se déclarant, sans plus ample examen, unitaire, aussi bien pour l'Italie que pour la France, aussi bien pour l'Amérique que pour l'Italie, s'est mis purement et simplement à la queue du parti démocratique ; il a suivi les vues et les intérêts de ce parti ; il n'a pas su ou n'a pas osé être lui-même ; il a fait nombre, côte à côte de MM. Guéroult, Havin et Peyrat, et cela gratuitement ; il ne peut pas même dire aujourd'hui : *Nos numerus sumus et fruges consumere nati ;* car on doute que ce journal décoloré ait reçu ni décoration ni pension.

Et d'abord *le Temps*, raisonnant à la suite, s'est déclaré pour le royaume. A qui a-t-il voulu faire hommage de son suffrage désintéressé? Comment l'unité italienne est-elle mieux venue de lui que la fédération ? Le fait est que *le Temps*, obéissant à la séduction des *nationalités*, s'est laissé aller sans autre examen au courant démocratique. Il parle du principe fédératif comme d'une forme de gouvernement indifférente, inférieure même, que l'on est maître d'accepter ou de rejeter, *ad libitum :* en quoi il a prouvé simplement qu'il n'avait jamais réfléchi sur la matière. Sans cela il aurait su que la fédération est la Liberté, toute la Liberté, rien que la Liberté, comme elle est le Droit, tout le Droit et rien que le Droit : ce que l'on ne peut dire d'aucun autre système.

Le *Temps* a allégué pour raison, à l'exemple des démocrates ses chefs de file, le peu d'importance que les confédérations ont obtenu jusqu'à présent dans le monde politique, la médiocrité de leur rôle. De la part d'un partisan du progrès, l'objection a de quoi surprendre. La vérité, en politique comme en toute chose, se révèle peu à peu ; il ne suffit même pas, pour l'appliquer, de la connaître, il faut des conditions favorables. C'est à la suite du *Sunderbund* que les Suisses ont acquis la pleine conscience du principe qui les régit depuis plus de cinq siècles; quant aux États-Unis d'Amérique, la guerre civile qui les désole, l'obstination du Sud à maintenir l'esclavage et l'étrange façon dont le Nord entend l'abolir, l'examen de leur constitution, les récits des voyageurs sur leurs mœurs ; tout prouve que l'idée de fédération ne fut jamais parmi eux qu'à l'état d'ébauche, et que leur république est encore tout imprégnée du préjugé aristocratique et unitaire. Cela empêche-t-il que le système fédératif ne soit la loi de l'avenir? Le monde politique, qui nous semble si vieux, est en pleine métamorphose ; la République, aujourd'hui comme au temps de Platon et de Pythagore, est son idéal, et chacun peut se convaincre par son propre jugement que cet idéal, ce mythe républicain, toujours affirmé, jamais défini, n'a pas d'autre formule que la fédération.

En outre, nous savons que les causes qui pendant tant de siècles ont ajourné le développement de l'idée fédéraliste, tendent à disparaître: c'est abuser de l'empirisme que d'opposer à un principe, comme fin de non-recevoir, la nouveauté de son apparition.

Une chose tient le *Temps* en peine et le détourne de l'idée fédéraliste, c'est l'entraînement des masses, des Italiens en particulier, vers l'unité. Jamais publiciste pensant par lui-même, en dehors de l'action des partis, n'eût allégué pareille raison. Qu'est-ce que prouve, en fait de doctrine, la voix des masses? Laissez, Monsieur Nefftzer, ces arguments à M. Havin et à ses cinquante mille abonnés. Des moines, disait Pascal, ne sont pas des raisons. La République s'est montrée, et les républicains ne l'ont pas reconnue : cela devait être. La république est Liberté, Droit, et conséquemment Fédération; la Démocratie est Autorité, Unité. C'est l'effet de son principe, et l'un des signes de l'époque, que la Démocratie ait perdu l'intelligence de son propre avenir. Eh bien! le peuple italien, consulté sur l'unité, a dit, Oui. Mais voici que la force des choses répond, Non; et il faudra bien que l'Italie en passe par la force des choses. L'accord de l'unité politique avec la décentralisation administrative est impossible; c'est, comme la quadrature du cercle et la trisection de l'angle, un de ces problèmes dont on ne se tire que par une approximation artificielle ou un escamotage. Au courant unitaire succède en ce moment un contre-courant fédéraliste. On crie en Italie : *A bas la Centralisation!* avec plus de force qu'on ne criait il y a six mois : *Vive l'Unité et Victor-Emmanuel!* Il faut toute la bonhomie du *Temps* pour qu'il ne s'aperçoive pas que l'unité italienne est une cause désormais fort compromise, pour ne pas dire une cause perdue.

A l'observation faite par moi que la géographie de la Péninsule exclut l'idée d'un État unique, ou tout au moins d'une Constitution unitaire, *le Temps* répond que la configuration territoriale est une de ces *fatalités* dont il appartient à la liberté humaine de triompher, laquelle liberté se manifesterait en cette circonstance précisément par l'unité. MM. Guéroult, Peyrat, etc., l'avaient dit en autres termes : M. Nefftzer croit-il avoir fait preuve d'indépendance en les appuyant de son style philosophique? Que répondrait M. Nefftzer à quelqu'un qui lui tiendrait ce discours : — « Le corps est pour l'homme une fatalité dont il lui est commandé de s'affranchir, s'il veut jouir de la liberté de son esprit. C'est ce qu'enseigne l'apôtre saint Paul dans ces paroles où il appelle la mort : *Cupio dissolvi et esse cum Christo.* D'où je conclus que le premier de nos droits et le plus saint de nos devoirs est le suicide ?... » — M. Nefftzer répondrait très-germaniquement à cet hypocondre : — Allez au diable et me laissez tranquille !... Je me contenterai de faire observer à M. Nefftzer que ce qu'il prend pour une fatalité anti-libérale est précisément, dans le cas dont il s'agit, la condition même de la liberté; que le sol est à la nation ce que le corps est à l'individu, partie intégrante de l'être, une fatalité si l'on veut, mais une fatalité avec laquelle il faut se résigner à vivre, qu'il nous est même commandé de soigner comme notre esprit et du mieux que nous pouvons, à peine d'anéantissement du corps, de l'âme et de la liberté même.

Les chemins de fer, reprend M. Nefftzer, seront un puissant moyen d'unification. C'est aussi l'opinion de M. Guéroult. On voit de plus en plus, par l'exemple du *Temps*, qu'il suffit d'approcher la vieille Démocratie pour devenir aussitôt mouton de Panurge. J'ai répondu à M. Guéroult et consorts que les chemins de fer étaient des machines indifférentes par elles-mêmes aux idées, prêtes à servir également la fédération et l'unité, la liberté et le despotisme, le bien et le mal ; d'admirables machines, qui transportent vite et à bon marché ce qu'on leur donne à transporter, comme l'âne fait son bât et le facteur ses dépêches; qu'en conséquence, dans des mains fédéralistes les chemins de fer serviraient énergiquement à ranimer la vie politique dans les localités qu'ils desservent, et qui par la centralisation l'avaient perdue, à créer l'équilibre économique à la place du prolétariat, tandis que dans des mains unitaires ces mêmes chemins, manœuvrant en sens inverse de la liberté et de l'égalité, opérant le défruitement de la province au profit du centre, conduiraient le peuple à la misère et la société à la ruine.

A propos de la question romaine, *le Temps*, en parfait théologien qu'il est et en bon et vieux démocrate qu'il ne peut s'empêcher d'être, s'est livré à de longues dissertations sur le spirituel et le temporel. Il s'est même étonné, avec le gros du parti, du secours inattendu que j'apportais, selon lui, à la cause du Pape. *Le Temps* n'a pas mieux saisi ce côté de la difficulté que les autres, et sa docilité a gravement fait tort à son jugement. En prenant parti pour le Royaume contre l'Église, il ne s'est pas aperçu qu'il sacrifiait une unité à une autre unité, ce qui rentre toujours dans le paralogisme unitaire. D'abord, ce n'est pas à la théologie qu'il faut demander la solution de la question romaine, c'est au droit public, c'est-à-dire, dans l'espèce, au principe fédératif. Tout ce qui a été dit sur la distinction économique des deux puissances est un hors-d'œuvre, dont le moindre défaut est de mettre hypocritement l'Évangile au service d'une ambition dynastique. Quant à la question de savoir si la dépossession du Saint-Père ne ferait pas avancer la destruction du catholicisme, si, par conséquent, il n'était pas de mon devoir, avant tout autre, d'y applaudir, je ferai remarquer à M. Nefftzer que la destruction des religions n'a point été, que je sache, mise à l'ordre du jour de la Démocratie ; que Garibaldi marchait entouré de prêtres et de moines patriotes, comme nous faisions en 1848 ; que l'un des reproches les plus graves que m'adresse M. Guéroult est que je suis *athée;* que M. Nefftzer lui-même, depuis la fondation du *Temps*, a tourné le dos à Hegel et s'est montré favorable aux idées mystiques ; qu'en cela encore il a suivi l'exemple du jacobinisme tout entier, depuis Robespierre jusqu'à M. Guéroult ; qu'en un tel état de choses j'étais fondé à penser que, la Démocratie se rattachant définitivement aux idées religieuses, l'opposition faite à la Papauté et à l'Église ne pouvait être, aux yeux de tout libre penseur, qu'une guerre de secte à secte ; que la Révolution, n'ayant aucun intérêt à jurer par Luther ou Calvin plutôt que par

Pie IX ou par Enfantin, mon devoir était de m'abstenir et de dénoncer l'intrigue; et que le jour où se posera le débat entre la Révolution et l'Église, nous aurons autre chose à faire qu'à transporter la Papauté à Avignon ou à Savone.

Le Temps, en me réfutant de son mieux, m'a traité avec égard, chose à laquelle la vieille Démocratie ne m'a point accoutumé, et dont je le remercie autant que je le félicite. Qu'il ait enfin le courage de marcher dans sa liberté et son indépendance, comme il l'annonçait au ministre, et quelque différence qui existe entre nos opinions, il peut me compter parmi ses amis. Toutefois, et bien que M. Nefftzer ne m'ait appelé ni *Janicot*, ni *Erostrate*, ni jongleur, je ne lui demanderai pas moins, comme aux autres, s'il est décoré de Saint-Lazare? C'est une interpellation d'ordre dont il ne m'est permis d'excepter personne, et que *le Temps* a encourue en manquant à la parole qu'il avait donnée de se tenir en dehors de tous les partis.

— Un estimable journaliste de département, M. Vallein, rédacteur de *l'Indépendant de la Charente-Inférieure*, après avoir pris connaissance de ma dernière brochure, s'est cru obligé de déclarer que jusqu'à ce moment il s'était honoré d'être mon disciple, mais que désormais il s'éloignait de ma direction. J'ai appris cela par *l'Opinion Nationale*, qui n'a pas manqué d'en faire trophée. Je n'avais pas l'honneur de connaître M. Vallein, dont je regrette sincèrement d'avoir perdu les sympathies. Aussi je ne discuterai pas avec lui. Je lui demanderai seulement si lui, mon soi-disant disciple et qui vient de me répudier sur une question aussi fondamentale, il est sûr d'avoir jamais compris un mot de mes œuvres; si, maintenant que le voilà rentré dans le giron de la vieille Démocratie, il se sent positivement le cœur plus libre, l'esprit plus lucide; si, enfin, au lieu de me voir défendre le Pape, comme on dit parmi ses nouveaux amis, il eût mieux aimé que j'eusse mérité, par mon zèle unitaire, la décoration de Saint-Lazare?

— Je ne ferai pas d'autre réponse au *Journal des Deux-Sèvres* qui, mêlant des paroles affectueuses à des marques de vive impatience, s'écrie quelque part : « *Non, cet homme n'a jamais eu dans la tête que la monarchie constitutionnelle!...* » Notez que c'est au nom de la monarchie italienne, constitutionnelle, bourgeoise et unitaire, et en haine de la fédération, que ce reproche m'est adressé. Cela rappelle M. Taxile Delort, trouvant dans mes anciennes déclarations fédéralistes et révolutionnaires des témoignages en faveur de Victor-Emmanuel. Dites donc après cela que la tête n'a pas tourné aux démocrates! Pauvre garçon! C'est pourtant ainsi que les *disciples*, au dix-neuvième siècle, comprennent leurs *maîtres* et qu'ils en écrivent l'histoire.

CHAPITRE VI.

Le Progrès (de Lyon). — Paralogismes catholico-jacobiniques de M. Fr. Morin.

Le Progrès (de Lyon) avait ouvert le feu contre moi avec la vivacité d'un décoré, lorsqu'intervint M. Frédéric Morin, correspondant du journal, qui rappela le rédacteur, sinon à de meilleurs sentiments, du moins à un meilleur esprit.

M. Fr. Morin est un des écrivains les plus distingués qui se soient révélés dans la presse périodique depuis le coup d'État. Il appartient à la Démocratie unitaire, dont il est loin d'ailleurs de partager en tout les préjugés et de suivre l'inspiration, ainsi qu'il l'a prouvé à mon égard. Avec un esprit de cette trempe la controverse eût pu être aussi agréable qu'utile : l'amour-propre n'y tenant aucune place; les interlocuteurs, comme deux pionniers de la vérité, proposant tour à tour leurs hypothèses, examinant les solutions, déduisant les principes, sans autre passion que celle de la vérité et de la justice. C'eût donc été avec un plaisir infini que j'aurais entamé avec M. Fr. Morin une discussion de ce genre, si dans les deux articles pleins de bienveillance qu'il a publiés sur ma brochure, j'avais rencontré une hauteur de critique qui m'y invitât. Malheureusement, je suis forcé de le dire, M. Fr. Morin n'a pas dépassé le niveau de son parti. Supérieur par la conscience, il est resté l'égal de la masse par la pensée ; et si je relève ici quelques-unes de ses propositions, si plus loin je me permets de lui adresser encore quelques questions, c'est uniquement afin de lui démontrer, par son propre exemple, que, dans le milieu politique où il s'est placé, sa raison de publiciste et de philosophe a déjà commencé de s'égarer et de déchoir. Oui, je le répète, ce sont les préoccupations centralisatrices et unitaires qui, faussant la raison de ses écrivains et de ses orateurs, ont jeté la Démocratie française comme dans une impasse ; c'est ce qui nous rend aujourd'hui la liberté et le droit inintelligibles, impossibles, de même qu'avant l'hypothèse de Copernic, sous l'influence de la théorie de Ptolémée, le système du monde était inintelligible, impossible.

M. Frédéric Morin, après avoir constaté que, « Selon « M. Proudhon, le seul système politique qui puisse se « concilier avec la vraie révolution et réaliser l'égalité po- « litique comme la mutualité économique, est le système « fédéral, » ajoute qu'il a *établi la fausseté de cette idée.* (*Progrès* du 11 novembre.)

J'ignore où M. Fr. Morin a établi cela. Je n'ai pas trouvé cette démonstration dans les articles qu'il a publiés sur ma brochure ; et puisque je reviens aujourd'hui, avec de plus amples détails, sur le principe fédératif, je lui saurai gré de vouloir bien à son tour reproduire avec de nouveaux développements sa thèse. Je suis curieux de savoir comment il s'y prendra pour montrer que la liberté et l'égalité peuvent résulter de l'indivision du pouvoir, de la centralisation administrative, de la concentration des forces économiques, de l'accaparement et de la suprématie des capitaux, comment la mutualité économique pourrait être autre chose qu'une fédération.

M. Fr. Morin repousse avec moi « cette *fausse unité* qui absorbe toute vie locale dans l'abîme immobile de l'État ; » mais il prétend qu'il existe un moyen-terme entre la *centralisation absolue* et le *fédéralisme*. Il observe que les *formes* de la sociabilité humaine ne se réduisent point à deux ; qu'elles sont extrêmement nombreuses ; que la cité grecque n'était pas le même genre d'association politique que le municipe italien, ni celui-ci le même que la commune du moyen âge dont il fut l'antécédent; que la commune a été dépassée à son tour par la *nationalité* moderne, très-différente de ce que l'on appelait un *peuple* dans l'antiquité; qu'il existe des États à la fois *unitaires* et *décentralisés*, tels que la Belgique, l'Angleterre et la Prusse; et il conclut par un appel à la bourgeoisie française, qu'il invite, à l'exemple de l'aristocratie anglaise, à ressaisir, dans l'intérêt des masses et dans le sien, les rênes du gouvernement, et à reconstituer l'unité nationale tout en la décentralisant.

J'avoue que j'étais loin de m'attendre à de semblables conclusions de la part d'un démocrate aussi prononcé que M. Morin, et j'ai grand'peur que ces belles idées, qu'il attribue à une *distraction* de mon esprit d'avoir méconnues, ne soient tout simplement l'effet d'une confusion du sien.

Une chose cependant m'explique ces opinions de M. Morin. Il est résolument de son parti, c'est-à-dire jacobin; à ce titre, partisan du gouvernement de la bourgeoisie ; en conséquence rallié au gouvernement unitaire, tempéré par une dose assez forte de juste-milieu. C'est en ce sens qu'il proteste contre toute *oligarchie* et *centralisation absolue*. Ce que demande au fond M. Fr. Morin, malgré les réserves dont il s'enveloppe, c'est un remaniement ou fusionnement de la monarchie constitutionnelle et de la république unitaire, deux formes politiques qui diffèrent l'une de l'autre comme, sous Louis-Philippe, l'opposition dynastique différait de la majorité ministérielle. J'appelle sur ce point l'attention du *Journal des Deux-Sèvres*, qui m'a si judicieusement reproché de n'avoir jamais eu autre chose en l'esprit que la monarchie constitutionnelle.

En quelques lignes, M. Fr. Morin a soulevé plus de questions que nous n'en pourrions traiter chacun en deux cents pages, aussi me contenterai-je de répondre à ses observations laconiques par d'autres que je m'efforcerai de rendre aussi sommaires que les siennes.

Je lui dirai donc, en premier lieu, que son hypothèse d'un État à la fois unitaire et décentralisé est une pure chimère, dont on peut défier le plus habile publiciste de donner un exposé intelligible, et que les exemples qu'il en cite sont controuvés et travestis. Il est vrai, par exemple, que la prétention du gouvernement belge a été de réunir le double avantage de l'unité et de la décentralisation ; mais il est certain aussi, et reconnu par tous les Belges tant soit peu instruits, que la centralisation est croissante en Belgique, tandis que l'ancien esprit communal et fédératif s'en va ; que le pouvoir central fait à celui-ci une rude guerre, et ne s'en cache même plus. J'ai dit déjà que l'une des causes du mécontentement que j'ai soulevé en Belgique par mon article sur l'unitarisme italien, était qu'en attaquant celui-ci je combattais indirectement l'unitarisme belge (1). Un phénomène analogue se passe en Angleterre, en Prusse et partout où le principe fédératif n'est pas fortement constitué et rigoureusement défini. La guerre des États-Unis en est encore une preuve.

Tout pouvoir tend à la concentration et à l'accaparement : les traditions, la race, le génie n'y font rien; et il suffit, pour que cette tendance centralisatrice devienne une réalité, qu'il existe de fait ou de droit une opposition

(1) La loi qui a supprimé les octrois en Belgique a fait de la décentralisation de ce pays une véritable anomalie. Soixante-dix-huit villes ou communes ont renoncé par cette loi à avoir un revenu propre : c'est du budget de l'État qu'elles reçoivent aujourd'hui le montant de leurs dépenses ; ce sont les représentants de la nation qui les votent ; c'est le ministre des finances qui, par conséquent, est le véritable administrateur en chef des finances de toutes les communes belges. D'un seul coup la Belgique tout entière s'est trouvée transformée en une vaste préfecture. Comment concevoir, dans un pareil État, l'existence de ce que la France, redevenue Empire, persiste à réclamer, des libertés municipales ? Je le répète : la chose serait non-seulement contraire au droit de l'État, au droit des Chambres aussi bien que du gouvernement ; elle serait une irrégularité budgétaire, une impossibilité. Les habitants des communes belges l'ont ainsi voulu ; les Chambres, sur leur commandement, l'ont voté : on peut dire que la démission du pays entre les mains du gouvernement a été complète. Et cette honnête bourgeoisie belge se moque de nos inclinations unitaires!...

de classes, bourgeoisie et peuple. C'est une conséquence fatale de l'antagonisme des intérêts, qu'ils travaillent de concert à la concentration du pouvoir. La Belgique, citée tout à l'heure par M. Fr. Morin, en est un triste exemple (1).

Gardons-nous donc, s'il vous plaît, de prendre pour une *forme de sociabilité* ce qui n'est qu'un phénomène de dé-

(1) L'abolition des octrois en Belgique pouvait être une mesure d'économie publique à la fois utile et libérale : toute la difficulté était de remplacer le revenu des octrois par un autre système de contribution. Ce soin regardait spécialement les villes, à chacune desquelles il appartenait de déterminer, au mieux de ses intérêts, ses voies et moyens. Le gouvernement et les Chambres ne devaient intervenir que pour homologuer les décisions prises par les communes. En général, le mode le plus simple était de remplacer l'octroi par une taxe locative. Mais il eût fallu exempter de la taxe toute la population pauvre; et la classe bourgeoise, alléchée par le ministre, a mieux aimé risquer, pour ne pas dire sacrifier, ses libertés municipales, et rejeter le fardeau sur la masse entière du pays. C'est ainsi que le budget des soixante-dix-huit communes les plus considérables de la Belgique est devenu un chapitre du budget de l'État. La bourgeoisie belge peut se vanter d'avoir vendu son droit d'aînesse pour un plat de lentilles, et M. Frère Orban d'avoir accompli le plus grand acte de corruption des temps modernes. Désormais, en Belgique, les conseils municipaux ne sont plus que des succursales du ministère de l'intérieur.

En Angleterre, le mouvement centralisateur est moins rapide qu'en Belgique : cela tient à l'existence d'une aristocratie et au régime de la propriété. M. Fr. Morin voudrait-il, pour réaliser son accord de la décentralisation avec l'Unité, nous ramener au droit d'aînesse et au système féodal?

En Prusse, il existe aussi une noblesse, véritable *remora* de la bourgeoisie et de la démocratie prussiennes, dernier obstacle au développement des libertés et de l'unitarisme constitutionnels. Supprimez cette noblesse, abolissez tout ce qui reste en Prusse de coutumes féodales, et, selon que la bourgeoisie ou la démocratie sera prépondérante, vous aurez l'empire plébéien ou la royauté bourgeoise, aussi unitaires du reste l'un que l'autre.

naturation politique, le passage de la fédération à l'unité, ou *vice versâ*. Gardons-nous surtout de conclure de cette prétendue *forme* à un patronat qui ne serait autre chose que le rétablissement du principe condamné des castes, auquel vous arrivez tout droit par votre malheureux appel à la bourgeoisie. N'oubliez pas que tout se meut, tout change et tout est en évolution incessante dans la société, et que si votre système politique n'est organisé de manière à développer sans cesse la liberté et à créer, par elle, l'équilibre, toujours votre gouvernement reviendra à la centralisation et à l'absolutisme.

Sans doute, les *formes* de l'association humaine sont innombrables : c'est la part dévolue à la liberté dans la constitution de l'État ; mais les LOIS sont constantes, d'autant mieux qu'elles expriment plus rigoureusement le droit. Or, je crois avoir prouvé que toutes les formes de gouvernement, d'abord *à priori* ou théoriques, puis *à posteriori* ou empiriques, rentrent les unes dans les autres ; que ce sont autant de manières différentes, hypothétiques, variables à l'infini, de créer l'équilibre entre l'Autorité et la Liberté ; mais que de toutes ces combinaisons gouvernementales il n'y en a et ne peut y en avoir qu'une seule qui satisfasse pleinement aux conditions du problème, à la Liberté et au Droit, à la réalité et à la logique, la Fédération. Toutes les autres formes sont essentiellement transitoires et corruptibles ; seule la Fédération est stable et définitive. A quoi sert donc ici de parler de variétés de formes et de moyens termes ? Sans doute les confédérations ne se ressembleront pas toutes, quant aux détails ; mais elles se ressembleront quant aux principes, de même qu'aujourd'hui toutes les monarchies constitutionnelles se ressemblent. A quoi bon encore ce recours à la classe bourgeoise et toutes ces préoccupations de juste-milieu, quand l'esprit de la Démocratie elle-même est de faire qu'il n'y ait plus ni classe inférieure ni classe élevée, mais un seul et même peuple? Possédez-vous les éléments d'une bourgeoisie, pas plus que d'une noblesse? La France demande le gouvernement du droit par une institution de justice et de liberté qui subsiste enfin par elle-même, immuable dans sa loi, variable seulement dans le détail des applications.

Cette institution, vous êtes tenu, journaliste de la démocratie, de la chercher comme moi ; et comme vous n'avez que ces deux alternatives, l'autorité ou le contrat, vous êtes tenu de justifier votre unité, non de la mutiler, ni de l'abâtardir, ce à quoi vous ne réussirez pas, ou bien d'accepter la Fédération.

J'ai méconnu, selon M. Morin, l'idée moderne de *nationalité*. Mais ce qu'il appelle avec tant d'autres nationalité, est le produit de la politique bien plus que de la nature : or, la Politique ayant été jusqu'à ce jour aussi fautive que les gouvernements dont elle est le verbe, quelle valeur puis-je accorder aux nationalités sorties de ses mains? Elles n'ont pas même le mérite du fait accompli, puisque l'institution qui leur a donné naissance étant précaire, les soi-disant nationalités, œuvre d'un vain empirisme, sont aussi précaires qu'elle, naissent et disparaissent avec elle. Que dis-je? Les nationalités actuellement existantes venant à s'écrouler par la déconfiture du système qui les a établies, laisseraient la place aux nationalités primitives dont l'absorption a servi à les former, et qui regarderaient comme un affranchissement ce que vous appelleriez, vous, dans votre système, une destruction.

Je conviens que, si demain la France impériale se transformait en Confédération, les nouveaux États confédérés, au nombre de vingt ou trente, n'iraient pas d'emblée se donner chacun, pour le plaisir d'exercer leur autonomie, un nouveau Code civil, un Code de commerce, un Code pénal, un autre système de poids et mesures, etc. Dans les commencements, la fédération se réduirait à l'indépendance administrative; pour le surplus, l'unité serait de fait maintenue. Mais bientôt les influences de race et de climat reprenant leur empire, des différences se feraient peu à peu remarquer dans l'interprétation des lois, puis dans le texte; des coutumes locales acquerraient autorité législative, tant et si bien que les États seraient conduits à ajouter à leurs prérogatives celle de la législature elle-même. Alors vous verriez les nationalités dont la fusion, plus ou moins arbitraire et violente, compose la France actuelle, reparaître dans leur pureté native et leur développement original, fort différentes de la figure de fantaisie que vous saluez aujourd'hui.

Telles sont en substance les observations que j'oppose à celles de M. Morin, et sur lesquelles je regrette de ne pouvoir insister davantage. Ou je me trompe fort, ou elles le convaincraient que ce qui le fait hésiter devant le principe fédératif et le retient dans l'unité, n'est point une raison politique sérieuse : c'est le fait établi, toujours si imposant ; c'est la tradition jacobine et le préjugé de parti ; c'est qu'aux yeux de la vieille Démocratie il y a chose jugée contre la Gironde ; c'est que le peuple français a toujours compris le gouvernement comme en 93 il comprenait la guerre : *En masse sur l'ennemi!* c'est-à-dire centralisation et unité ; c'est, enfin, qu'en ce qui concerne les choses de la Révolution, la raison des philosophes n'a fait jusqu'à présent que suivre la fougue des masses. Que M. Morin mette la main sur sa conscience : n'est-il pas vrai qu'il lui en coûterait à cette heure de se séparer de ses amis les démocrates unitaires ? Et pourquoi lui en coûterait-il ? Parce que la Révolution est encore pour le peuple affaire de sentiment, non de droit ni de science ; que préférer le droit et la science au sentiment, c'est, dans l'opinion du peuple, se séparer de lui, et que M. Fr. Morin tient à ne se séparer pas du peuple, même dans l'intérêt de la cause populaire, même pour un instant.

Indépendamment des relations de parti qui l'attachent à la Démocratie, j'ai encore d'autres motifs de mettre en suspicion l'indépendance d'esprit de M. Morin. Je trouve dans son article du 11 novembre le passage suivant, à propos de la question romaine :

M. Proudhon reconnaît que Rome est aux Romains. Que l'on consulte donc les Romains, et que tout le monde s'incline devant le verdict qui, en droit, est souverain ; qui, en fait, est seul capable de nous tirer d'une situation contradictoire.

Cette observation est exactement la même qui m'a été adressée, en termes d'une parfaite courtoisie, par un respectable pasteur de Rotterdam. Elle signifie que, dans la pensée de M. Fr. Morin, fervent catholique, l'unité religieuse, qui doit un jour réunir en une même profession de foi tous les croyants, a pour condition de réalisation d'être nettement séparée de l'unité politique. Ainsi M. Morin est doublement unitaire ; il l'est dans son cœur et dans son entendement, il l'est en religion et en politique. Comment avec cela peut-il se dire démocrate, libéral, voire même révolutionnaire? J'avoue que c'est pour moi une énigme.

Quoi qu'il en soit, ni M. Morin ni mon correspondant hollandais ne m'ont compris. D'abord, ai-je nié que les Romains eussent le droit de trancher, en tant qu'il dépend d'eux, l'affaire du temporel en donnant l'exclusion au Saint-Père? Jamais. Telle n'est pas pour moi la question. Il s'agit de se prononcer entre la fédération et l'unité. Sur quoi je me borne à dire, faisant abstraction des droits ou prétentions dynastiques du Saint-Siége, que si les Romains, de même que les Napolitains et les Toscans, donnent la préférence au royaume sur la fédération, ils en sont parfaitement les maîtres ; seulement ils manquent, selon moi, à la tradition de l'Italie, aux garanties de la liberté et aux vrais principes du droit, et de plus se mettent mal avec le monde catholique. Je dis qu'au lieu d'avancer par cette politique dans la voie révolutionnaire, ils reculent ; qu'au lieu d'amener à la raison le catholicisme, ce qui d'ailleurs n'est pas dans leur intention, ils lui préparent une recrudescence.

Quant au temporel pontifical, que M. Fr. Morin voudrait,

comme catholique et dans l'intérêt de l'Église, supprimer, je me bornerai à lui faire une simple question : Nie-t-il que si les soixante ou quatre-vingt mille prêtres qui sont en France, poursuivis dans leur existence matérielle, jugeaient à propos de choisir entre eux des candidats au Corps législatif et de les présenter aux prochaines élections dans les quatre-vingt-neuf départements, ils en eussent le droit? Nie-t-il que si le suffrage universel accueillait la majorité de ces candidatures, les cléricaux n'eussent le droit d'entrer en masse dans le gouvernement? Nie-t-il qu'alors la politique ne devînt légitimement une politique chrétienne, sinon tout à fait ecclésiastique? Non, il ne peut nier cela, puisque c'est écrit dans notre droit public. Bien mieux M. Frédéric Morin, démocrate et catholique, ne serait-il pas heureux de ce triomphe de la religion? Assurément. Donc la séparation du temporel et du spirituel, ainsi que je l'ai affirmé tant de fois, est en elle-même une chimère; donc, puisque d'une part le spirituel et le temporel sont connexes, et que d'autre part les intérêts qui composent le temporel sont divergents, l'unité de religion est aussi chimérique que celle du gouvernement; donc ce n'est pas en vertu de ce principe triplement faux, d'une unité religieuse, d'une unité gouvernementale, et de leur séparation, que le parti de la Révolution doit attaquer l'Église et revendiquer les États du Saint-Père; donc la vraie, l'unique question entre le parti de la foi et le parti du progrès est la question morale, question dans laquelle nous sommes certains de succomber, et nous nous condamnons nous-mêmes en faisant à notre antagoniste une guerre déloyale et en joignant à la spoliation l'hypocrisie. Ce qui soutient l'Église contre toutes les attaques et qui fait du parti catholique le plus puissant de tous, M. Fr. Morin doit le savoir mieux que personne, ce n'est pas son unité, c'est l'affaissement des consciences qu'aucune idée ni d'en haut ni d'en bas ne soutient plus; c'est le matérialisme de notre enseignement; c'est l'abandon de la pensée révolutionnaire remplacée par le plus détestable pharisaïsme; c'est notre impur romantisme et notre libertinage voltairien.

Selon M. Morin, « en étudiant l'hypothèse de la Papauté « temporelle supprimée, j'aurais été épouvanté par l'image « de l'autorité temporelle se couronnant elle-même d'une « royauté absolue sur les âmes. » — Je sais gré à mon honorable critique de chercher des motifs élevés à ma conduite vis-à-vis de la Papauté; mais telles ne sont pas précisément mes préoccupations. Je crois et j'attends la fin de la Papauté temporelle, puisque je crois et attends la Justice absolue et la pure morale de l'Humanité, dont la Révolution française a été, selon moi, le précurseur. Je crois donc qu'il viendra un jour où l'autorité spirituelle ne se distinguera plus de la temporelle, puisque toutes deux seront fondées sur la même Conscience, la même Justice, la même Raison et la même Liberté. Ce qui me tient en souci et que je pleurerais de larmes de sang, c'est quelque jonglerie de réforme, renouvelée de Luther et de Calvin; quelque singerie de religion d'État ou d'Église nationale copiée de Henri VIII; pis que cela, quelque nouveau culte de l'Être suprême ou de la Raison; des mascarades comme celles de Ménilmontant, une théophilanthropie, un Mapa, ou toute autre folie spiritiste et mormonique. Dans le délabrement des âmes, je crois, en fait de superstition, tout possible. Notre prétendu voltairianisme ne me rassure pas; je n'ai nulle confiance en des esprits forts qui ne savent que plaisanter et jouir. La philosophie, si elle n'est cuirassée de vertu, ne m'inspire que du dédain. Voilà pourquoi tout en gardant vis-à-vis de l'Église la position qu'a faite selon moi au monde moderne la Révolution, je dénonce au mépris public, avec les manœuvres de la Démocratie unitaire, les coups de bascule d'un panthéïsme sans mœurs et d'une coterie sans principes.

Après l'appui indirectement prêté à la Papauté, en tant que puissance temporelle, M. Morin me reproche d'avoir soutenu, « non-seulement la fédération républicaine, mais « même la fédération monarchique de Villafranca. » — M. Cernuschi, au rebours, le chef des barricades de Rome, auteur principal de la République romaine en 1849, dont j'ai oublié dans ma dernière publication de citer le nom à côté de ceux de Ferrari, de Montanelli, d'Ulloa, Henri Cernuschi me disait l'autre jour : « A leur république unitaire, « j'eusse préféré cent fois une fédération de monarchies. » Et, n'en déplaise à M. Fr. Morin, je suis de l'avis de M. Cernuschi. Il y a dix à parier contre un qu'une république unitaire, comme celle des Jacobins, deviendra, en vertu de l'unité, une monarchie constitutionnelle ; et tout autant à parier qu'une fédération de monarchies deviendra, en vertu du principe fédératif, une république fédérative. Ainsi le veut la logique des principes, d'après laquelle l'élément prépondérant finit par entraîner les autres. Depuis quand les idées sont-elles condamnées en haine de ceux qui les produisent ou qui les expriment? Étonnante pudeur du jacobinisme! C'est un empereur, Napoléon III, qui propose aux Italiens la fédération : donc, on la rejettera parce qu'elle vient d'un empereur, et on lui préférera, quoi? la royauté. Ce sont des princes constitutionnels qui représenteront cette confédération : donc encore on devra la rejeter parce que les États confédérés seraient des monarchies, et on lui préférera, quoi? une royauté militaire, une concurrence à l'Empereur!

Au reste, ne soyons pas dupes de cette délicatesse jacobine. Le jacobinisme est avant tout unitaire, c'est-à-dire monarchique, avec ou sans roi : M. Fr. Morin le reconnaît pour son compte, en se prononçant contre la fédération. Le jacobinisme est bourgeois dans l'intérêt de l'ordre : M. Fr. Morin le déclare en faisant appel à la bourgeoisie. Le jacobinisme, enfin, est juste-milieu : M. Fr. Morin ne le dissimule pas, en préconisant un système d'unité et de décentralisation tout à la fois. Unitarisme, bourgeoisisme, juste-milieu : voilà, au fond, pourquoi le jacobinisme est opposé à la fédération, voilà pourquoi la démocratie a tant déclamé contre le traité de Villafranca. Sommes-nous à bout de contradictions? Non. Comme les sentiments de M. Fr. Morin le rattachent de préférence à la plèbe, le voici qui, tout en soutenant l'unité et faisant appel à la bourgeoisie, témoigne déjà la crainte que le gouvernement de Victor-Emmanuel ne soit trop unitaire, trop bourgeois, trop juste-milieu. Cela rappelle Robespierre poursuivant de ses invectives feuillants, girondins, dantonistes, hébertistes et modérés, sans qu'il pût dire de quelle opinion lui-même il était. En vous enrôlant dans le jacobinisme, M. Fr. Morin, qu'avez-vous fait de votre indépendance de philosophe? Qu'avez-vous fait de votre ingénuité de chrétien? Vous avez perdu jusqu'à votre logique, et vous êtes à cette heure incapable de formuler nettement une opinion.

Mais j'ai des observations plus graves encore à soumettre au correspondant du *Progrès :* ce sera l'objet des chapitres suivants.

CHAPITRE VII.

QUESTIONS MORALES ET POLITIQUES. — DE LA RAISON D'ÉTAT.

M, Fr. Morin m'a reproché, c'est son dernier et principal grief, d'avoir attaqué Mazzini. A ce propos, il s'est cru obligé, pour mon édification, de rassembler les états de service et de faire l'apologie du grand conspirateur.

Je remercie de nouveau M. Fr. Morin de la manière courtoise dont il a fait en cette circonstance appel à mes sentiments en faveur de Mazzini. Ses sympathies ne lui ont point été une occasion de laisser tomber sur moi la moindre parole de dénigrement. Cette modération de langage étant de bon exemple autant que de bon goût, je m'efforcerai de l'imiter, sans que la vérité que de libres penseurs se doivent l'un à l'autre en souffre.

Je ferai d'abord observer à M. Fr. Morin, avec toute la considération que mérite son caractère, que son éloge de Mazzini, très-sincère je n'en doute pas, me semble néanmoins, à la place qu'il occupe, avoir eu quelque peu pour objet de faire passer le reste de l'article. M. Fr. Morin avait besoin de ce parachute pour faire entendre à ses lecteurs lyonnais, sans s'exposer lui-même à perdre leur confiance, qu'un homme pouvait fort bien repousser l'unité italienne et combattre la politique de Mazzini, sans être pour cela un ennemi du peuple et de la liberté. C'est ainsi que M. Pelletan, protestant dans ses deux brochures contre l'unitarisme italien, s'est cru obligé de mêler à ses critiques, d'un côté un éloge pompeux de Garibaldi, bien qu'il soit forcé d'en condamner l'expédition, de l'autre une diatribe contre l'Autriche, bien que naguère il ait dit d'elle : *La liberté comme en Autriche!* ce qui lui valut un mois de prison.

Telle est de nos jours la misère intellectuelle et morale de la démocratie, que ses plus dévoués défenseurs ne peuvent hasarder la moindre observation en dehors du préjugé courant sans se rendre aussitôt suspects.

Par quel affreux serment faut-il vous rassurer ?

Un écrivain démocrate doit avoir sans cesse ce vers d'Hippolyte à Thésée présent à la mémoire. Être Fr. Morin, Pelletan, et se résigner aux fourches caudines d'une justification perpétuelle!...

Eh bien! parlons encore de Mazzini. Je répète, et ce sera pour la dernière fois, qu'il ne s'agit point ici de l'homme, mais du tribun ; que je crois Mazzini aussi honorable, aussi vertueux dans sa vie privée que feu Savonarole et Garibaldi, et que personne plus que moi n'admire la constance de son caractère. Mais j'ajoute que, cette réserve faite, réserve de droit, qu'il est humiliant pour la Démocratie que l'on doive renouveler sans cesse, je ne conçois pas comment, étant ce que je suis, niant énergiquement le système de l'unité et affirmant la fédération, condamnant en conséquence le principe et toute la politique de Mazzini, je devrais m'incliner ensuite devant sa renommée d'agitateur. Que deviendraient la liberté des opinions, l'indépendance de la critique, les franchises de la tribune et de la presse, si, après avoir renversé par la discussion une doctrine, en avoir montré les erreurs et l'immoralité, on devait, pour conclusion, jeter une couronne à son auteur? Est-ce ainsi que Mazzini lui-même entend la politique? Si je ne me suis pas trompé, d'abord dans l'appréciation que j'ai faite des événements qui se sont accomplis dans la Péninsule, puis dans la théorie que j'ai présentée du système fédératif, j'ai eu raison de dire que Mazzini avait été le fléau de la liberté italienne et de la Révolution, et j'ai le droit d'exiger qu'il se retire. Comment l'ascétisme d'un chef de parti servirait-il de couverture aux désastres causés par son système?

Mazzini est l'homme d'une *idée* et d'une *politique*. Ce qui le distingue entre tous, c'est qu'il a la religion de son idée, et que pour la servir il n'hésite pas à en suivre les maximes jusque dans leurs dernières conséquences. Peu d'hommes ont ce courage : c'est par là que se distinguent les novateurs dignes de ce nom, ce qui les fait grands dans l'histoire, lorsque par hasard leur idée répond à la conscience de leurs contemporains. Jugeons donc l'idée et la politique de Mazzini, sans prévention mais sans faiblesse, et laissons l'homme. Si je commets quelque erreur, je serai heureux qu'on me la fasse voir, et je m'empresserai de la rétracter, bien moins encore par considération pour Mazzini, dont la personne doit rester étrangère au débat, que pour la Démocratie elle-même, dont il n'est ici que le représentant.

Mazzini est démocrate, de la même manière que l'était Robespierre et que le sont tous les Jacobins. C'est-à-dire que, si par son point de départ et par les intérêts qu'il représente, la Liberté, en général, est sa dominante, elle se change bientôt en Autorité pure par la substitution de la souveraineté collective à la souveraineté dynastique. Cela résulte de la vie, des écrits et de toute la politique de Mazzini. La liberté individuelle, le droit de l'homme et du citoyen, tiennent peu de place dans ses préoccupations. Le contrat social n'est à ses yeux qu'un contrat tacite, unilatéral, où l'homme disparaît dans la masse, où l'individualité est sacrifiée à l'unité. Sa devise, *Dieu et Peuple;* son horreur de l'anarchie et du socialisme, ses efforts pour l'unité italienne, démontrent que ce démocrate n'est, comme Robespierre, qu'un homme d'autorité.

M. Fr. Morin, dont le caractère dogmatique, les préférences unitaires et les mœurs puritaines lui donnent quelque ressemblance avec Robespierre et Mazzini, me ferait d'abord plaisir de me dire si, en ce qui concerne le rapport de l'Autorité et de la Liberté, il est du sentiment des deux célèbres tribuns? La théorie que j'ai donnée du système fédératif dans la première partie de cet écrit; les conséquences que j'ai fait ressortir ensuite, pour la pratique, de la théorie unitaire, lui feront comprendre le sens et la portée de ma question. (Voir plus haut IIe partie, chap. III.)

De la manière de concevoir le rapport de l'Autorité et de la Liberté se déduit immédiatement la maxime politique qui dirige le gouvernement, autrement dite Raison d'État. Si la liberté est prépondérante, cette maxime sera le DROIT : ce ne peut pas être autre chose. Si c'est l'autorité, ce sera une *idée*, Dieu, par exemple, la religion, l'Église ou le sacerdoce, l'intérêt de la noblesse, le respect de l'autorité, la dynastie, ou toutes ces choses ensemble. Pour Mazzini, comme pour Robespierre, c'est, avant tout, l'unité.

La conséquence est terrible. Si la maxime politique ou raison d'État est la justice, en vertu du principe incontestable que la fin détermine et justifie le moyen, tout devra être, dans les conseils de la nation, subordonné au droit, droit public, droit civil, droit économique, droit des gens. Le salut même de la nation, si par hypothèse on pouvait concevoir qu'à un moment donné le salut de la nation fût hors le droit, devrait être sacrifié au droit, ce qui signifie que la nation devrait être martyre de la justice. Si au contraire la maxime politique, dérivant du principe d'autorité, est une idée, un dogme, ce dogme primant la justice, tout droit et toute morale pourront être sacrifiés, à l'occasion, à la raison d'État, ainsi que le fait entendre la fameuse devise des jésuites, *Ad majorem Dei gloriam*, ou cette autre qui n'en est qu'un corollaire, *Salus populi suprema lex esto*, etc. En sorte qu'il y aura deux morales, une morale d'État, corollaire de la raison d'État, supérieure au droit et à la justice, et une morale vulgaire, ayant force de loi dans tous les cas où il n'y a pas lieu de faire appel à la raison d'État (1).

(1) Les personnes peu au courant de ces matières s'imagineront peut-être que j'exagère, en transformant en système politique les crimes commis de loin en loin par quelques monstres couronnés, au nom de la raison d'État. Une semblable opinion serait aussi fâcheuse qu'elle est erronée ; et je dois protester contre elle, dans l'intérêt de la sûreté publique aussi bien que de la vérité. La pratique de ce que j'appelle raison d'État est de tous les jours dans les choses de la politique et du gouvernement ; elle a passé dans les affaires d'Église, de corporation, de métier ; elle a envahi toutes les couches de la société ; on la rencontre dans les tribunaux aussi bien que dans les sociétés industrielles, et jusqu'au foyer domestique.

Quand Luther, par exemple, pour conserver à la Réforme la protection du landgrave Philippe de Hesse, l'autorisait, par consultation signée de sa main, à posséder deux femmes à la fois, violant ainsi, par motif de religion, la morale religieuse, il suivait la raison d'État. — Quand un médecin, pour sauver l'honneur d'une femme adultère et conserver la paix d'un ménage, lui procure un avortement, se rendant, par horreur du scandale, complice d'un infanticide, il obéit à la raison d'État. — Quand Louis XIV retenait arbitrairement en prison l'inconnu au masque de fer, il suivait la raison d'État. — Les cours prévotales, les tribunaux d'exception, sont des applications de la raison d'État. — Quand Napoléon Ier, après quinze ans de mariage, répudiait Joséphine, il sacrifiait la morale à la raison d'État. Et l'official qui consentait à casser le mariage religieux pour vice de forme, sacrifiait de son côté la religion à la raison d'État. Quand les Jésuites faisaient assas-

La souveraineté de la raison d'État a été admise jusqu'à ce jour dans tous les gouvernements sans exception, même dans les gouvernements républicains et démocratiques. Elle a été jusqu'à présent la condition *sine quâ non* et le sceau de réprobation de la politique. Par cette souveraineté atroce, la Liberté et la Justice, en tant qu'elles peuvent contrarier l'action du Prince ou le gouvernement, sont proscrites systématiquement. L'idéal du gouvernement, sous ce rapport, serait donc celui où la raison d'État ne serait plus que l'égale de toute autre raison; pour mieux dire, ce serait celui où la Justice et la Liberté seraient elles-mêmes prises pour raison d'État. Or, ce système existe, c'est le système fédératif.

M. Fr. Morin reçoit-il la Justice comme seule raison

siner Guillaume d'Orange, Henri III et Henri IV, ils agissaient également par raison d'État. Toute la politique romaine, et le gouvernement des Papes, et la discipline des cloîtres, ne sont qu'une suite d'actes accomplis en vertu de la raison d'État. Le système des lettres de cachet, aboli par la Révolution, était une sorte d'organisation de la raison d'État. Les massacres de septembre 1792, les fournées du Tribunal révolutionnaire, les transportations sans jugement, les fusillades du Luxembourg et des Tuileries, tous ces faits atroces, accomplis tantôt par une municipalité, tantôt par un Directoire, tantôt par de simples citoyens, sont des faits imputables à la raison d'État. Lorsque les Girondins demandaient la poursuite des auteurs des massacres de septembre, ils réagissaient contre la raison d'État. Et lorsque Robespierre et consorts combattaient sur ce point la Gironde, ils soutenaient la raison d'État. La vraie révolution serait celle qui, élevant les consciences au-dessus de toute considération humaine, abolirait dans la politique et dans toutes les relations de la société cette affreuse réserve de la raison d'État, qui, sous prétexte d'ordre, d'honneur, de salut public, de morale, tantôt se permet, tantôt innocente les crimes les plus évidents et les mieux qualifiés.

d'État, ou pense-t-il à l'exemple de Mazzini, de Robespierre et de Machiavel, à l'exemple des Rois, des Empereurs, des Pontifes et de tous les tribuns du peuple, qu'il puisse y en avoir une autre? Croit-il qu'il est des circonstances où la république et la société seraient en danger si la Justice n'était sacrifiée à un intérêt prétendu supérieur, à un idéal politique, religion, Église, sacerdoce, noblesse, dynastie, démocratie, nationalité, unité, autorité, communauté, etc.? Est-il résolument, enfin, pour la prérogative du Droit contre toute autre prérogative, ou admet-il, à certains moments sinon toujours, une loi d'ordre plus élevée et qui prime le Droit?

La question est des plus graves. Bon nombre de démocrates déclinent cette souveraineté de la Justice, qui ne tend à rien de moins, en effet, qu'à éliminer tous les vieux systèmes, la Démocratie unitaire comme les autres. Exclure de la politique toute espèce de raison d'État, en effet, et donner le règne au Droit seul, c'est affirmer la confédération; c'est comme si le Législateur disait aux masses, en retournant les paroles du Décalogue : Vous n'aurez plus d'autre loi que votre propre statut, d'autre souverain que votre contrat; c'est abolir l'idolâtrie unitaire.

Une conséquence de tout ceci, selon qu'on se déclarera exclusivement pour la Justice ou qu'on reconnaîtra une raison d'État supérieure à la Justice, est la suivante, qui, en pratique, a son importance.

Suivant Mazzini, le gouvernement n'étant pas fondé sur

un contrat positif, mais sur un contrat tacite, unilatéral, analogue à celui qui lie l'enfant à la famille; ne relevant pas originellement de la liberté, comme principe prépondérant, mais d'une idée antérieure et supérieure à toute convention, telle que l'autorité divine, *Dio e popolo,* ou toute autre, il s'ensuit qu'au regard de Mazzini république, démocratie, monarchie et empire sont des formules qui peuvent avoir dans le commun usage leur importance, mais qui ne touchent pas au fond des choses et peuvent fort bien permuter; que l'essentiel est que l'idée antérieure et supérieure soit respectée et la maxime d'État obéie; qu'en conséquence un homme tel que lui, Mazzini, peut en conscience, à l'occasion, tout en se disant républicain et démocrate, crier et faire crier *Vive le roi!* il suffit qu'il serve l'idée supérieure, l'unité. Il n'y a qu'une chose que le républicain démocrate Mazzini et ses adhérents ne peuvent se permettre, ce serait de se dire fédéralistes, puisqu'en affirmant la fédération ils renonceraient à leur idéalisme politique, à leur raison d'État.

Il n'en est pas ainsi de celui qui s'est rattaché de conviction et de cœur à l'idée fédérale. Le système politique et l'ordre social tout entier reposant, pour lui, non plus sur un mythe, un idéal poétique ou toute autre conception, mais sur le droit pur exprimé par le contrat, il ne peut, sous aucun prétexte, reconnaître comme expression de ce principe, ni royauté ni pontificat; le faisant, il mentirait à sa conscience. Le fédéraliste peut souhaiter santé, prospérité et longue vie au prince, de même qu'à tout individu dont il ne partage pas les opinions : sa bienveillance s'étend à tous les hommes. Pareillement il ne jure point haine à la royauté, ne fait aucun étalage de régicide : il sait que la liberté est progressive, que la royauté est d'institution transitoire, de même que l'adoration et le sacrifice, et il respecte toutes les institutions. Mais, comme le chrétien qui, priant pour César, refusait de sacrifier au Génie et à la Fortune de César, parce que c'eût été un acte d'idolâtrie, de même le fédéraliste, alors même qu'il ferait des vœux pour la personne du monarque, ne criera jamais, avec Mazzini et Garibaldi, *Vive le roi !*

Ainsi le fédéralisme et le jacobinisme se séparent l'un de l'autre : le premier, indifférent aux questions de personnes, mais intraitable sur les principes ; le second, faible par les idées, puissant seulement par la haine, mais sachant au besoin imposer silence à ses rancunes et se rendre possible.

CHAPITRE VIII.

Du Serment politique.

La question du serment politique est une des plus délicates que puisse se proposer un publiciste.

Le serment a quelque chose de sacramentel qui le distingue essentiellement de toute autre promesse, obligation ou engagement, tacite ou formel. Ainsi, en mariage, le serment est requis des époux, parce que l'obligation qu'ils contractent en se dévouant l'un à l'autre ne résulte pas du seul fait de cohabitation et de la promesse d'amour mutuel, et que sans le serment, prêté devant le magistrat assisté de témoins, ni eux ni personne ne pourrait dire si le pacte qui les unit est vœu de mariage ou convention de concubinat. Quand même on abolirait la formalité de la comparution des fiancés par-devant l'officier civil, et qu'on déclarerait le serment suffisamment acquis par le contrat de mariage précédé des publications légales et suivi de cohabitation, le serment n'en existerait pas moins. Il serait censé avoir été prêté. La peine qu'on aurait prise de pourvoir au défaut de la cérémonie en prouverait l'essentialité. Ce serait comme le billet de banque, qui sert en guise de monnaie, mais qui ne fait que témoigner de l'importance même de la monnaie.

Dans les témoignages, les arbitrages et les expertises, le serment est également requis, et par une raison analogue. L'individu appelé comme expert, arbitre ou témoin, est censé n'avoir aucun intérêt personnel, direct ou indirect, à dire pas plus qu'à taire la vérité. Mais il peut être influencé par l'amitié, la haine, la crainte; il peut être séduit ou intimidé; et le serment a pour objet de le dévouer à la vérité, en l'élevant au-dessus des considérations vulgaires, en intéressant son honneur par la crainte du parjure, et l'affranchissant de toute crainte et respect humain.

Dans le mariage, en un mot, le serment est une consécration, *sacramentum*, qui rend les époux inaccessibles à tous autres; dans les cas de témoignage, arbitrage, expertise, le serment est aussi une consécration qui met le témoin, arbitre ou expert, à l'abri de tout reproche de la part des parties. Hors de ces cas spéciaux et de quelques autres, on ne jure pas. La promesse, écrite ou verbale, suffit. On ne fait pas serment de payer ses dettes, d'acquitter un billet à ordre, de remplir ses devoirs de domestique, d'employé, d'associé, de mandataire ; cela semblerait, et à bon droit, inconvenant, ridicule. Cependant le serment peut être déféré au débiteur de mauvaise foi qui soutient avoir payé sa dette et vis-à-vis duquel il n'existe pas de titre, de même qu'au créancier qui nie avoir été remboursé et dont la quittance est perdue. Dans ces deux cas, le serment est une *ex-sécration* par laquelle celui qui le prête se dévoue à l'infamie, si son assertion est fausse.

Les mêmes principes régissent le serment exigé des fonctionnaires publics à leur entrée en fonctions, serment qu'il ne faut pas confondre avec le serment politique ou hommage féodal, bien que, par sa teneur, il ne paraisse pas en différer.

Le juge, l'administrateur, l'officier ministériel, les agents de la force publique, jusqu'au garde champêtre, prêtent serment. Cela ne signifie pas simplement qu'ils promettent de remplir avec honneur et probité leurs fonctions, ce qui va de soi et n'a pas plus besoin de serment que l'obligation du locataire de payer son terme ; cela veut dire encore que ces fonctionnaires, ne devant faire aucune acception de personnes, sont à l'abri de toute haine ou ressentiment en suite des actes de leur ministère. Celui qui, officieusement, dans un intérêt personnel, dénonce un délit, se rend bien souvent odieux ; mais le fonctionnaire juré, dont le mandat est de veiller à l'exécution de la loi et de déférer aux tribunaux les infracteurs, est honorable. A moins qu'il n'abuse de son pouvoir pour tourmenter les innocents, il ne soulève pas de haine. D'où vient cette différence ? du serment.

D'après cela, il est aisé de voir que le serment des fonctionnaires publics, pas plus que celui exigé des époux, témoins, arbitres, etc., ne peut être rapporté au souverain, quel qu'il soit. Le fonctionnaire, en ce qui concerne l'exercice de ses fonctions, jure sur sa conscience, rien de plus. Lui faire prêter serment au prince, voire même à la nation, c'est supposer que son devoir est subordonné à un ordre supérieur ; que la justice n'est pas sa loi suprême, mais la raison d'État : ce qui rentre dans la politique machiavélique et mazzinienne et change la nature du serment.

Ceci compris, nous pouvons nous faire une idée nette du serment fait au prince, de sa portée, et des cas où il peut être requis.

Le serment politique est aussi un contrat de dévouement, par conséquent unilatéral, qui a pour but de lier le citoyen qui le prête au prince qui le reçoit par une consécration personnelle, supérieure à toute considération de fait et de droit quelconque : le prince à qui le serment est prêté étant lui-même, pour celui qui lui rend hommage, le droit personnifié, mieux encore, la source même du droit.

Dans une monarchie absolue, dans une démocratie idéaliste et unitaire, où la raison d'État est quelque chose de supérieur au droit, il est tout simple que le serment soit requis, que de plus il soit prêté entre les mains de l'homme ou de l'assemblée qui représente l'autorité publique, la raison d'État. Sous l'ancien régime, par exemple, le gouvernement était personnel, autocratique, ce dont témoignait suffisamment l'indivision du pouvoir. Le système politique s'incarnait dans le prince, empereur ou roi, lequel, venant à mourir, était électivement ou héréditairement remplacé, mais hors duquel il n'y avait rien. Supposez que le fonctionnaire, que le soldat, que le citoyen eût pu dire à cet homme : « Je ne vous connais pas ; » voilà l'État renversé, la société dissoute. Sans doute, tous ceux qui faisaient partie de la société ne prêtaient pas le serment : est-ce que les enfants prêtent serment à leur père ? Mais tous le devaient, et le jour où le souverain appelait quelques-uns d'eux pour les constituer en dignité, la dette devenait, à l'égard de ces élus, exigible.

Dans une République fédérative, où l'autorité est subordonnée, le gouvernement impersonnel, l'État fondé sur un contrat, les choses ne peuvent plus se passer de la même manière. Le serment ne peut être prêté à qui que ce soit. Ce ne sera pas au prince : le prince, en la qualité qu'il existe, président, landamman, ou tout ce qu'il vous plaira, est un fonctionnaire infériorisé ; ce ne sera pas même à la nation ni à l'assemblée de la nation, puisque la nation n'existe elle-même qu'en vertu du pacte, qu'elle se compose d'États indépendants, égaux en dignité, qui ont fait entre eux un contrat d'assurance mutuelle, contrat synallagmatique et commutatif qui exclut toute idée de serment.

On m'opposera peut-être que les fondateurs de la liberté helvétique se lièrent par serment dans la plaine du Grutli, et que plus d'une fois, dans leurs guerres nationales, les Suisses l'ont renouvelé. Mais, sans compter qu'il ne faut voir dans cet acte initial qu'une forme verbale, solennelle et passionnée d'engagement synallagmatique, ne peut-on pas dire encore que le serment du Grutli fut, comme tous les serments prêtés en pareil cas, une sorte d'*ab-juration* ou d'*ex-sécration* par laquelle les confédérés se déclaraient eux-mêmes libres de tout hommage, et formaient entre eux une société politique de nouvelle espèce, fondée sur le libre contrat? Ici le serment est l'adieu solennel à l'anthropomorphisme politique ; c'est la réprobation du serment. Jamais les Suisses n'ont été plus sublimes qu'en renouvelant d'âge en âge cette abjuration de leurs aïeux.

De toutes ces considérations, je conclus que le serment politique est essentiellement contraire à l'esprit républicain en général, mais surtout à l'esprit fédératif. En 1848, je fus vivement choqué, je l'avoue, de la manière dont fut abolie, au nom de la République, la formalité du serment. Cette abrogation était mal motivée ; elle contenait je ne sais quoi d'indécent, de peu sincère, d'injurieux à la nation et à la République. On avait l'air de dire que depuis 89 tous les serments avaient été des parjures, qu'il était inutile de l'imposer, qu'on ne pouvait se fier à personne, que la République n'avait pas même à compter sur la fidélité de ses constituants. Et comme si l'on eût voulu continuer, sous une autre forme, cette tradition du parjure, on criait de plus belle : *Vive la République!* Que n'abolissait-on ce cri aussi bien que le serment !... Notez que, par une inconséquence qui ne fut que trop bien relevée, ce même serment, aboli pour tout le monde, était, par exception, exigé du Président de la République. La vérité était que la prestation du serment est un contre-sens dans une République; malheureusement il y avait ici quelque chose qui faussait le principe et rendait tout le monde hypocrite. La République étant unitaire, repoussant, sous le nom de *Droit au travail,* la fédération industrielle, supportant impatiemment le flot démocratique, admettant des *principes antérieurs et supérieurs* que l'on ne définissait pas et qui ouvraient la porte à l'idéalisme, on n'avait pas le droit de se dire lié par la seule vertu du contrat, et devant l'abrogation prématurée du serment la conscience nationale protestait par le cri redoublé de : *Vive la République !*

Dans la monarchie constitutionnelle, système hybride, équivoque, fondé à la fois sur l'autorité et sur le contrat, le serment de fidélité au prince est exigé des fonctionnaires et des représentants ; mais il l'est en même temps du prince, obligé, à son avénement, de jurer fidélité à la constitution. Là, le pouvoir est divisé quant aux catégories ministérielles, mais l'administration est centralisée ; là, le gouvernement est impersonnel, en ce sens que toute ordonnance du roi doit être contre-signée par un ministre ; mais il redevient personnel en tant que c'est le roi qui choisit les ministres, et qu'il est bien difficile qu'il n'en trouve pas, au besoin, un qui signe pour lui. Tout cela, quand on y regarde de près, est assez hétéroclyte, et l'événement l'a prouvé. Mais enfin cela se peut comprendre : c'est plus raisonnable, après tout, que la monarchie absolue ; nous avons même reconnu que de toutes les fondations de l'empirisme ç'avait été jusqu'à présent la plus heureuse. On peut donc admettre que dans une société où la monarchie est reconnue partie intégrante du système politique, concurremment avec la souveraineté du peuple, le serment peut être requis par la couronne. Monarque et sujets sont liés les uns envers les autres, comme ils l'étaient au moyen âge, mais par un pacte ou serment différent de celui du moyen âge. C'est ce que les hommes de 89 exprimèrent par la formule : *La Nation, la Loi, le Roi.*

Revenons maintenant à Mazzini et à sa politique.

Mazzini est l'homme de l'*unité*, ce qui implique, sinon tout à fait la monarchie constitutionnelle, au moins la république unitaire, essence pure de monarchie. En vertu de son principe, non-seulement Mazzini pourrait exiger de ses adhérents le serment de fidélité à la République une et indivisible, supérieure au droit et à la liberté, et dont il a fait une idole ; il pourrait même le prêter et le faire prêter à tout représentant, individuel ou collectif, de cette République, à Victor-Emmanuel, par exemple, envers qui l'on peut dire qu'il s'est engagé de son côté par serment, quand il lui a offert son concours à la condition que Victor-Emmanuel se dévouerait de son côté à l'unité. C'est à peu près ainsi que les Jacobins de Robespierre prêtèrent en 1804 serment à Napoléon, et plus tard, en 1814, à Louis XVIII. Seul le républicain fédéraliste, pour qui le gouvernement est exclusivement le produit et l'expression d'un contrat, est fondé, en logique et en droit, à refuser le serment. Le pacte fédératif et l'hommage féodal ou impérial impliquent contradiction.

Nous aurons bientôt en France des élections. Naturellement M. Fr. Morin, jacobin, mazzinien, catholique romain, admettra, n'eût-il d'autre raison, qu'en vertu du principe d'unité qui est l'âme et la raison d'État de son parti, les candidats de la Démocratie peuvent parfaitement prêter serment à l'Empereur. Ils n'ont nul besoin pour cela d'être affectionnés à sa personne ou d'approuver sa politique, pas plus qu'autrefois le royaliste, en prêtant serment, n'avait besoin d'aimer et d'estimer son roi ; pas plus que M. Thiers, entrant au ministère et prêtant serment, n'avait besoin d'être l'âme damnée de Louis-Philippe. Il suffit, aujourd'hui comme alors, que le prince soit l'expression de la pensée générale à laquelle se rallie celui qui prête serment.

Ainsi, de l'aveu de la Démocratie et de M. Frédéric Morin lui-même, d'une part la constitution française, royaliste, impériale ou démocratique, le titre et la forme n'y font rien, étant une constitution fondée sur un contrat, mais dans laquelle il entre plus d'autorité que de liberté, qui par conséquent admet, dans une certaine mesure, la personnalité du gouvernement; d'autre part Napoléon III ayant été créé par le suffrage universel premier représentant de la nation et chef de l'État, le serment, que rien ne le force d'exiger, a pu logiquement et légalement être par lui rendu obligatoire : dans ce cas, il n'y a pas de doute que tout bon démocrate ne puisse en sûreté de conscience le prêter. Entre l'opposition démocratique et Napoléon III, ne perdons pas cela de vue, il n'y a pas plus de différence qu'entre Louis-Philippe et Lafayette, Victor-Emmanuel et Garibaldi. Le refus de serment, par lequel se signalèrent les élus de la Démocratie en 1852, s'adressait à la personne du souverain, mais ne touchait pas à sa dignité. Maintenant le serment n'est plus refusé, ce qui revient à dire que la Démocratie, si elle critique la politique impériale, reconnaît en définitive le droit de l'Empereur et la consanguinité qui les unit. Elle garde son attitude d'opposition; mais cette opposition n'est rien de plus que ce qu'en Angleterre on appelle euphémiquement *Opposition de Sa Majesté.*

Afin que M. Fr. Morin comprenne mieux l'importance de la question, je lui ferai observer que Mazzini, après avoir prêté serment, possède, pour le cas où il serait mécontent du prince, et toujours en vertu de sa théorie, un moyen de se libérer. Si la maxime d'État n'est pas respectée; si, par exemple, l'unité de l'Italie, but de la Démocratie mazzinienne, n'est pas faite; si Victor-Emmanuel se montre incapable ou mal disposé; s'il cède aux injonctions de l'étranger, Mazzini peut déclarer le prince infidèle à la raison d'État, traître à l'unité et à la patrie, et se proclamer lui-même quitte de son serment. C'est ainsi qu'au moyen âge, lorsqu'un roi se rendait coupable de quelque atteinte à la morale publique ou domestique, aux droits de la noblesse ou à l'autorité de l'Église, il était excommunié par le Souverain-Pontife et ses sujets déliés de leur serment. Mais cette théorie de la dissolution du serment, déjà fort douteuse quand la dissolution était prononcée au nom de la société chrétienne par le chef du spirituel, et qui a soulevé les plus vives réclamations contre les papes, est bien plus reprochable encore lorsque la décision à prendre dépend uniquement de la conscience de l'individu. Ce n'est plus autre chose alors que l'application de la maxime jésuitique : *Jura, perjura*, etc. Car, enfin, prêter serment sous réserve, se faire juge du cas où le serment devra être tenu et de celui où il ne le sera pas, ou traiter un acte aussi grave de simple formalité : c'est, en principe, méconnaître l'essence du serment; dans l'espèce, c'est nier le droit du prince, salué d'abord comme partie intégrante de la constitution; c'est, en un mot et sans nécessité, se parjurer.

M. Frédéric Morin admet-il cette théorie du parjure? Pense-t-il, avec bon nombre de démocrates, que l'on puisse en sûreté de conscience, après avoir prêté serment de fidélité au chef de l'État, se déclarer aussitôt affranchi, sur ce motif que ledit Chef aurait manqué, par sa politique personnelle, aux conditions du pacte formé entre lui et le peuple?

Ce n'est pas tout : délié de son serment envers Victor-Emmanuel, Mazzini peut conspirer contre le roi, le détrôner. Car Victor-Emmanuel, déclaré traître à l'unité, n'est plus le représentant de l'Italie une et indivisible ; c'est Mazzini et tous ceux qui avec Mazzini, jurant par l'unité et la nationalité, ont condamné la politique d'expectative de Victor-Emmanuel. De même que la théorie du parjure, la théorie du régicide découle de celle de l'excommunication ; elle en est une copie. En tout ceci, Mazzini et les Jacobins ne font qu'imiter les papes.

J'ai demandé à tous les Italiens de ma connaissance s'ils pensaient que Mazzini fût homme à poursuivre dans la pratique ces conséquences de sa théorie. Tous m'ont répondu que telle était leur opinion; que c'était justement ce qui faisait le caractère, la moralité et la force de la politique de Mazzini, et que tel était le sens exact du mot jeté par lui en guise d'adieu au roi d'Italie : *Nous conspirerons!* Peut-être, mais je me garderais de l'affirmer, peut-être, dis-je, la conspiration et l'assassinat politique se pourraient-ils concevoir, s'ils avaient pour but de sauver la justice, supérieure à toute raison d'État et à la patrie elle-même. Mais, sans compter que ces pratiques de la raison d'État répugnent à la justice, nous savons que la justice par elle-même n'est pas la maxime de Mazzini; qu'elle n'était pas non plus celle d'Orsini, ni celle de l'assassin demeuré inconnu de Rossi (1). M. Fr. Morin pense-t-il, avec tous ces

(1) L'assassinat politique est indigène à l'Italie : on peut presque dire que ce malheureux pays n'a jamais eu d'autre manière de manifester son opposition et d'entendre la politique. L'Italie est machiavélique jusqu'au fond de l'âme. La *Presse* du 1er février dernier, dans un article signé A. Dumas, contenait sur ce sujet les détails les plus atroces. La justice française est parvenue à détruire dans la Corse les mœurs relativement généreuses de la

sectaires, que ce qui pourrait à peine s'excuser par la nécessité de sauver la Justice, le plus grand intérêt de l'humanité, soit suffisamment légitimé par la considération d'un système, tel que par exemple l'unité mazzinienne ?

Observons que le républicain fédéraliste n'a point à se tourmenter de ces affreux cas de conscience. Pour lui, le système politique étant exclusivement contractuel, l'autorité subordonnée à la Liberté, le magistrat un être impersonnel en tant que fonctionnaire, et comme homme l'égal de tous les citoyens, il n'a de serment à prêter à personne, il manquerait à la fédération, à son droit et à son devoir, il se rendrait complice de la destruction des libertés publiques, s'il jurait. Et si les circonstances étaient telles qu'il fallût renoncer à la fédération, eh bien alors, ou il s'abstiendrait de toute participation aux affaires, dévorant ses regrets et cachant ses espérances ; ou, s'il croyait son concours nécessaire au prince et à la patrie, il tiendrait son serment.

Dernière conséquence du serment politique et de son corollaire la raison d'État. La raison d'État étant souveraine, ce n'est pas seulement contre un prince, un ministre, un écrivain, déclaré infidèle, qu'un citoyen vertueux tel que Mazzini peut se trouver investi d'une dictature

vendetta : mais qui saura détruire dans le royaume de Naples l'affreuse institution de la CAMORRA ? J'ose dire que le Droit fédéral peut seul triompher ici des habitudes sanguinaires d'un peuple en qui le despotisme et la superstition ont mortifié la conscience et détruit jusqu'au sens moral. A ce point de vue les fondateurs de l'Unité auront fait plus que retarder la régénération de l'Italie; ils se seront faits les soutiens de ses plus abominables coutumes.

vengeresse; c'est contre les villes et les provinces, contre une population tout entière. En ce qui touche l'Italie, par exemple, telle que Mazzini a décidé qu'elle serait, l'unité est adéquate à la nationalité. Or la nationalité est au-dessus de la nation, comme l'idée est au-dessus de sa propre réalisation. De même donc que le dictateur romain, père de la patrie, seul en face de son armée coupable, avait le droit de la décimer comme parjure et la décimait en effet; de même que les Jacobins en 93, soutenus par le peuple de Paris et les sociétés patriotiques d'une douzaine de départements, eurent le droit, en vertu de la Révolution interprétée par eux, de sévir contre la masse de la nation devenue réfractaire; — de même Mazzini aurait le droit de traiter de rebelles tous ceux, fussent-ils vingt-cinq millions, qui résisteraient à la politique d'unité, et manqueraient au pacte mystique juré entre eux et Victor-Emmanuel; il pourrait, en vertu de ce pacte, exterminer comme brigands les partisans de la fédération, brûler les villes, ravager les campagnes, décimer, *épurer*, amender tout un peuple, coupable, au dire de Mazzini, de lèse-majesté envers lui-même. N'est-ce pas ce que font depuis deux ans les Piémontais à Naples, dans les Calabres, partout où la souveraineté de Victor-Emmanuel est contestée?

M. Frédéric Morin a-t-il quelque chose à objecter à cette déduction de la politique mazzinienne? Qu'il pèse bien sa réponse. Je n'ai pas voulu le surprendre, et c'est pour cela que je ne déguise ni n'adoucis les propositions sur lesquelles je me permets de l'interpeller. Mais qu'il ne s'y trompe pas : cette politique unitaire que j'attribue à

Mazzini, politique de raison d'État, de serment et de parjure, ne diffère absolument en rien de celle des jacobins de 93, proscrivant au nom du peuple français les six septièmes du peuple français ; c'est la même que celle du patriciat romain, s'arrogeant droit de vie et de mort sur la milice citoyenne comme sur ses enfants et ses esclaves, et déléguant ce droit au consul ; c'est celle de Moïse faisant massacrer les Israélites idolâtres dans le désert ; de l'inquisition romaine et espagnole, envoyant au bûcher tout individu coupable ou seulement soupçonné d'hérésie ; de Ferdinand et Isabelle, bannissant de leurs foyers les Juifs et les Maures ; de Catherine de Médicis exécutant la Saint-Barthélemy ; de la sainte Ligue et des Jésuites, faisant assassiner tour à tour Guillaume le Taciturne, Henri III, Henri IV, etc. C'est la politique de toute théocratie, de tout absolutisme et de toute démagogie. Seul le système fédératif, fondé sur le libre contrat, faisant en conséquence de la pure justice sa maxime souveraine, est opposé à cette politique d'incendie et de carnage.

CHAPITRE IX.

L'ESCLAVAGE ET LE PROLÉTARIAT.

Ce qui se passe de l'autre côté de l'Atlantique, à trois mille lieues des régions sur lesquelles plane l'idée mazzinienne, est une preuve éclatante de cette vérité qu'en dehors du fédéralisme la politique, quelles que soient la vertu et la mansuétude des chefs d'État, tend à dégénérer en tyrannie, spoliation et extermination.

Depuis un demi-siècle la république des États-Unis passait pour le modèle des sociétés et le type des gouvernements. Une liberté de fait incomparable s'y déployait, entourée d'une prospérité inouïe. Mais cette république, aux formes fédéralistes, était infectée de vices profonds. La fièvre de l'exploitation, importée d'Europe avec la religion et les lois, l'orgueil du sang et de la richesse, avaient développé à un degré effrayant le principe de l'inégalité et de la distinction des classes, et rendaient inévitable le retour au gouvernement unitaire.

Trois catégories de sujets composaient la société américaine : les *travailleurs noirs*, esclaves; les *travailleurs blancs*, de jour en jour plus enfoncés dans le prolétariat; l'aristocratie terrienne, capitaliste et industrielle. L'esclavage et le prolétariat étant incompatibles avec les mœurs républicaines, les États du Sud, bien qu'ils se dissent par excellence DÉMOCRATES, conçurent les premiers l'idée de centraliser les États-Unis et de dominer la Confédération. Ils voulaient en même temps développer sur toute la surface de la république leur *institution particulière*, à savoir la servitude noire. Repoussés par ceux du Nord, en forte majorité, et qui se couvraient par préférence du titre de RÉPUBLICAINS; frappés eux-mêmes dans leurs intérêts de localité par cette majorité qui entendait user à son tour de la puissance et parler au nom de l'Union tout entière, ils rompent le pacte fédéral et se constituent en démocratie esclavagiste, présomptivement unitaire.

Pour sauver l'Union, il eût fallu, d'un commun accord et d'une volonté énergique, deux choses : 1° Affranchir les Noirs et leur donner droit de cité, ce dont les États du Nord n'accordaient que la moitié et que ceux du Sud ne voulaient pas du tout; 2° combattre énergiquement le prolétariat grandissant, ce qui n'entrait dans les vues de personne. Menacée du Sud et du Nord par la servitude noire et par le prolétariat blanc, la Confédération était en péril : l'obstination des deux parties rendait le mal presque sans remède. Que si, en effet, les choses étaient laissées à elles-mêmes, si la classe propriétaire du Nord et l'aristocratie du Sud restaient unies, occupées seulement de développer leurs exploitations respectives, sans rien faire pour les travailleurs salariés ou asservis, et sans s'inquiéter de l'heure où les populations se rencontreraient, on pouvait prévoir le jour où, les deux flots venant se heurter, la multitude démocratique du Sud s'infiltrerait dans la masse républicaine du Nord, en même temps que celle-ci déborderait sur celle-là. Alors travailleurs blancs et travailleurs noirs se mêlant et bientôt s'entendant, la classe des exploiteurs n'aurait plus, pour se garantir de l'insurrection servile et prolétarienne, qu'à changer sa confédération en État unitaire, avec force police et gendarmerie, armée nombreuse et permanente, administration centralisée, etc., si elle ne voulait s'exposer à voir esclaves et prolétaires marcher contre elle, en nommant, à l'exemple de ceux de Haïti et du Mexique, un empereur. Si, au contraire, la différence des races exploitées, si la divergence des habitudes contractées par les exploiteurs et la contradiction de leurs intérêts rendait la séparation inévitable et qu'aucune force ne pût l'empêcher, la fortune du Nord allait se trouver gravement compromise au triple point de vue politique, économique et stratégique, et l'on pouvait prévoir encore que le moment viendrait où la majorité républicaine demanderait l'alliance à la minorité esclavagiste aux conditions exigées par celle-ci. De toute manière la confédération allait périr.

Dans cette situation, c'est le Sud qui a pris l'initiative en proclamant son indépendance : quelle a été la conduite du Nord? Jaloux de conserver sa suprématie et attendu que le territoire des États-Unis ne comporte, selon lui, qu'une nation unique, il commence par traiter les séparatistes de *rebelles*; puis, pour ôter tout prétexte à la scission, on décide de transporter hors de la république, moyennant indemnité aux propriétaires, tous les esclaves, sauf à donner à ceux d'entre ces derniers qui le demanderaient, l'autorisation de rester, mais dans une condition inférieure, qui rappelle celle des parias indous. Ainsi, tandis qu'on déclare *rebelles* les confédérés du Sud qui, pour sauver leur exploitation particulière, demandent à sortir d'une confédération devenue impossible, on décrète d'autorité, on légalise, on rend irrévocable la séparation politique et sociale des hommes de couleur : manière nouvelle d'appliquer le principe de nationalité! Tel est le projet Lincoln. Si ce projet passe, il est clair que la servitude noire n'aura fait que changer de forme; que bon nombre de Noirs, indispensables à la culture des régions torrides, seront retenus dans les États qu'ils habitent; que la société américaine n'en sera pas plus homogène; qu'en outre le désir d'empêcher à l'avenir toute tentative de séparation des États du Sud aura fait faire un pas de plus vers la centralisation, en sorte que, la constitution géographique venant ici en aide à la constitution sociale (1), la république fédérative des États-Unis n'aura fait, par la solution Lincoln, que s'acheminer plus rapidement vers le système unitaire.

Or, la même Démocratie qui parmi nous soutient l'unité

(1) Si jamais confédération fut placée dans des conditions géographiques désavantageuses, c'est à coup sûr celle des États-Unis. Là on peut dire que la fatalité est foncièrement hostile et que la liberté a tout à faire. Un vaste continent, de six cents à mille lieues de largeur, de forme carrée, baigné de trois côtés par l'Océan, mais dont les côtes sont tellement distantes les unes des autres qu'on peut dire la mer inaccessible aux trois quarts des habitants; au milieu de ce continent, un immense couloir, ou plutôt un boyau (Mississipi, Missouri, Ohio), qui, s'il n'est neutralisé ou déclaré propriété commune, ne formera, pour les dix-neuf vingtièmes des riverains, qu'une artère sans issue: voilà, en deux mots, la configuration générale de l'Union américaine. Aussi le danger de la scission a-t-il été immédiatement compris, et il est incontestable que sous ce rapport le Nord combat pour son existence autant au moins que pour l'Unité. Là tout se trouve en ce moment en contradiction : les Blancs et les Noirs, le Nord et le Sud, l'Est et l'Ouest (Protestants et Mormons), le caractère national (germanique et fédéraliste) exprimé par le pacte, et le territoire, les intérêts et les mœurs. Au premier aspect, l'Amérique du Nord semble prédestinée à former un grand Empire unitaire, comparable, supérieur même, à ceux des Romains, des Mongols ou des Chinois. Mais n'est-ce pas aussi une chose merveilleuse que ce continent soit justement tombé aux mains de la race la plus fédéraliste par son tempérament, son génie et ses aspirations, la race anglo-saxonne? Que M. Lincoln apprenne à ses compatriotes à surmonter leurs répugnances; qu'il admette les Noirs au droit de cité et déclare en même temps la guerre au prolétariat, et l'Union est sauvée.

italienne, soutient également, sous prétexte d'abolition de l'esclavage, l'unité américaine; mais, comme pour mieux témoigner que ces deux unités ne sont à ses yeux que deux expressions bourgeoises, quasi-monarchiques, ayant pour but de consolider l'exploitation humaine, elle applaudit à la conversion, proposée par M. Lincoln, de l'esclavage des Noirs en prolétariat. Rapprochez cela de la proscription dont elle a frappé le socialisme depuis 1848, et vous aurez le secret de cette philanthropie démocratique, qui ne supporte pas l'esclavage, fi donc!... mais qui s'accommode à merveille de la plus insolente exploitation ; vous aurez le secret de toutes ces unités dont le but est de briser, par la centralisation administrative, toute force de résistance dans les masses; vous aurez acquis la preuve que ce qui gouverne la politique des soi-disant républicains et démocrates en Amérique, de même qu'en Italie et en France, ce n'est pas la justice, ce n'est pas l'esprit de liberté et d'égalité, ce n'est pas même un idéal, c'est le pur égoïsme, la plus cynique des raisons d'État.

Si dans ses discussions sur l'affaire d'Amérique la presse démocratique avait apporté autant de jugement que de zèle; si, au lieu de pousser le Nord contre le Sud et de crier : *Tue! tue!* elle avait cherché les moyens de conciliation, elle aurait pu offrir aux parties belligérantes de sages conseils et de nobles exemples. Elle leur aurait dit :

« Dans une république fédérative, le prolétariat et l'esclavage paraissent également inadmissibles; la tendance doit être à leur abolition.

« En 1848, la Confédération helvétique, après avoir posé dans sa nouvelle constitution le principe de l'Égalité devant la loi et aboli tous les anciens priviléges de bourgeoisie et de famille, n'hésita point, en vertu de ce nouveau principe, à conférer aux *heimathlosen* (gens sans patrie) la qualité et les droits de citoyens. — La confédération américaine peut-elle, sans manquer à son principe et sans rétrograder, refuser aux hommes de couleur, déjà affranchis, qui pullulent sur son territoire, les mêmes avantages que la Suisse a accordés à ses *heimathlosen?* Au lieu de repousser ces hommes et de les accabler d'avanies, ne faut-il pas que tous les Anglo-Saxons, ceux du Nord et ceux du Sud, les reçoivent dans leur communion et saluent en eux des concitoyens, des égaux et des frères ? Or la conséquence de cette mesure sera d'admettre à l'isonomie, avec les affranchis, les Noirs retenus jusqu'à présent dans la servitude.

« En 1860, le czar Alexandre II de Russie, après avoir rendu la liberté aux paysans de ses États, au nombre de plus de vingt-cinq millions d'âmes, et les avoir appelés à la jouissance des droits civils et politiques tels que le comporte le gouvernement de son empire, leur a donné à tous, en propriété, la terre dont auparavant ils n'étaient que les serfs, se réservant à lui-même d'indemniser comme il pourrait les nobles dépossédés. — La confédération américaine fera-t-elle moins, pour ses Noirs émancipés, que n'a fait le czar Alexandre, un autocrate, pour ses paysans ? N'est-il pas prudent et juste qu'elle leur confère aussi la terre et la propriété, afin qu'ils ne tombent pas dans une servitude pire que celle d'où ils sortent ?

« La confédération américaine est appelée par l'enchaînement des idées qui la régissent et par la fatalité de sa situation, à faire plus encore : elle doit, à peine de récrimination de la part des États du Sud, attaquer dans ses sources le prolétariat blanc, en possessionnant les salariés et en organisant, à côté des garanties politiques, un système de garanties économiques. C'est au Nord qu'il appartient de prendre l'initiative de cette réforme, et d'entraîner le Sud plutôt par la force de l'exemple que par celle des armes.

« Hors de là, l'attaque du Nord contre le Sud, hypocrite et impie, ne peut aboutir qu'à la ruine de tous les États et à la destruction de la république. »

Au moins M. Lincoln, obligé de compter avec l'esprit aristocratique et les répugnances morales de la race anglo-saxonne, est-il jusqu'à certain point excusable, et la sincérité de ses intentions doit faire pardonner à son étrange philanthropie. Mais des Français, des hommes formés à l'école de Voltaire, de Rousseau et de la Révolution, en qui le sentiment égalitaire doit être inné, comment n'ont-ils pas senti que la sommation du Nord entraînait toutes ces conséquences? Comment peuvent-ils se contenter du semblant d'émancipation de M. Lincoln? Comment ont-ils le courage d'applaudir à l'appel récent des esclaves à la révolte, appel qui n'est évidemment de la part du Nord aux abois qu'un moyen de destruction, que réprouvent également et le droit de la guerre et le droit des gens?... Où est l'excuse de ces soi-disant libéraux ? Ne font-ils pas bien voir que le sentiment qui les anime n'est point l'amour de l'humanité, mais un froid calcul de pharisien économiste, qui se dit à lui-même après avoir comparé ses prix de revient : Certes il est plus avantageux au capitaliste, au chef d'industrie, à la propriété et à l'État dont les intérêts sont ici solidaires, d'employer des travailleurs *libres*, ayant moyennant salaire charge d'eux-mêmes, que des travailleurs esclaves, sans souci de leur subsistance, donnant plus de peine que les salariés et rendant proportionnellement moins de profit ?

Ces faits, ces analogies et ces considérations posés, voici les questions que j'adresse à M. Fr. Morin.

Le principe fédératif apparaît ici intimement lié à ceux de l'égalité sociale des races et de l'équilibre des fortunes. Problème politique, problème économique et problème des races ne font qu'un seul et même problème, qu'il s'agit de résoudre par la même théorie et la même jurisprudence.

Remarquez, en ce qui touche les *travailleurs noirs*, que la physiologie et l'ethnographie les reconnaissent comme étant de la même espèce que les blancs ; — que la religion les déclare, ainsi que les blancs, enfants de Dieu et de l'Église, rachetés par le sang du même Christ, et conséquemment leurs frères spirituels ; — que la psychologie ne saisit aucune différence de constitution entre la conscience du nègre et celle du blanc, pas plus qu'entre l'entendement de celui-ci et l'entendement de celui-là ; — enfin, ceci est prouvé par une expérience de tous les jours, qu'avec l'éducation et, au besoin, le croisement, la race noire peut donner des produits aussi remarquables par le talent, la moralité et l'industrie que la blanche, et que plus d'une fois déjà elle lui a été d'un inappréciable secours pour la retremper et la rajeunir.

Je demande donc à M. Fr. Morin :

Si les Américains, après avoir enlevé de vive force les Noirs à leur pays d'Afrique pour les faire esclaves sur la terre d'Amérique, ont le droit de les expulser aujourd'hui qu'ils n'en veulent plus ;

Si cette *déportation*, qui ne fait que renouveler en sens inverse le fait odieux du premier enlèvement, ne constitue pas, chez les soi-disant abolitionnistes, un crime égal à celui des négriers ;

Si, par un siècle de servitude, les Nègres n'ont pas acquis droit d'usage et d'habitation sur le sol américain ;

S'il suffirait aux propriétaires français de dire aux prolétaires leurs compatriotes, à tous ceux qui ne possèdent ni capital ni fonds et qui subsistent du louage de leurs bras : « Le sol est à nous ; vous ne possédez pas un pouce de terre, et nous n'avons plus besoin de vos services : partez ; » — pour que les prolétaires déguerpissent ;

Si le Noir, aussi libre que le Blanc de par la nature et de par sa dignité d'homme, peut, en recouvrant la possession de sa personne momentanément perdue, être exclu du droit de cité ;

Si ce droit ne lui est pas acquis par le double fait de sa mise en liberté récente et de sa résidence antérieure ;

Si la condition de paria, à laquelle le projet Lincoln vouerait le Noir, ne serait pas pire, pour cette race mineure, que la servitude;

Si cette émancipation dérisoire n'est pas pour le Nord une honte, et ne donne pas moralement gain de cause à la revendication du Sud;

Si *fédéraux* et *confédérés*, combattant uniquement pour le genre de servitude, ne doivent pas être déclarés, *ex æquo*, blasphémateurs et rénégats du principe fédératif, et mis au ban des nations;

Si la presse d'Europe qui par ses excitations, par son unitarisme et ses tendances anti-égalitaires, s'est faite leur complice à tous, ne mérite pas elle-même la flétrissure de l'opinion ?

Et généralisant ma pensée, je demande à M. Fr. Morin :

S'il croit que l'inégalité des facultés entre les hommes soit telle qu'elle puisse légitimer une inégalité de prérogatives;

Si l'inégalité de fortunes, à laquelle l'inégalité des facultés sert de prétexte et qui crée dans la société de si redoutables antagonismes, n'est pas beaucoup plus l'œuvre du privilége, de la ruse et du hasard, que celle de la Nature;

Si le premier devoir des États n'est pas en conséquence de réparer, par les institutions de la mutualité et par un vaste système d'enseignement, les injures de la naissance et les accidents de la vie sociale ;

S'il ne lui semble pas, en conséquence, que le principe d'égalité devant la loi ait pour corollaire, 1° le principe d'égalité des races, 2° le principe d'égalité des conditions, 3° celui de l'égalité toujours plus approchée, bien que jamais réalisée, des fortunes ;

Si, d'après ce qui se passe sous nos yeux, il lui paraît que ces principes, négation de tout privilége politique, économique et social, de toute acception de personnes et de races, de toute faveur du sort, de toute prééminence de classe, puissent être sérieusement appliqués et poursuivis sous un gouvernement autre que le gouvernement fédératif ;

Si, enfin, autant que la logique, l'histoire et les faits contemporains permettent d'en juger, il n'y a pas décidément incompatibilité entre le Droit et la destinée du genre humain et les pratiques et aspirations du système unitaire ?

Immoralité et servitude, voilà, quant à moi, ce que je découvre au fond de cette politique d'unité, qui est celle de Mazzini et des Jacobins ; qui sera demain celle du président Lincoln, si une inspiration meilleure ne vient l'arracher, lui et ses compatriotes, à leurs funestes et impitoyables préventions.

CONCLUSION.

Le peuple français se démoralise, faute d'une idée. L'intelligence de l'époque et de la situation lui manque : il n'a conservé que l'orgueil d'une initiative dont le principe et le but lui échappent. Aucun des systèmes politiques qu'il a essayés n'a pleinement répondu à son attente, et il n'en imagine pas d'autre.

La légitimité réveille à peine dans les masses un sentiment de pitié, la royauté de Juillet un regret. Que les deux dynasties, enfin réconciliées, se fusionnent ou ne se fusionnent pas, qu'importe? Elles n'ont toujours et ne peuvent avoir pour le pays qu'une seule et même signification, la monarchie constitutionnelle. Or, nous la connaissons cette monarchie constitutionnelle; nous l'avons vue à l'œuvre et nous avons pu la juger : édifice de transition qui eût pu durer un siècle et dont il y avait mieux à attendre, mais qui s'est détruit dans sa construction même. La monarchie constitutionnelle est finie : la preuve, c'est que nous n'avons plus aujourd'hui ce qu'il faudrait pour la rétablir; et quand, par impossible, nous parviendrions à la refaire, elle tomberait de nouveau, ne fût-ce que de sa propre impuissance.

La monarchie constitutionnelle, en effet, est le règne bourgeois, le gouvernement du Tiers-État. Or, il n'y a plus de bourgeoisie, il n'y a pas même de quoi en former une. La bourgeoisie, au fond, était une création féodale, ni plus ni moins que le clergé et la noblesse. Elle n'avait de signification, et elle ne pourrait en retrouver une, que par la présence des deux premiers ordres, les nobles et les clercs. Comme ses aînés la bourgeoisie a été frappée en 89 ; l'établissement de la monarchie constitutionnelle a été l'acte de leur commune transformation. A la place de cette bourgeoisie monarchique, parlementaire et censitaire, qui absorba les deux ordres supérieurs et brilla un moment sur leurs ruines, nous avons l'égalité démocratique et sa manifestation légitime, le suffrage universel. Essayez, avec cela, de refaire des bourgeois !...

Ajoutons que la monarchie constitutionnelle, revînt-elle au monde, succomberait à la tâche. Rembourserait-elle la dette ? Avec quoi ? — Réduirait-elle l'impôt ? Mais l'accroissement de l'impôt tient à l'essence même du gouvernement unitaire, et nous aurions en sus, comme dépense extraordinaire, les frais de réinstallation du système. — Diminuerait-elle l'armée ? Quelle force alors opposerait-elle comme contre-poids à la démocratie ?... Essaierait-elle d'une liquidation ? Mais elle ne viendrait que pour empêcher la liquidation. Rendrait-elle la liberté de la presse, celle d'association et de réunion ? Non, non, non ! La manière dont la presse bourgeoise a usé depuis dix ans du privilége de publication qui lui a été conservé par l'Empire, prouve de reste que l'amour de la vérité et de la liberté n'est pas ce qui la possède, et que le régime de compression, organisé dès 1835 contre la démocratie sociale, développé en 1848 et 1852, s'imposerait à elle avec la violence d'une fatalité. La monarchie constitutionnelle restaurée essaierait-elle, comme on l'a fait en 1849, de restreindre le droit de suffrage? Si oui, ce serait une déclaration de guerre à la plèbe, par conséquent le prélude d'une révolution. Si non, février 1848 lui prédit son sort, tôt ou tard elle en mourrait : encore une révolution. Réfléchissez-y cinq minutes, et vous resterez convaincu que la monarchie constitutionnelle, placée entre deux fatalités révolutionnaires, appartient désormais à l'histoire, et que sa restauration, en France, serait une anomalie.

L'Empire existe, s'affirmant avec l'autorité de la possession et de la masse. Mais qui ne voit que l'Empire, parvenu en 1852 à sa troisième manifestation, est travaillé à son tour par la force inconnue qui modifie incessamment toutes choses, et qui pousse les institutions et les sociétés vers des fins inconnues qui dépassent de beaucoup les prévisions des hommes? L'Empire, autant que le comporte sa nature, tend à se rapprocher des formes contractuelles. Napoléon Ier, revenu de l'île d'Elbe, est forcé de jurer par les principes de 89, et de modifier dans le sens parlementaire le système impérial; Napoléon III a déjà modifié plus d'une fois, dans le même sens, la constitution de 1852. Tout en contenant la presse, il lui laisse plus de latitude que n'avait fait son prédécesseur impérial; tout en modérant la tribune, comme s'il n'avait pas assez des harangues du Corps législatif il invite à parler le Sénat. Que signifient ces concessions, sinon qu'au-dessus des idées monarchiques et napoléoniennes plane dans le pays une idée primordiale, l'idée d'un pacte libre, octroyé, devinez par qui, ô princes! par la LIBERTÉ.... Dans la longue série de l'histoire, tous les États nous apparaissent comme des transitions plus ou moins brillantes : l'Empire aussi est une transition. Je puis le dire sans offense : l'Empire des Napoléons est en pleine métamorphose.

Une idée nous reste, inexplorée, affirmée tout à coup par Napoléon III, comme sur la fin du règne de Tibère le mystère de la rédemption fut affirmé par le grand-prêtre de Jérusalem : la FÉDÉRATION.

Jusqu'à présent le Fédéralisme n'avait éveillé dans les esprits que des idées de désagrégation : il était réservé à notre époque de le concevoir comme système politique.

a) Les groupes qui composent la Confédération, ce qu'on nomme ailleurs l'État, sont eux-mêmes des États, se gouvernant, se jugeant et s'administrant en toute souveraineté selon leurs lois propres ;

b) La Confédération a pour but de les rallier dans un pacte de garantie mutuelle;

c) Dans chacun des États confédérés, le gouvernement est organisé selon le principe de la séparation des pouvoirs : l'égalité devant la loi et le suffrage universel en forment la base :

Voilà tout le système. Dans la Confédération, les unités qui forment le corps politique ne sont pas des individus, citoyens ou sujets; ce sont des groupes, donnés *à priori* par la nature, et dont la grandeur moyenne ne dépasse pas celle d'une population rassemblée sur un territoire de quelques centaines de lieues carrées. Ces groupes sont eux-mêmes de petits États, organisés démocratiquement sous la protection fédérale, et dont les unités sont les chefs de famille ou citoyens.

Ainsi constituée la Fédération résout seule, en théorie et pratique, le problème de l'accord de la Liberté et de l'Autorité, donnant à chacune sa juste mesure, sa vraie compétence et toute son initiative. Seule par conséquent elle garantit, avec le respect inviolable du citoyen et de l'État, l'ordre, la justice, la stabilité, la paix.

En premier lieu le Pouvoir fédéral, qui est ici pouvoir central, organe de la grande collectivité, ne peut plus absorber les libertés individuelles, corporatives et locales, qui lui sont antérieures, puisqu'elles lui ont donné naissance et qu'elles seules le soutiennent; qui de plus, par la constitution qu'elles lui ont donnée et par la leur propre, lui restent supérieures (1). Dès lors, plus de risque de

(1) Le rapport du pouvoir central ou fédéral avec les pouvoirs locaux ou fédérés, est exprimé par la distribution du budget. En Suisse, le budget fédéral est à peine le tiers de la totalité des contributions que la Suisse consacre à sa vie politique; les deux autres tiers restent aux mains des autorités cantonales. En France, au contraire, c'est le Pouvoir central qui dispose de la presque totalité des ressources du pays; c'est lui qui règle les recettes et les dépenses; c'est encore lui qui se charge d'administrer, par commission, les grandes villes, telles que Paris, dont les municipalités deviennent ainsi purement nominales; c'est encore lui qui est dépositaire des fonds des communes et qui en surveille l'emploi.

renversement : l'agitation politique ne peut aboutir qu'à un renouvellement de personnel, jamais à un changement de système. Vous pouvez rendre la presse libre, la tribune libre, l'association libre, les réunions libres; supprimer toute police politique : l'État n'a point à se méfier des citoyens, ni les citoyens à se méfier de l'État. L'usurpation chez celui-ci est impossible; l'insurrection chez les autres impuissante et sans but. Le Droit est le pivot de tous les intérêts et devient lui-même raison d'État; la vérité est l'essence de la presse et le pain quotidien de l'opinion.

Rien à craindre de la propagande religieuse, de l'agitation cléricale, des entraînements du mysticisme, de la contagion des sectes. Que les Églises soient libres comme les opinions, comme la foi : le pacte leur garantit la liberté, sans en redouter d'atteinte. La Confédération les enveloppe et la liberté les balance : les citoyens fussent-ils tous réunis dans la même croyance, brûlant du même zèle, leur foi ne se pourrait tourner contre leur droit, ni leur ferveur prévaloir contre leur liberté. Supposez la France fédéralisée, et toute cette recrudescence catholique dont nous sommes témoins tombe à l'instant. Bien plus, l'esprit de la Révolution envahit l'Église, obligée de se contenter pour elle-même de la liberté, et de confesser qu'elle n'a rien de mieux à donner aux hommes.

Avec la Fédération, vous pouvez donner l'instruction supérieure à tout le peuple et vous assurer contre l'ignorance des masses, chose impossible, contradictoire même, dans le système unitaire.

La Fédération peut seule donner satisfaction aux besoins et aux droits des classes laborieuses, résoudre le problème de l'accord du travail et du capital, celui de l'association, ceux de l'impôt, du crédit, de la propriété, du salaire, etc. L'expérience a démontré que la loi de charité, le précepte de bienfaisance, et toutes les institutions de la philanthropie sont ici radicalement impuissantes. Reste donc le recours à la Justice, souveraine en économie politique aussi bien qu'en gouvernement ; reste le contrat synallagmatique et commutatif. Or, que nous dit, que nous commande la justice, exprimée par le contrat ? De remplacer le principe du monopole par celui de mutualité dans tous les cas où il s'agit de garantie industrielle, de crédit, d'assurance, de service public : chose facile en régime fédératif, mais qui répugne aux gouvernements unitaires. Ainsi, la réduction et la péréquation de l'impôt ne peuvent être obtenues sous un pouvoir à haute pression, puisque pour réduire et égaliser l'impôt, il faudrait commencer par le décentraliser ; ainsi la dette publique ne se liquidera jamais, elle s'augmentera toujours plus ou moins rapidement, aussi bien sous une république unitaire que sous une monarchie bourgeoise ; ainsi le débouché extérieur, qui devrait apporter à la nation un surcroît de richesse, est annulé par la restriction du marché intérieur, restriction causée par l'énormité des taxes (1) ; ainsi les valeurs,

(1) La France produit, année moyenne, 30 à 35 millions d'hectolitres de vins. Cette quantité, jointe à celle des cidres et des bières, ne dépasserait pas de beaucoup la consommation de ses trente-huit millions d'habitants, s'il était permis à tout le monde d'aller à Corinthe, c'est-à-dire de boire sa quote-part de vin, de bière ou de cidre. Donc à quoi bon chercher au de-

prix et salaires ne se régulariseront jamais dans un milieu antagonique où la spéculation, le trafic et la boutique, la banque et l'usure l'emportent de plus en plus sur le travail. Ainsi, enfin, l'association ouvrière restera une utopie, tant que le gouvernement n'aura pas compris que les services publics ne doivent être ni exécutés par lui-même, ni convertis en entreprises privées et anonymes, mais confiés à forfait et par baux à terme à des compagnies d'ouvriers solidaires et responsables. Plus d'immixtion du Pouvoir dans le travail et les affaires, plus d'encouragements au commerce et à l'industrie, plus de subventions, plus de concessions, plus de prêts ni d'emprunts, plus de pots-de-vins, plus d'actions de jouissance ou industrielles, plus d'agiotage : de quel système pouvez-vous attendre de pareilles réformes, si ce n'est du système fédératif?

La Fédération donne ample satisfaction aux aspirations démocratiques et aux sentiments de conservation bourgeoise, deux éléments partout ailleurs inconciliables : et comment cela? Précisément par ce *garantisme* politico-

hors un débouché que nous avons en nous-mêmes ? Mais il y a pis : le débouché intérieur fermé en quelque sorte par les taxes de l'État, par les frais de transport, les octrois, etc., on a cru s'en procurer un autre à l'étranger. Mais l'étranger n'achète que des vins de luxe, il repousse les vins ordinaires, dont il se soucie peu ou qui lui reviendraient trop cher : si bien que le producteur reste avec sa marchandise, sans acheteur ni au dedans ni au dehors. La Gironde avait compté sur le traité de commerce avec l'Angleterre pour le placement de ses vins; de fortes quantités ont été expédiées à Londres : elles restent invendues dans les docks. Cherchez, et vous verrez que cette anomalie, tant de fois signalée, tient à une série de causes qui toutes se résolvent en une seule : le système unitaire.

(Voir ma *Théorie de l'Impôt*, 1 vol., 1861.)

économique, expression la plus haute du fédéralisme. La France ramenée à sa loi, qui est la moyenne propriété, qui est l'honnête médiocrité, le niveau de plus en plus approché des fortunes, l'égalité ; la France rendue à son génie et à ses mœurs, constituée en un faisceau de souverainetés garanties les unes par les autres, n'a rien à redouter du déluge communiste, pas plus que des invasions dynastiques. La multitude, impuissante désormais à écraser de sa masse les libertés publiques, l'est tout autant à saisir ou à confisquer les propriétés. Bien mieux, elle devient la plus forte barrière à la féodalisation de la terre et des capitaux, à laquelle tend fatalement tout pouvoir unitaire. Tandis que le citadin n'estime la propriété que pour le revenu, le paysan qui cultive l'estime surtout pour elle-même : c'est pour cela que la propriété n'est jamais plus complète et mieux garantie que lorsque, par une division continue et bien ordonnée, elle s'approche de l'égalité, de la fédération. Plus de bourgeoisie, et pas davantage de démocratie ; rien que des citoyens, comme nous le demandions en 1848 : n'est-ce pas le dernier mot de la Révolution ? Où trouver la réalisation de cet idéal, si ce n'est dans le Fédéralisme ? Certes, et quoi qu'on ait dit en 93, rien n'est moins aristocratique et moins ancien régime que la Fédération ; mais il faut l'avouer, rien n'est aussi moins vulgaire.

Sous une autorité fédérale, la politique d'un grand peuple est aussi simple que sa destinée. Faire place à la liberté, procurer à tous travail et bien-être, cultiver les intelligences, fortifier les consciences, voilà pour le dedans ; au dehors, donner l'exemple. Un peuple confédéré est un peuple organisé pour la paix ; des armées, qu'en ferait-il? Tout le service militaire se réduit à celui de la gendarmerie, des commis d'état-major et des préposés à la garde des magasins et des forteresses. Nul besoin d'alliance, pas plus que de traités de commerce : entre nations libres, il suffit du droit commun. Liberté d'échange, sauf le prélèvement du fisc, et dans certains cas débattus en conseil fédéral, une taxe de compensation : voilà pour les affaires ; — liberté de circulation et de résidence, sauf le respect dû aux lois en chaque pays : voilà pour les personnes, en attendant la communauté de patrie.

Telle est l'idée fédéraliste, et telle est sa déduction. Ajoutez que la transition peut être aussi insensible que l'on voudra. Le despotisme est de construction difficile, de conservation périlleuse ; il est toujours facile, utile et légal de revenir à la liberté.

La nation française est parfaitement disposée pour cette réforme. Accoutumée de longue main à des gênes de toute sorte et à de lourdes charges, elle est peu exigeante ; elle attendra dix ans l'achèvement de l'édifice, pourvu que chaque année l'édifice s'élève d'un étage. La tradition n'y est pas contraire : ôtez de l'ancienne monarchie la distinction des castes et les droits féodaux ; la France, avec ses États de province, ses droits coutumiers et ses bourgeoisies, n'est plus qu'une vaste confédération, le roi de France un président fédéral. C'est la lutte révolutionnaire qui nous a donné la centralisation. Sous ce régime, l'Égalité s'est soutenue, au moins dans les mœurs ; la Liberté s'est progressivement amoindrie. Au point de vue géographique, le pays n'offre pas moins de facilités : parfaitement groupé et délimité dans sa circonscription générale, d'une merveilleuse aptitude à l'unité, on ne l'a que trop vu, il convient non moins heureusement à la fédération par l'indépendance de ses bassins, dont les eaux se versent dans trois mers. C'est aux provinces à faire les premières entendre leurs voix. Paris, de capitale devenant ville fédérale, n'a rien à perdre dans cette transformation; il y trouverait, au contraire, une nouvelle et meilleure existence. L'absorption qu'il exerce sur la province le congestionne, si j'ose ainsi dire : moins chargé, moins apoplectique, Paris serait plus libre, gagnerait et rendrait davantage. La richesse et l'activité des provinces assurant à ses produits un débouché supérieur à celui de toutes les Amériques, il recouvrerait en affaires réelles tout ce qu'il aurait perdu par la diminution du parasitisme; la fortune de ses habitants et leur sécurité ne connaîtraient plus d'intermittences.

Quel que soit le pouvoir chargé des destinées de la France, j'ose le dire, il n'y a plus pour lui d'autre politique à suivre, pas d'autre voie de salut, pas d'autre idée. Qu'il donne donc le signal des fédérations européennes; qu'il s'en fasse l'allié, le chef et le modèle, et sa gloire sera d'autant plus grande, qu'elle couronnera toutes les gloires.

FIN.

TABLE DES MATIÈRES

Librairie de E. DENTU, Éditeur

Palais-Royal, 13 et 17, galerie d'Orléans.

EXTRAIT DU CATALOGUE.

Prix.

AMÉDÉE ACHARD.

Le Roman du mari......... 2 fr.

Mlle AISSÉ.

Lettres.................... 3 »

V. ALEXANDRI.

Ballades et Chants populaires de la Roumanie............ 3 »

ALEXIS.

Le Sommeil magnétique.... 2 »

ANDERSEN.

Nouveaux Contes.......... 3 »

ÉTIENNE ARAGO.

Les Bleus et les Blancs. 2 vol. 6 »

ARMENGAUD.

Escapades d'un homme sérieux. 3 »

E. ARNAL.

Boutades en vers.......... 2 »

ALF. ASSOLANT.

Les Aventures de Karl Brunner. 3 »

L. AUDIFFRET.

Entre deux paravents...... 5 »

MADAME OLYMPE AUDOUARD.

Comment aiment les hommes. 3 »

Histoire d'un mendiant.... 2 »

AULAGNIER.

Des Remèdes contre la goutte. 3 »

EUG. D'AURIAC.

Histoire anecdotique de l'Industrie française........... 3 »

EM. D'AUVERGNE.

Quatre Années d'interrègne. 5 »

A. D'A***.

Légendes bretonnes....... 3 »

AUGUSTE BARBIER.

Iambes et Poëmes......... 3 50

Jules César................ 3 50

Rimes légères, Chansons et Odelettes.................. 3 50

Prix

F. DE BARGHON FORT-RION.

Mémoires de madame Elisabeth de France.............. 4 fr.

A. DE BARRÈS DU MOLARD.

Mémoires sur les guerres de la Navarre................ 8 »

ARMAND BARTHET.

Horace. Odes gaillardes.... 5 »

DE BASTARD D'ESTANG.

La Noblesse d'Armagnac en 1789, ses procès-verbaux, etc.. 6 »

F. BAUCHER.

Dict. raisonné d'équitation. 4 »

A.-MARC BAYEUX.

Contes et profils normands.. 3 »

Une femme de cœur........ 3 »

Une Femme qui se noie... 3 »

Les Gens de loi........... 3 »

E. BEAUVOIS.

Contes populaires de la Norwége. 3 »

MISTRESS HENRIETTE BECKER-STOWE.

La Perle de l'île d'Orr..... 3 »

A. DE BERNARD.

Les Frais de la guerre...... 3 »

Pauvre Mathieu............ 3 »

Stations d'un touriste....... 3 »

A. BERTEUIL.

L'Algérie française. 2 vol... 15 »

LÉON BERTRAND.

La Chasse et les Chasseurs.. 3 »

L.-A. BERTRAND.

Mémoires d'un Mormon.... 3 »

BESCHERELLE.

L'Art de la correspondance. 2 vol. 6 »

Les cinq Langues. 4 vol.... 24 »

La première Orthographe d'usage. 3 vol................. 4 50

Véritable manuel des participes français................. 7 50

Véritable manuel des conjugaisons.................... 3 75

Prix.

LÉON BEYNET.

Les Drames du désert...... 3 fr.

BLANC DE SAINT-BONNET.

L'Infaillibilité............ 6 »

F. BODENSTEDT.

Les Peuples du Caucase... 8 »

ANDRÉ BONI.

Les Fausses routes........ 3 »

BONNET.

Manuel du capitaliste...... 5 »

BOREL D'HAUTERIVE.

Annuaire de la Noblesse. 5 et 8 fr. colorié.

Armorial de Flandre....... 10 »

VICTOR BORIE.

L'Année rustique........ . 3 »

P. DE BOURGOING.

Itinéraire de Napoléon Ier de Smorgoni à Paris............ 2 »

J. DU BOYS.

La Jeunesse amoureuse.... 3 »

G. BOVIER.

Trois mois de la vie de J.-J. Rousseau..................... 2 »

J. BOZÉRIAN.

La Bourse, ses opérat. 2 vol. 12 »

A. DE BRÉHAT.

Petits romans............. 3 »

Un Drame à Calcutta....... 3 »

Les Jeunes amours......... 3 »

FREDERIKA BREMER.

Axel et Anna.............. 2 50

ALPH. BROT.

Jane Gray................. 3 »

A. BRY.

Raffet et ses œuvres........ 5 »

F. CABALLERO.

La Gaviota................ 2 50

W. CARLETON.

Romans irlandais.......... 3 »

HIPP. CASTILLE.

Portraits historiques au XIXe siècle. 30 vol. Chaque vol....... » 50

G. DE CAUDEMBERG.

Le Monde spirituel......... 3 »

ALFRED CAUWET.

Contes du Foyer........... 2 »

COMTE DE CAVOUR.

Lettres inédites........... 3 50

CENAC-MONCAUT.

Contes de la Gascogne..... 2 »

G. CHADEUIL.

Le Curé du Pecq.......... 3 »

Les Mystères du Palais..... 2 »

Prix.

A. CHALLAMEL.

La Régence galante........ 3 fr.

Histoire anecdotique de la Fronde. 2 »

Histoire des Papes......... 2 »

Les Grands Capitaines amoureux. 3 »

Le Roman de la plage...... 3 »

G. DE CHAMPAGNAC.

Étude sur la propriété littéraire. 2 »

W. E. CHANNING.

Le Christianisme........... 3 50

De l'Esclavage............. 3 50

Œuvres sociales........... 3 50

Traités religieux........... 3 50

LOUIS DE CHAROLAIS.

Le Capitaine de la Belle-Poule. 3 »

CH. DE CHASSIRON.

Notes sur le Japon, la Chine et l'Inde................. 10 »

VICTOR CHAUVIN.

Les Romanciers grecs et latins. 3 »

G. DE CHERVILLE.

Les Aventures d'un chien de chasse................. 3 »

H.-É. CHEVALIER.

Le Pirate du Saint-Laurent. 3 »

Trente-neuf hommes pour une femme................ 3 »

L. CHODZKO.

Les Massacres de Galicie... 3 »

LOUIS CIBRARIO.

La Vie et la mort de Charles-Albert.................. 4 »

A. DE CIRCOURT.

Histoire des Morisques. 3 vol. 10 »

JULES CLARETIE.

Une Drôlesse.............. 3 »

GUSTAVE CLAUDIN.

Paris..................... 3 »

PIERRE CLÉMENT.

Études financières......... 7 »

J.-A. COFFIN.

Guide botanique de la santé. 4 »

L'ABBÉ J. COGNAT.

Clément d'Alexandrie...... 6 »

MADAME C. COIGNET.

Les Mém. de Marguerite... 2 »

MADAME LOUISE COLET.

L'Italie des Italiens, 2 vol.. 7 »

Prix.

WILKIE COLLINS.

La Femme en blanc, 2 vol. 6 fr.

E. COLOMBEY.

L'Esprit des voleurs....... 3 »
Les Originaux de la dernière heure.................. 3 »

F. COMBES.

Histoire de la diplomatie européenne, 2 vol............ 15 »

CH. DE COSTER.

Légendes flamandes........ 3 »

DU COURET.

Les Mystères du désert, 2 vol. 7 »

LÉONCE DE CUREL.

La Chasse au lièvre........ 3 »
Le Chasseur au chien d'arrêt 3 »

M. CZAYKOWSKI.

Contes Kosaks............. 3 »

COMTESSE DASH.

Une Femme libre.......... 3 »

DAVÉSIÈS DE PONTÈS.

Childe Harold, 2 vol....... 6 »

L. DE DAX.

Nouveaux Souvenirs de chasse et de pêche....... .... 3 50

MADAME L. DE DAX.

La Mère.................. 2 »

A. DEBAY.

Encyclopédie hygiénique, 19 vol. 52 »

DECLAT.

Hygiène des enfants nouveau-nés......... .... 3 »

H. DELAAGE.

Doctrines des sociétés secrètes. 1 50
Le Monde prophétique.... 1 50
Le Monde occulte......... 1 50
Perfectionnement physique de la race humaine........... 1 50
Les Ressuscités au ciel et dans l'enfer.................. 5 »

PAUL DELTUF.

Jacqueline Voisin......... 3 »

ALFRED DELVAU.

Histoire des cafés et cabarets de Paris..................... 3 50

V. DELVAUX.

L'Amour.................. 3 »

LOUIS DEPRET.

Les Demi-Vertus......... 3 »

Prix.

A. DEQUET.

Abeille.................... 1 fr.
Clarisse.................... 3 »

AD. DESBARROLLES.

Les Mystères de la main... 4 »

DESBORDES-VALMORE.

Poésies inédites........... 5 »

CH. DESLYS.

La Loi de Dieu............ 3 »
L'Aveugle de Bagnolet.... 3 »

G. DESNOIRESTERRES.

Les Cours galantes. 3 vol... 9 »
Les Talons rouges......... 2 »

LOUIS DEVILLE.

Une Aventure sur la mer Rouge. 3 50

A. DOZON.

Poésies populaires Serbes. 3 »

DUBOIS DE GENNES.

Le Troupier tel qu'il est.... 3 »

DUC DE D***.

La Fée Mignonnette....... 2 »

A. DUMESNIL.

L'Immortalité............... 3 50

E. DUMONT.

L'Homme de bronze....... 1 »

DURAND-BRAGER.

Quatre mois de l'expédition de Garibaldi................. 3 50

CH. DUVERNET.

La Canne de Mme Desrieux. 3 »

GEORGE ELIOT.

Adam Bede. 2 vol......... 7 »
Les Tulliver. 2 vol......... 7 »

ENFANTIN (le Père).

Correspondance philosophique. 4 »
Correspondance politique. 1 »
Science de l'homme....... 9 »
La Vie éternelle........... 4 »

ERCKMANN-CHATRIAN.

Le fou Yégof............. 3 »

A. ESQUIROS.

L'Angleterre et la vie anglaise. (2e série.)................ 3 50

ALFRED DES ESSARTS.

Contes Pompadour. ...... 3 »

CH. EXPILLY.

Le Brésil tel qu'il est...... 3 »

JOSEPH D'ESTOURMEL.

Souvenirs de France et d'Italie. 4 »

L.-C. FARINI.

L'État Romain............. 5 »

Prix.

J. FAVEREAU.

A vol d'oiseau.—France, Italie. 4 fr.

G. FERAI.

La Famille................ 3 »

J.-P. FERRIER.

Voyages en Perse. 2 vol.... 12 »

PAUL FÉVAL.

Aimée...................... 3 »
Le Capitaine Fantôme, 2 v. 6 »
Bouche de fer............. 3 »
Le Drame de la jeunesse... 3 »
Madame Gil Blas, 2 vol.... 6 »
La Garde noire............ 3 »

E. FEYDEAU.

Catherine d'Overmeire. 2 v. 6 »
Sylvie..................... 3 »

G. FISCH.

Les États-Unis en 1861..... 2 »

ULRIC DE FONVIELLE.

Souvenirs d'une Chemise rouge. 2 »

FORTUNIO.

Les Amours de Geneviève.. 3 »

DE FOUDRAS.

La Vénerie contemporaine. 3 »

G. FOURCADE-PRUNET.

La Question des filles à marier. 2 »
Un Sauvage à Paris........ 3 »

A. FOURGEAUD.

Physionomie des commis-voyageurs.................. 2 »
Faut-il se marier?.......... 1 »

ÉDOUAND FOURNIER.

Corneille à la Butte Saint-Roch. 4 »
Énigmes des rues de Paris. 3 »
L'Esprit dans l'histoire..... 3 »
L'Esprit des autres........ 3 »
Histoire du Pont-Neuf. 2 v. 6 »
Le Vieux-Neuf. 2 vol...... 7 »

ARNOULD FRÉMY.

Les Amants d'aujourd'hui. 3 »
Les Femmes mariées....... 3 »
Joséphin le bossu........... 3 »

FRIANT.

Vie militaire du général comte Friant.................. 5 »

ÉM. CABORIAU.

L'Ancien Figaro........... 3 »
Les Cotillons célèbres. 2 v. 6 »
Les Gens de bureau........ 3 »
Le 13me hussards........... 3 »

Prix.

Les Mariages d'aventure... 3 fr.
Ruses d'Amour............. 3 »

J.-M. GAGNEUR.

Un Drame électoral......... 3 »
Une Femme hors ligne..... 3 »

A. GANDON.

Souvenirs d'un vieux chasseur d'Afrique................ 3 50

CH. GARNIER.

Journal du siége de Gaëte. 3 »

G. DE GENOUILLAC.

Dictionnaire des Fiefs..... 10 »
Dictionnaire des Ordres de chevalerie.................. 3 »
Grammaire héraldique..... 3 »
Armoiries des maisons nobles de France.................. 8 »

A. GÉRARD.

Vie de Marie-Thérèse de France. 2 »

JULES GÉRARD.

L'Afrique du Nord......... 3 50
Le Mangeur d'hommes..... 3 50

MADAME DE GIRARDIN.

L'Esprit de Mme de Girardin. 3 »

L. DE GIVODAN.

Histoire des classes privilégiées. 2 vol.................... 7 »

L. GODARD.

Pétersbourg et Moscou..... 3 50
Domenica.................. 3 »

GŒTHE.

Werther.................. 2 »

IVAN GOLOWINE.

Histoire d'Alexandre Ier.... 7 50

A. ET J. DE GONCOURT.

Les Actrices............... » 50
L'Art au XVIIIe siècle. 4 vol. 20 »
Histoire de la société française. 2 vol .... 10 »
Les Hommes de lettres.... 3 »
La Lorette................ » 50
Portraits intimes du XVIIIe siècle. 2 vol.................... 6 »
Une Voiture de masques... 3 »

A. GOUET.

Une Caravane parisienne dans le désert.................. 2 »
La Dette de famille........ 2 »

GOUGENOT DES MOUSSEAUX.

La Magie au XIXe siècle... 6 »

DU GOUT D'ALBRET.

Le Solitaire de la Tour d'Avance. 3 »

Prix.

L. GOZLAN.

Le Faubourg mystérieux. 2 vol. 6 fr.

DE GRANDPRÉ.

Une Héroïne.............. 3 »

É. GREYSON.

Jacques le charron........ 2 »

J. GUIGARD.

Bibliothèque héraldique de la France.................. 16 »

C. HABENECK.

Justice.................... 2 »

Nouvelles espagnoles...... 3 »

V. HALLAYS-DABOT.

Hist. de la Censure théâtrale. 3 »

HÉNAULT (le président).

Mémoires................. 6 »

DU HAMEL.

Don Juan de Padilla...... 3 »

JENNY D'HÉRICOURT.

La Femme affranchie. 2 vol. 5 »

A. HERTZEN.

Le Monde russe. 3 vol.... 15 »

ALOYSIUS HUBER.

Nuit de veille d'un prisonnier d'Etat.................. 3 »

E. HUZAR.

La Fin du Monde par la science. 1 50

L'Arbre de la science..... 4 »

J. JACOTOT.

Enseignement universel. 7 vol. 30

J. JANIN.

La Fin d'un monde et le neveu de Rameau.............. 3 »

JAUFFRET.

Catherine II et son règne. 2 vol. 12 »

LE ROI JÉRÔME.

Mémoires. 6 vol. chaque v. 6 »

CH. JOBEY.

L'Amour d'une Blanche... 3 »

L JOURDAN.

Les Femmes devant l'échafaud. 3 »

Les Martyrs de l'Amour... 3 »

Un Hermaphrodite........ 3 »

Un Philosophe au coin du feu. 3 »

P. JUILLERAT.

Les Soirs d'octobre........ 5 »

Prix.

ISAB. JULLIARD.

Une Possédée en 1862..... 2 fr.

JUNIUS.

Lettres...................... 3 »

A. DE KÉRANIOU.

Les Maris-garçons......... 3 »

Les Valets de grande maison 3 »

A. LACAUSSADE.

Les Épaves................. 3 50

Poëmes et Paysages...... 50

A. DE LACHAPELLE.

Le Comte de Raousset-Boulbon. 3 50

LACOMBE.

Voyage autour d'une volière 4

G. DE LAGNY.

Les Chasses sauvages de l'Inde. 3 »

La Gibecière d'un braconnier 3 »

DE LAGONDIE.

Le Cheval anglais......... 7 50

A.-F. DE LA GRANGE.

Le Grand livre du destin. 5 »

A. DE LA GUÉRONNIÈRE.

Les Hommes d'État de l'Angleterre 3 »

G. DE LA LANDELLE.

L'Ame du Navire.......... 3 »

Le Gaillard d'Avant....... 1 »

Le Langage des marins.... 5 »

Poëmes et chants marins.. 4 »

LANNAU-ROLLAND.

Les grandes Amoureuses au couvent..................... 3 »

L.-J. LARCHER.

Les Anglais, Londres et l'Angleterre.................... 3 »

Dictionnaire d'anecdotes... 2 »

Encyclopédie de l'amour.. 3 »

La Femme jugée par les grands écrivains................ 16 »

LARDIN ET MIE D'AGHONNE.

Le Premier amour d'une jeune fille..................... 3 »

Mme DE LA ROCHEJAQUELEIN.

Mémoires sur la Vendée, 2 vol. 5 »

LAURENT (DE L'ARDÈCHE).

La Maison d'Orléans....... 7 50

L. LAURENT-PICHAT.

Le Secret de Polichinelle.. 3 »

ÉM. LE BON.

Joseph Le Bon, sa vie, etc. 6 »

Prix.

É. LECLERCQ.

Séraphin................ 2 fr. 50
Les Amours sincères, 4 vol. 10 »
Tableaux de genre........ 2 50
La duchesse d'Alcamo..... 2 50

AUG. LECOMTE.

Le Chemin de l'épaulette. 3 50

JULES LECOMTE.

La Charité à Paris......... 3 »

PAUL LECONTE.

L'Art de converser el d'écrire chez la femme.......... 2 50

A.-F. LEGENTIL.

Notices sur Beethoven.... 3 »

H.-T. LEIDENS.

Le Manuscrit de macousine. 3 »

JULIEN LEMER.

Le Charnier des Innocents. 3 »
Paris au gaz.............. 3 »

PIERRE LEROUX.

Quelques pages de vérités. » 50

M. DE LESCURE.

Les Maîtresses du Régent. 4 »

A. LESTRELIN.

Les Paysans russes........ 3 »

W. LONGFELLOW.

Hypérion et Kavanagh. 2 v. 5 »

LORÉDAN LARCHEY.

Excentricités du langage.. 3 50
Origines de l'Artillerie. (1re période)............. 2 »

HIPP. LUCAS.

La Pêche d'un mari....... 3 »

AUG. LUCHET.

Les mauvais côtés de la vie. 3 »

PAUL MAHALIN.

Le Galants de la Couronne. 3 »

T. MAMIANI.

Le Nouveau droit européen. 3 »

MANÈ.

Paris mystérieux.......... 3 »
Le Paris viveur........... 3 »

E. MANUEL.

Les Joies dédaignées...... 2 »

MARY-LAFON.

Mille ans de guerre entre Rome et les Papes............ 2 »
Mœurs et coutumes de la vieille France.................. 3 »
Pasquin et Morforio, histoire satirique des Papes........ 3 »

MICHEL MASSON.

La Gerbée. Contes........ 3 50

Prix.

H. MATHIEU.

La Turquie. 2 vol......... 7 »

A. MAISON.

Le vieux musicien........ 3 »

E. MERLIEUX.

Les Princesses russes prisonnières au Caucase.............. 3 50

O. MERSON.

La Peinture en France.... 4 »

CLOVIS MICHAUX.

Poésies.................... 3 50

J. MICHELET.

La Sorcière................ 3 50

A. MICHIELS.

Histoire de la politique autrichienne................. 7 »
Histoire secrète du gouvernement autrichien............... 6 »
Hist. des idées littéraires au XIXe siècle. 2 vol............ 12 »

J.-N. MICHON.

Voyage religieux en Orient. 2 vol. 10 »

MILLET-ROBINET.

Guide pratique du fermier. 3 50

MIRABEAU.

Lettres d'amour........... 3 »

MOCQUARD.

Jessie. 2 vol.............. 6 »

HENRY MONNIER.

La Religion des Imbéciles. 3 »

ÉLIE DE MONT.

Double conversion........ 2 »

LOLA MONTEZ.

L'Art de la Beauté......... 2 »

A. MORIN.

Magie du XIXe siècle. Ténèbres 3 50
Philosophie magnétique... 3 »

F. MORNAND.

L'Année anecdotique...... 3 »

C. DE MOUY.

Grands Seigneurs et grandes Dames du temps passé...... 3 »
Raymond................... 3 »

E. MULLER.

Madame Claude............ 3 »

CH. DE MUTRÉCY.

Journal de la campagne de Chine. 2 vol.................. 12 »

MADAME EUGÉNIE NIBOYET.

Le vrai Livre des femmes. 3 »

Prix.

L. NICOLARDOT.

Ménage et finances de Voltaire. 7 50

E. NUS.

Les Dogmes nouveaux.... 3 »

J. OLIVIER.

Le Batelier de Clarens. 2 vol. 6 »

ADRIEN PAUL.

Blanche Mortimer......... 3 »
Une Dette de Jeu.—Les deux gendres..................... 3 »

SILVIO PELLICO.

Lettres.................... 4 »

PAUL PERRET.

Dame Fortune............. 3 »
Légendes amoureuses de l'Italie. 1 »

MARC PESSONNEAUX.

La Vie à ciel ouvert. 2 vol.. 5 »

BENJAMIN PIFTEAU.

Une bonne fortune de François Ier. 3 »

LE GÉNÉRAL DE PIMODAN.

Campagnes d'Italie........ 3 »

DE PLASMAN.

Comment on convertit un mari. 2 50
Les Illusions du temps présent. 2 »
Les Strauss français....... 3 »

É. PLOUVIER.

La Bûche de Noël......... 3 »

C. POISOT.

Histoire de la Musique en France. 4 »

A. POMMIER.

La Dame au manteau rouge. 4 »

ARTHUR PONROY.

Le Présent de noces....... 3 »

PONSON DU TERRAIL.

Les Nuits de la Maison Dorée. 3 »

RENÉ DE PONT-JEST.

Le Fire-Fly.............. 3 »
Les Esprits de l'Atre...... 2 »

P.-J. PROUDHON.

La Fédération et l'Unité italienne. 1 50
La Guerre et la Paix. 2 vol. 7 »
Théorie de l'impôt........ 3 50

J.-M. RAGON.

La Maçonnerie occulte.... 4 »
Orthodoxie Maçonnique.... 6 »

Prix.

J.-S. RAREY.

L'Art de dompter les chevaux 1 fr.

A. REGAZZONI.

Nouveau manuel du magnétiseur. 1 »

PAUL REIDER.

Mademoiselle Vallantin.... 2 »

J. RÉMY.

Voyage au pays des Mormons. 2 vol..................... 20 »

ARMAND RENAUD.

La Griffe rose............. 3 »

A. RENÉE.

La Grande Italienne...... 6 »

A. RENZI.

La Signora di Monza...... 4 »

JULES RICHARD.

Les Crimes domestiques... 3 »

H. ROCHEFORT.

Petits Mystères de l'hôtel des ventes...................... 3 »

A. RONDELET.

Conseils aux parents...... 2 »
Mémoires d'un homme du monde. 3 »

L. DE LA ROQUE.

Annuaire du Languedoc... 5 »
Armorial de la Noblesse de Languedoc. 2 vol............ 40 »

L. DE LA ROQUE ET E. DE BARTHÉLEMY.

Catalogue des Gentilshommes en 1789. 6 liv. parues, chaque 1 »

VICTORINE ROSTAND.

Les Amours de Village.... 3 »

A. DE SAINT-ALBIN.

Pie IX.................... 3 50
Les Francs-Maçons......... 3 »

L.-C. DE SAINT-MARTIN.

Les Nombres.............. 5 »
Correspondance inédite.... 8 »

SAMSON (de la Com. Franç.)

L'Art théâtral (1re partie)... 10 »

E. SALVALOR.

Les Fantaisies littéraires du temps. 3 »

GEORGE SAND.

Autour de la table........ 3 »
Souvenirs et impressions.. 3 »

CHARLES SAUVESTRE.

Lettres de Proviuce....... 3 »

P. DE SÉMAINVILLE.

Code de la Noblesse française. 10 »

Prix.

DE SÈZE.

Histoire de l'événement de Varennes.................. 4 fr.

TH. SILVESTRE.

Histoire des peintres vivants (Français)................... 3 »

A. SNIDER.

La Création et ses mystères dévoilés.................... 8 »

MADAME MARIE DE SOLMS.

La Réputation d'une femme. 3 »

A. DE STOURDZA.

Œuvres posthumes. 5 vol.. 20 »

DE SZAPARY.

Magnétisme et magnétothérapie. 10 »

TENANT DE LATOUR.

Mémoires d'un bibliophile. 3 50

TEORT ET PETIT.

Le Compteur métrique.... 2 »

THIÉBAULT.

20 Semaines à Munich.... 5 »

A. TOUSSENEL.

L'Eprit des bêtes. .... 6 »

Le Monde des oiseaux. 3 v. 18 »

Tristia..................... 3 »

IVAN TOURGUÉNEF.

Une Nichée de gentilshommes. 3 »

Récits d'un chasseur...... 4 »

LOUIS ULBACH.

Histoire d'une mère et de ses enfants. .... 3 »

Le Mari d'Antoinette...... 3 »

VALERY VERNIER

Aline. .... 2 »

Comment aiment les femmes 3 »

Les Femmes excentriques. 3 »

DE VALFONS.

Souvenirs................. 3 50

Prix.

LOUISE VALLORY.

Madame Hilaire........... 2 fr.

Un Amour vrai............ 3 »

A. DE VALOIS.

Mexique, Havane et Guatémala. 3 »

DE VEAUCE.

De l'Élevage du cheval... 3 »

PIERRE VÉRON.

L'Année comique......... 3 »

Les Gens de théâtre....... 3 »

Les Marchands de santé... 3 »

Les Marionnettes de Paris. 3 »

Paris s'amuse............. 3 »

Les Souffre-plaisir......... 3 »

P. VIALON.

L'Homme au chien muet.. 3 »

F. VIDALEIN.

La Cuisinière des familles. 5 »

H. DE VIEIL-CASTEL.

Les Travailleurs de septembre. 3 »

CL. VIGNON.

Les Récits de la vie réelle. 3 »

Victoire Normand......... 3 »

VILLEBOIS.

Mémoires secrets sur la Cour de Russie .... 6 »

A. WEILL.

L'Homme de lettres....... 1 »

Lettres fraternelles à Louis Veuillot..................... 2 »

Le Livre des Rois......... 5 »

Vie de Schiller............ 1 50

ED. WERDET.

Histoire du livre en France. 4 vol. 20 »

Portrait intime de Balzac. 3 50

YEMENIZ.

Voyage en Grèce......... 5 »

Paris.— Imprimé chez Bonaventure et Ducessois,
55, quai des Augustins.

Paris, impr. de L. TINTERLIN, rue Neuve-des-Bons-Enfants, 3.

3962307R00186

Printed in Great Britain
by Amazon.co.uk, Ltd.,
Marston Gate.